Economica Laterza
104

Dello stesso autore
nella «Economica Laterza»:

L'arte degli Etruschi

Dello stesso autore
in altre nostre collane:

Etruria
«Guide Archeologiche Laterza»

(con F. Coarelli)
Sicilia
«Guide Archeologiche Laterza»

(con E. Greco)
Storia dell'urbanistica. Il mondo greco
«Grandi Opere»

(con P. Gros)
Storia dell'urbanistica. Il mondo romano
«Grandi Opere»

Mario Torelli

Storia degli Etruschi

Editori Laterza

Nella «Economica Laterza»
Prima edizione 1997
Quarta edizione 2001

Edizioni precedenti:
«Grandi Opere» 1981, 1984[2]
«Storia e Società» 1990

Finito di stampare nel marzo 2001
Poligrafico Dehoniano -
Stabilimento di Bari
per conto della
Gius. Laterza & Figli Spa
CL 20-5222-9
ISBN 88-420-5222-1

PROLOGO

Uno sguardo alla storiografia moderna, per chi si accinge oggi a narrare una storia degli Etruschi, non è certo incoraggiante. In essa hanno infatti prevalso due tradizioni assai diverse fra loro che hanno affrontato i problemi in maniera frammentaria la prima, o in maniera antistorica o metastorica la seconda. Nel primo caso ha prevalso un'ottica squisitamente romana: gli Etruschi, una delle cui città principali, Veio, era a soli diciassette chilometri da Roma, hanno profondamente influenzato e condizionato la storia di Roma, in età arcaica dando all'*urbs* ben tre re e tutto un costume religioso e politico, in età alto- e medio-repubblicana scontrandosi a più riprese con il nascente astro romano, in età tardo-repubblicana contribuendo in modi e tempi particolari alla guerra sociale e alle guerre civili. Questo complesso di vicende, filtrate attraverso la critica storica dell'Ottocento e del Novecento, ha spesso finito per costituire solo un *corpus* di certezze assai episodiche, in un mare di incertezze, di problemi o di riconosciute invenzioni, *corpus* molto difficilmente traducibile in una narrazione organica di fatti e di sequenze storiche. La critica moderna ha infatti analizzato tutte le notizie tramandateci dalle fonti letterarie antiche e ne ha riconosciuto, spesso con acutezza, ma talvolta con esasperata ipercritica, gli elementi falsi, le reduplicazioni di nomi ed eventi, le invenzioni propagandistiche di storiografie antiche di parte. Gli scetticismi alla base di questa analisi non hanno solo ridimensionato il quadro storico di Roma che le fonti ci hanno trasmesso soprattutto per l'età regia ed alto-repubblicana, ma hanno operato in profondo anche per il mondo dell'Etruria, già remoto e frammentariamente descritto nella stessa tradizione letteraria antica, riducendolo ad un'entità vieppiù lontana e singolare, le cui interferenze con il mondo romano appaiono tanto più casuali quanto più si è rinunciato a comprenderne la realtà storica.

La tradizione antiquaria, che oggi tende a confondersi con le nuove o meno nuove correnti strutturalistiche, ha anch'essa, come la scuola critica, meriti indubbi e notevoli: senza le pazienti ricerche, dal Rinascimento ad oggi, di decine di studiosi di antichità etrusche, le nostre conoscenze sugli usi e sui costumi pubblici e privati, sull'epigrafia e sulla lingua, sulle magistrature civiche e sulla religione degli Etruschi, sarebbero virtualmente inesistenti, dato il naufragio pressoché totale di quella civiltà prima della fine dello stesso evo antico. Ma i limiti di tale tradizione — che si identifica in gran parte con la moderna etruscologia — sono altrettanto cospicui di quelli poc'anzi rilevati per l'altro filone storiografico. Da queste ricerche il mondo etrusco ci appare quasi un monolite, nello spazio e nel tempo per nulla o quasi articolato e sempre uguale a se stesso. Facciamo un esempio, la religione. Gli studi antiquari ci restituiscono le credenze religiose etrusche come un blocco unitario di riti, di miti e di figure divine ed eroiche di origine greca o locale emerso dalla notte protostorica e conservatosi intatto ed organico da Fiesole a Cerveteri, da Vulci a Perugia, fino alle soglie dell'età imperiale romana o addirittura anche oltre. Se invece andiamo ad osservare in dettaglio i dati, letterari ed archeologici, ci accorgiamo che le cose stanno ben diversamente, che esiste una profonda varietà di tradizioni religiose regionali, che i modi dello sviluppo delle istituzioni sacre sono assai diversi nel tempo e nello spazio, che la vernice unitaria della religione etrusca, senza dubbio a più riprese affermata dalla nostra documentazione, è al tempo stesso il prodotto della volontà politica delle classi dominanti etrusche (e di quelle romane) e della rappresentazione storiografica antica e moderna di quella volontà.

Ambedue le tradizioni di ricerca storica, quella critica e quella antiquaria, sono dunque inadeguate a rappresentarci la variegata realtà dei *Tyrrhenoi-Etrusci*. Da esse tuttavia non è lecito prescindere. Esse infatti non soltanto sono le eredi di altrettante tradizioni di storiografia antica, rispettivamente quella annalistica e narrativa e quella antiquaria ed etnografica, purtroppo solo frammentariamente trasmesseci, ma rappresentano il frutto della riflessione e della critica moderna esercitate proprio sulla storiografia antica. Ma è pur sempre vero che questo complesso lavoro di riflessione storica sta producendo dei guasti notevoli. Un evidente riflesso di tali guasti nella immaginazione « popolare » (ma anche di tanta parte dei ceti cosiddetti colti) è rappresentato dal ricorrente affiorare in ogni genere di pubblicistica del « mistero etrusco », cui non sono estranei filoni irrazionali o provinciali del Rinascimento e dei tempi moderni, anche vicinissimi a noi, alimentati dalle stesse fonti antiche così desiderose — per suggestione degli stessi aristocratici etruschi e per convincimento greco e latino maturato sulla « diversità » tirrenica — di presentare l'Etruria come « un caso a parte » della storia, della religione e della struttura sociale.

Occorre dunque superare l'*impasse* creato da questo doppio binario storico, dal quale l'Etruria ci appare ora come una gigantesca monade storica sempre uguale a se stessa posata oltre il Tevere, ora come un evanescente fantasma composto di tante città di volta in volta a contatto — mai ben definito — con Roma o con la Grecia, privo di una logica e soprattutto discontinuo e occasionale. L'esigenza è quella di adoperare tutta questa documentazione senza limitarci ad essa o, come più spesso avviene, ad una parte di essa, ma integrandola con l'altra grande e fondamentale riserva di dati costituita dall'archeologia. Com'è noto, nell'archeologia convivono molte anime: da un lato essa è raccolta e studio della cultura materiale, sequenze di manufatti capaci di indicare tipologie della produzione, dello scambio, del consumo; dall'altro archeologia è anche studio delle testimonianze dell'ideologia, dei suoi mutamenti ed indirizzi; infine archeologia è ricostruzione degli orientamenti storico-artistici, esemplificati dai manufatti artigianali e condizionati dalle forme della produzione e dell'ideologia. Tutte queste « anime » sono direttamente utilizzabili, al pari delle indicazioni delle fonti, ai fini della ricostruzione storica, ma a condizione che si analizzi prioritariamente ciascun tipo di documentazione in modo autonomo nella propria sequenza, traendone conclusioni parziali da raffrontare con altre sequenze ricostruite per tutte le altre documentazioni, comprese quelle costituite dalle fonti letterarie. Solo così, dal confronto dei diversi tipi di documentazione autonomamente analizzati, può scaturire una nuova e totale immagine del processo storico, che proprio nel caso dell'Etruria antica tanto dipende dai dati archeologici. Ora quei dati archeologici possono sembrare a prima vista muti, contraddittori o poco significativi: non è un caso che molti storici contemporanei, anche avveduti, rifiutino in blocco questa particolare documentazione, per la tradizionale incapacità — frutto di secolare divisione nella ricerca — di saperli far parlare. È senza dubbio un linguaggio difficile, ma, come ha affermato R. Bianchi Bandinelli, è forse quello più diretto che ci giunge dall'antichità. Rigorosa comparazione di sequenze quindi e non occasionale contaminazione: non è il caso di ricordare qui che, proprio per la tradizionale separazione tra le varie discipline e i diversi ambiti cronologici, accade frequentissimamente che, a titolo di conferma della ricostruzione proposta per la propria seriazione di documenti, l'archeologo usi in modo casuale dati casuali della sequenza storica, né più né meno di come lo storico fa con i dati archeologici, con risultati sempre opinabili, parziali e frammentari.

Le pagine che seguono sono state scritte con la ferma speranza di tener fede a questi assunti, anche se con gli obiettivi limiti imposti da un sapere ancor oggi fortemente parcellizzato in ambiti disciplinari — spesso coltivati in modo ferocemente corporativo — a diversi livelli di elaborazione critica e praticati con metodologie assai differenti; a questi limiti se ne aggiunge un altro ben maggiore, proprio di ogni storia fondata in buona parte sull'archeologia, quello costituito dalla parzialità della nostra documentazione. Non tutto è stato scoperto — siamo anzi ben lungi da ciò — e, quel che è peggio, ciò che si è scoperto non sempre è stato valorizzato nella giusta misura. Esistono, è bene ricordare, intere riserve di dati archeologici, già scavati e accatastati in musei e magazzini, che attendono di essere considerati o riconsiderati in maniera moderna ed organica: ogni etruscologo sa cosa darebbero edizioni scientifiche di necropoli come quelle di Vetulonia, di Populonia, di Marsiliana, di Cerveteri, per la ricostruzione della storia d'Etruria, edizioni che spesso sono impedite da assurdi divieti o da inefficienze delle nostre strutture museali e di ricerca. Malgrado tutti questi limiti, le linee fondamentali della storia degli Etruschi sembrano emergere dal mosaico di dati con sufficiente chiarezza. È una storia assai poco unitaria: qualcuno l'ha paragonata a quella della Toscana medioevale, attraversata da municipalismi, da realtà locali più forti di ogni tendenza — se mai è esistita — verso l'unità. Ma la scarsa unità, a mio avviso, è per certi versi solo apparente, un fenomeno essenzialmente culturale e politico (ma in buona parte anche economico), cui fa invece riscontro una robusta unità strutturale, un filo rosso che collega tutte le città etrusche lungo tutto il corso della loro lunga storia. Tale filo rosso è costituito dalla struttura sociale, che si è venuta realizzando in tutta l'Etruria sia pur in epoche diverse e con diversi destini o articolazioni interne, dominata da aristocrazie ora più ristrette ora di base più ampia, ma sempre dotate di una forte autocoscienza, di un'ideologia rigorosa ove la glorificazione della stirpe, le forme politiche e religiose e l'ellenizzazione si intrecciano in modo inestricabile. *Principes* ci dicono le fonti, e dominio signorile ci dicono città e necropoli d'Etruria, monumenti pubblici e privati, oggetti di lusso e opere d'arte; per contrasto, la flebile voce delle classi subalterne, quando non è quella che ricalca le linee dell'ideologia dominante diretta dalle classi egemoni, traspare — anche se in maniera confusa e frammentaria — solo dal materiale archeologico, dalle produzioni artigiane, dagli strumenti di lavoro, dalle vivide immagini di serventi ignudi o di giocolieri o gladiatori che fanno da corona a nozze, banchetti e funerali dei *principes*.

Seguiremo così questo filo rosso, dall'emergere delle differenze sociali nei secoli oscuri della protostoria ai violenti conflitti tra *domini* e *servi* di epoca classica ed ellenistica e fino alle radicali trasformazioni imposte dalla *pax romana*: la storia d'Etruria non ci sembrerà, spero, quella notte di mistero, che le angosce di tanti uomini moderni vogliono che sia.

I

L'AMBIENTE

1. *Paesaggio, risorse agricole e sviluppo*

Chi traversa le dolci colline toscane, le uniformi pianure di Maremma, un tempo regno della macchia mediterranea e della palude, ed ora deturpate da una volgare edilizia moderna, le gole tufacee dell'Alto Lazio, o gli splendidi paesaggi montani dell'Amiata, stenta a riconoscere in tanta diversità ambientale quell'antica unità territoriale, dai comuni caratteri etnici e culturali, che gli antichi chiamarono *Tyrrhenia, Etruria.* In effetti, questa unità è, come abbiamo visto, in gran parte prodotto della storia e il paesaggio agrario moderno, non meno di quello che possiamo presumere fosse quello antico, lo denuncia in modo inequivocabile.

In tanto frazionamento dell'ambiente geografico si possono infatti distinguere alcune aree con caratteri di relativa omogeneità. I confini storici dell'Etruria sono, com'è noto, segnati dal corso dei due fiumi principali dell'Italia peninsulare, l'Arno che limita l'Etruria verso il settentrione, e il Tevere che ne forma i confini ad oriente e a mezzogiorno. Entro queste due linee confinarie — che tuttavia hanno in certa misura unito piuttosto che diviso, come vedremo — si estende l'antico territorio etrusco; il mare, che dagli Etruschi prese il nome di Tirreno, segna il quarto lato dell'ampia regione tosco-laziale, ove convivono almeno tre diversi paesaggi.

A sud si distingue una prima zona dominata dalla realtà geologica degli antichi vulcani dei complessi sabatino-cimino e volsiniese. Il suolo tufaceo prodotto dalle eruzioni preistoriche si estende in maniera abbastanza uniforme lungo tutto il corso del Tevere per una larghissima fascia fino all'altezza di Orvieto e giunge a lambire il mare fino al massiccio dei Monti della Tolfa, gli antichi Monti Ceriti, oltre

Fig. 1 (*a fronte*). Una veduta del « paesaggio del tufo ».

i quali i terreni vulcanici arretrano dalla costa in maniera abbastanza netta. Tutta quest'area, che sarà sede dei territorii delle principali città etrusche meridionali, Veio, Cere, Tarquinia, Vulci e Volsinii, nonché dell'*enclave* etnica falisca, è punteggiata di antichi crateri vulcanici, nella maggior parte dei casi divenuti sede di bacini lacustri grandi e piccoli, i laghi di Bracciano, di Bolsena, di Martignano, di Monterosi, di Vico e di Mezzano, in qualche altro trasformati in ampie e feraci vallate, quali quella di Baccano a nord di Veio. La superficie di quest'area, ove gli antichi coni vulcanici spesso svettano oltre i 500 metri s.l.m., presenta larghe zone di pianura, come quella tra i laghi di Bolsena e di Vico, ma più spesso un paesaggio profondamente inciso da valli di fiumi e di torrenti, affluenti del Tevere, emissari o immissari dei bacini lacustri o diretti al mare, che creano l'ambiente caratteristico dell'Alto Lazio, un succedersi di basse colline e di pianori di varia forma e grandezza dalle pendici scoscese e boscose ai piedi dei quali fluiscono i corsi d'acqua. L'ampiezza maggiore o minore delle vallate e delle alture, con le relative possibilità di coltivazioni di fondovalle e di collina e le disponibilità di acque sorgive, lacustri e fluviali, creano alterne fortune per l'insediamento umano sulle pendici o, assai più spesso, sulla sommità delle colline tufacee: città e villaggi di questa zona dell'Etruria tendono infatti ad occupare alture ben difendibili, isole tufacee alla confluenza di due corsi d'acqua, dalle pareti scoscese su tutti i lati (al più, come avviene di frequente, solo un lato è protetto artificialmente mediante fossati e bastioni costruiti). Veio, Cere, Falerii, Tuscania, Orvieto, per citare i casi delle città maggiori, si dispongono su alture di questo tipo, sfruttandone abilmente tutte le caratteristiche naturali e i vantaggi; ma anche tutta la variopinta costellazione dell'insediamento minore, decine e decine di siti dei territori in età storica controllati dalle *poleis* maggiori, risponde a queste caratteristiche, sia pur in scala più ridotta. Accanto agli innegabili vantaggi per lo sfruttamento delle risorse primarie, il suolo tufaceo offre un'ulteriore opportunità per l'insediamento umano, quella costituita dalla stessa pietra da taglio di origine vulcanica, il tufo (di varia qualità a seconda dell'origine), il peperino e il nenfro, pietre con le quali è facile realizzare costruzioni anche imponenti o partiti decorativi policromi grazie ai contrasti di colore tra i diversi tipi di materiale, senza contare l'ulteriore opportunità offerta dal masso naturale tufaceo di essere escavato per alloggiare vani ipogei e rupestri. Ancor oggi il paesaggio dell'Alto Lazio è dominato da queste caratteristiche naturali e dall'intervento umano, dagli insediamenti alle coltivazioni e alle costruzioni, indirizzato a sfruttare tali caratteri e risorse.

Ad ovest di quest'area, dove le alture tufacee non giungono vir-

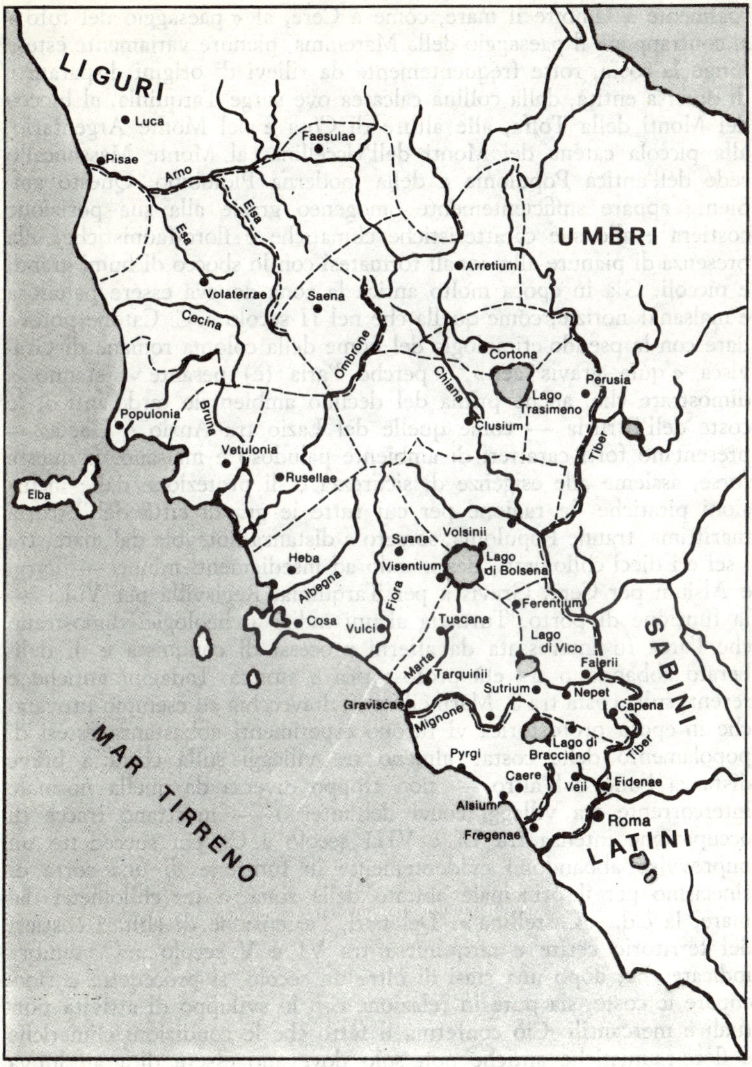

Fig. 2. Etruria (da Weeber).

tualmente a lambire il mare, come a Cere, al « paesaggio del tufo » si contrappone il paesaggio della Maremma, pianure variamente estese lungo la costa, rotte frequentemente da rilievi di origini disparate e di diversa entità, dalla collina calcarea ove sorge Tarquinia, al blocco dei Monti della Tolfa, alle alture di Cosa e del Monte Argentario, alla piccola catena dei Monti dell'Uccellina, al Monte Massoncello sede dell'antica Populonia e della moderna Piombino. Questo ambiente appare sufficientemente omogeneo grazie alla sua posizione costiera e alle sue caratteristiche climatiche e floro-faunistiche, alla presenza di pianure alluvionali formatesi con lo sbocco di fiumi grandi e piccoli. Già in epoca molto antica la zona doveva essere paludosa e malsana: notizie, come quella che nel II secolo a. C. Catone poteva dare con la pseudo-etimologia del nome della colonia romana di Gravisca « quia gravis aer », « perché l'aria (è) pesante », stanno a dimostrare che, anche prima del declino ambientale tardo-antico, le coste dell'Etruria — come quelle del Lazio tra Anzio e Gaeta — presentano forti caratteri di ambiente paludoso e malsano. È questa forse, assieme alle esigenze di sicurezza e di protezione dalle incursioni piratiche, la ragione per cui tutte le grandi città dell'Etruria marittima, tranne Populonia, sorsero a distanza notevole dal mare, tra i sei e i dieci chilometri, destinando ad insediamenti minori — Pyrgi e Alsium per Cere, Gravisca per Tarquinia, Regisvilla per Vulci — la funzione di porto. Tuttavia alcuni indizi archeologici dimostrano che l'area fu interessata da alterni processi di conquista e di deliberato abbandono tra età protostorica e storica. Indagini antiche e recenti sulla costa tra S. Marinella e Civitavecchia ad esempio provano che in epoca protostorica vi furono esperimenti abbastanza estesi di popolamento della costa: almeno tre villaggi sulla costa a breve distanza l'uno dall'altro — non troppo diversa da quella normale intercorrente tra villaggi coevi dell'interno — mostrano tracce di occupazione intensa tra IX e VIII secolo a. C., cui succedette un improvviso abbandono evidentemente in funzione di una sorta di sinecismo per il principale abitato della zona, a tre chilometri dal mare, la c.d. « Castellina ». Del pari, l'estensione di abitati costieri del territorio cerite e tarquiniese tra VI e V secolo a. C. sembra indicare che, dopo una stasi di oltre un secolo, si procedette a rioccupare le coste, sia pure in relazione con lo sviluppo di attività portuali e mercantili. Ciò conferma il fatto che le condizioni climatiche e floro-faunistiche antiche non solo dovevano essere di gran lunga meno avverse di quelle emerse dopo la prima età imperiale, ma vennero sottoposte a controllo e bonifica per consentire insediamenti vasti ed importanti. D'altronde le fonti ci parlano della piana pontina, dalle caratteristiche geografiche non dissimili da quelle della Maremma, come di una piana fittamente abitata in età arcaica, donde nel 507 (Dion. Hal. V, 26), nel 492 (Dion. Hal. VII, 1-2; Liv. II, 34, 4) e nel 433 a. C. (Liv. IV, 25, 4) Roma avrebbe tratto granaglie per sopperire ai propri bisogni interni. In conclusione, quest'area sembra essere caratterizzata da condizioni avverse per un fattivo sfruttamento da parte dell'uomo, ma al tempo stesso deve essere stata sottoposta tra VII e VI secolo a. C. ad intensa bonifica e colonizzazione che l'hanno resa abitabile, senza però consentire l'impianto di abitati urbani molto considerevoli, peraltro sviluppatisi già altrove nel periodo immediatamente precedente; l'analogia con la pianura pontina lascia infine intravedere la possibilità che l'area — assieme alle maggiori pianure della zona interna — fungesse da grande riserva granaria delle principali *poleis* marittime.

La terza area corrisponde al resto della attuale Toscana, con l'appendice perugina in suolo oggi umbro. Il paesaggio anche qui si presenta in larga misura collinare, con un gran lago di origine tettonica, il Trasimeno, ed ampie vallate fluviali interne, le valli del Tevere, dell'Arno, del Chiana, dell'Elsa, dell'Era, del Cecina (per ricordare solo le principali), che innervano tutto il territorio. La natura geologica e la morfologia delle colline sono tuttavia assai varie e non sempre si prestano a coltivazioni redditizie, per la presenza di vaste aree di calanchi e per le variazioni climatiche abbastanza notevoli; a questo si aggiungono massicci montani — Colline Metallifere, Amiata, Monti del Chianti, Pratomagno — a rendere molto più difficile ed aspro il territorio, nel quale le coltivazioni appaiono assai varie e le comunicazioni, basate sui corsi d'acqua, non meno varie e difficili. Le stesse valli dei fiumi maggiori, il Tevere e l'Arno, non mostrano quegli spazi ampi e quelle facilità di passaggio della bassa valle tiberina che caratterizza il sud dell'Etruria, e a ridosso di tutta quest'area si stagliano subito le difficili cime dell'Appennino; le aree più favorevoli alle culture granarie di notevole estensione, tranne la Val di Chiana, sono in questo caso quelle costiere, mentre le assai frazionate pianure interne si prestano ad uno sfruttamento di interesse locale e limitato. Che tale dimensione delle locali possibilità agricole più elementari abbia influenzato l'assetto del territorio in epoca protostorica e della prima età storica appare sufficientemente dimostrato dalla struttura dispersa dell'abitato, dalla quale emergono nella piena fase storica solo un numero limitato di città — Perugia, Cortona, Arezzo, Fiesole, Volterra, Chiusi, Populonia, Vetulonia e Roselle —, un numero cioè di città all'incirca pari a quello del Meridione, territorio questo che però copre una superficie inferiore alla metà dell'area settentrionale. Un indubbio riequilibrio della situazione di partenza deve essere stato comunque fornito dal diffondersi delle culture arboricole e arbustive a partire dal VI secolo a. C.: le pagine di Plinio sul vino e sull'olivo forniscono indicazioni preziose sull'importanza dei prodotti vitivinicoli in epoca imperiale, eredità certamente di un'esperienza secolare, di cui ancora oggi vini ed olii toscani senz'altro partecipano. Il moscato etrusco (XIV, 24), la pratica del taglio dei vini peculiare agli Etruschi del nord (XIV, 36), la specie di vite chiusina (XIV, 38) affine a quella di Pompei, i trapianti di vitigni di Paros a Pisa (XIV, 39) ci parlano di grande specializzazione nelle culture vinicole in area etrusca settentrionale, anche se la qualità appare assai meno apprezzata dai consumatori romani (XIV, 67-8).

Non c'è dubbio dunque che le tre diverse aree nelle quali si è affermata la civiltà etrusca contengano ciascuna *in nuce* la prefigurazione di destini differenti e di differenti possibilità di sviluppo; senza per questo legare la storia d'Etruria deterministicamente alla natura del suolo — e vedremo come questo in realtà non sia — è possibile individuare un nesso tra risorse e sviluppo, che ha influenzato le vicende della nazione tirrenica e che si è riflettuto sugli assetti della produzione.

2. *Le altre risorse*

Le tre grandi aree territoriali offrono, abbiamo visto, diverse possibilità di sviluppo dipendenti dalle vocazioni spontanee del suolo in relazione allo sfruttamento agricolo. Ma accanto a queste risorse altre se ne conoscono, che contribuiscono a rendere più variegata ed intrecciata la già complessa situazione economica di base. Intanto il suolo etrusco nell'antichità, molto più che oggi o anche in secoli più vicini a noi, offriva ampie possibilità di sfruttamento di risorse boschive: vaste foreste coprivano i massicci montani e collinari dell'Etruria centro-settentrionale, con alberi di alto fusto atti a lavori di carpenteria, all'edilizia e alla costruzione di navi. Ricordiamo qui che il contributo di Perugia, Volterra, Chiusi e Roselle alla spedizione di Scipione in Africa nel 205 fu in primo luogo proprio il legno di abete per le navi (Liv. XXVIII, 45, 14 sgg.) e che Strabone (V, 2, 5) ricorda come il legname appenninico (castagno e pino, soprattutto) fosse essenziale per l'approvvigionamento di Roma, ove giungeva per fluitazione sul Tevere, una pratica questa viva ancora in età moderna nell'ansa perugina del fiume, nel luogo significativamente chiamato Ponte Valleceppi.

In questi boschi non mancava la selvaggina: celebri erano i cinghiali d'Etruria e d'Umbria (Martial. VII, 27; XII, 14, 9; Stat. *Silv.*

IV, 6, 10), non meno dei cavalli da corsa etruschi (Oppian. *Cyneg.* I, 170). L'allevamento stanziale, diffuso soprattutto nel sud, era particolarmente specializzato nei suini (Pol. XII, 4, 8), con famose lavorazioni di carni, prosciutto a Cere e ventresca a Falerii; le acque interne e il mare, pescoso di tonni (Strab. V, 2, 6), offrivano ampie possibilità di sfruttamento delle risorse ittiche.

Ma la risorsa principe del suolo, oltre a quelle agricole e dell'allevamento, era costituita dai minerali per la estrazione dei metalli. Era questa una delle ricchezze principali degli Etruschi: rame, argento, piombo e soprattutto ferro, questi i metalli che l'Etruria forniva in antico. Le fonti dei minerali sono in primo luogo le grandi e inesauribili miniere di ferro dell'isola d'Elba, l'isola che i Greci chiamavano *Aithalia*, « la Fumosa », per il fumo delle mille ciminiere del primo processo di lavorazione del minerale, che sappiamo da moltissime fonti letterarie ed archeologiche subiva l'ultima lavorazione sulla terraferma, a Populonia, almeno già dal VI a. C.: nella già ricordata occasione dell'aiuto etrusco alla spedizione africana di Scipione il contributo di Populonia fu appunto il ferro. La lavorazione sulla terraferma, che ha proceduto per secoli, ha finanche prodotto un accumulo di scorie e di detriti alto parecchi metri e, grazie alla sommarietà dei processi antichi, il recupero e la riutilizzazione delle scorie sono stati ritenuti proficui ancora fino a pochi anni fa, fornendo una ragguardevole quantità di metallo.

Ma l'Elba non era la sola fonte di approvvigionamento di metalli. Anche le piriti argentifere dell'Argentario dovevano fornire ferro, argento e piombo, mentre altri probabili bacini minerari sono da individuare nell'area campigliese, nell'Amiata e nei Monti della Tolfa. In quest'ultimo caso, oltre ai minerali di ferro potevano avere importanza anche i giacimenti di allume, utilizzato in antico sia per la concia delle pelli che per i processi di riduzione della fusione: il trovamento di frammenti di ceramica micenea nell'estremità nord del massiccio tolfetano potrebbe essere in rapporto con questi giacimenti, dal momento che nelle tavolette micenee in lineare B si fa menzione dell'allume, definito con la stessa parola greca classica, *styptéria.*

Più difficile individuare la fonte (o le fonti) per il minerale di rame, elemento fondamentale per la lega del bronzo, il materiale metallico più diffuso nell'antichità assieme al ferro. Il bronzo etrusco era apprezzatissimo in antico. Crizia, uno dei Trenta Tiranni dell'Atene dello scorcio del V secolo a. C., avrebbe desiderato un intero servizio di bronzi tirrenici, e sempre ad Atene, quasi un secolo prima, nel più importante dei santuari dell'Acropoli, un ignoto fedele aveva fatto dono alla dea Atena di un tripode bronzeo di produzione vulcente. La fama dei bronzi etruschi raggiunge l'età romana, quando si cantano i *Tyrrhena sigilla*, le statuette bronzee etrusche, ricercate come bene prezioso e forse non senza gusto tipico di antiquariato. Le nostre fonti tacciono però sulle fonti di approvvigionamento del minerale. Un interessantissimo scritto pseudo-aristotelico, forse greco-occidentale, il *De mirabilibus auscultationibus*, allude ad un'antica attività estrattiva del rame sempre all'Elba, ma la notizia, non confermata dai dati geologici, potrebbe essere un autoschediasma dell'autore greco. Officine bronzistiche sicuramente accertate in età arcaica sono localizzate in parecchie città d'Etruria, in primo luogo a Vulci, ma anche a Cere, a Populonia e altrove, mentre in epoca classica ed ellenistica la grande attività di fusione e laminazione del bronzo sembra progressivamente ritrarsi dal sud verso il nord; sempre nei contributi etruschi alla spedizione scipionica spicca Arezzo, che, a differenza delle *poleis* del sud impegnate con prodotti agricoli (grano e viveri da Cere, lino per le vele da Tarquinia), di Populonia con il ferro e delle altre città del nord con legname e frumento, fornisce — assieme a 120.000 moggi di frumento, oltre un milione di litri! — una quantità ingentissima di armi in gran parte di bronzo: duemila scudi e duemila elmi, cinquantamila armi da getto (*pila, gaesa, hastae longae*), e l'attrezzatura di scuri, falci, pale, bacili e mole con relativi viveri per ben quaranta navi. Il problema è allo stato attuale non facilmente solubile, vista anche la scarsa attenzione dell'archeologia per l'individuazione, con metodi tipologici e soprattutto con analisi chimico-fisiche, di possibili centri di fabbricazione e delle diverse qualità del metallo e della lega.

3. *Interrelazioni e tendenze all'espansione*

Commetteremmo un grave errore storico a considerare l'Etruria come un'entità geograficamente chiusa e tendente all'autosufficienza. Benché assai meno portuoso della costa meridionale tirrenica e ionica, il litorale etrusco offriva, con i suoi frequenti stagni e le foci di fiumi grandi e piccoli, possibilità di attracco per il cabotaggio di navi a basso pescaggio quali sono quelle dell'età arcaica e classica. Non dimentichiamo che il porto arcaico, dove non è costituito da bacini assai ben protetti naturalmente (si pensi qui alle situazioni del Pireo, di Taranto o di Siracusa), trova il suo alloggiamento migliore proprio in bacini interni, stagni o corsi fluviali.

Come il mare non separa l'Etruria dagli altri paesi, anche lontani, del Mediterraneo, così i due grandi fiumi che costituiscono i confini storici del paese sembrano unire, piuttosto che dividere, l'area etrusca alle terre dei popoli confinanti, Latini a sud, Sabini ed Umbri ad est, Liguri a nord.

La tradizione, sulla quale torneremo, collega strettissimamente l'Etruria al Lazio — e in particolare a Roma — fin dall'età più antica. Gli stessi miti troiani delle origini mostrano, con Enea alleato degli Etruschi contro i Latini sostenuti dal tiranno di Cere Mezentio, come fosse impossibile scindere la genesi dell'*ethnos* e delle *poleis* del Lazio da quelle parallele dell'Etruria. Dinastie etrusche sono attestate per la Roma del VII-VI secolo e l'etrusca Cere, a detta di Livio (IX, 36, 3), era il luogo dove, ancora nel IV secolo, la migliore aristocrazia romana riceveva la propria istruzione letteraria, mentre Veio, a soli diciassette chilometri da Roma, era la principale interlocutrice della grande vicina latina, in pace come in guerra. Se Veio e Cere sono il tramite più diretto — ma non unico — tra Lazio ed Etruria, il mondo sabino gravita, attraverso Capena e Lucus Feroniae, su Veio a sud e sul territorio falisco e volsiniese a nord: l'alfabetizzazione arcaica dei Sabini, attestata nella fascia tiberina da Poggio Sommavilla a Colle del Forno, dipende dalle esperienze del contermine territorio etrusco, donde originano molti dei tratti propri della cultura arcaica dell'area attestata dalle ricche necropoli di Terni e della Val Nerina.

Dal valico di Colfiorito alla fertile valle umbra, dai territori iguvini e assisiati al medio ed alto corso del Tevere, gli Umbri gravitano naturalmente sull'area etrusca, dove trovano a sud Volsinii posta quasi a fronteggiare Todi, al centro Perugia con la corona dei centri quasi satelliti di Trevi, di Foligno, di Bevagna, di Bettona, di Gubbio e di Assisi, a nord Cortona e Arezzo in stretto rapporto con Tiferno Tiberino (Città di Castello), Urbino e Sestino. La dipendenza della cultura umbra da quella etrusca è cosa notissima e non è il caso qui di sottolinearla: giova piuttosto considerare che la dipendenza geografica ed economica è qui ancor più scoperta che altrove. Mentre le zone vallive umbre offrono condizioni per uno sviluppo abbastanza promettenti, le aree montane sono interessate prevalentemente da attività di allevamento transumante e non, attività di cui le fonti classiche forniscono precisi echi nella celebrazione dei suini e dei formaggi umbri. Le valli del Tevere e del Chiana sono le tradizionali mete stagionali dei movimenti transumanti provenienti dall'Appennino umbro-sabino e le città etrusche contermini sono state certamente i mercati naturali della pastorizia appenninica, venendo così ad esercitare in maniera altrettanto naturale la propria egemonia economica, politica e culturale su aree tendenzialmente di sottosviluppo.

Conosciamo assai meno la dialettica tra le tribù liguri, attestate

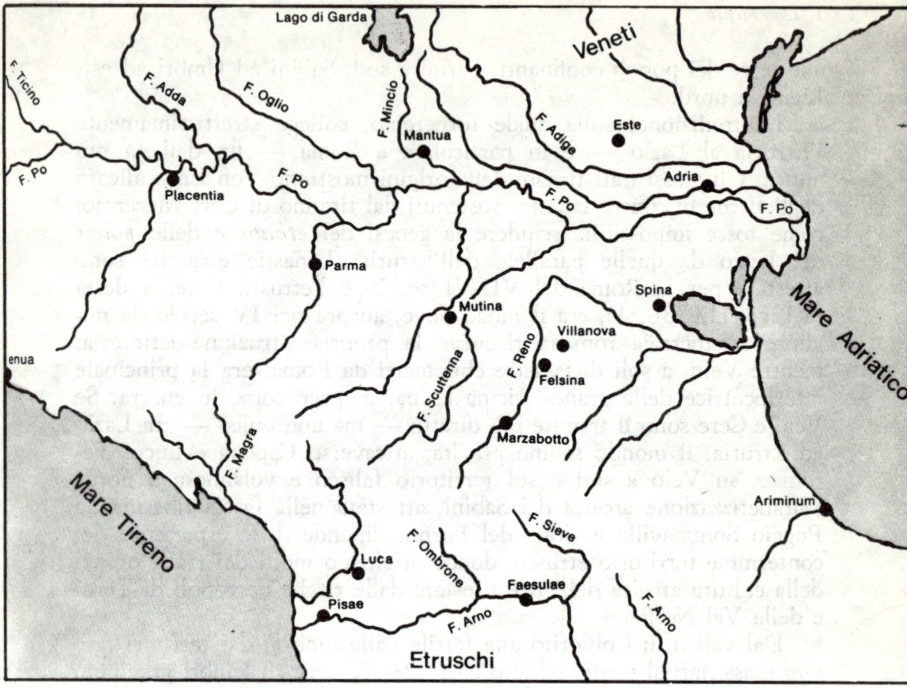

Fig. 3. Etruria Padana (da Weeber).

tra Toscana, Emilia e Liguria, e le genti etrusche dislocate lungo l'Arno. Le fonti sono poco numerose ed estese per questa frontiera e l'archeologia è in quest'area particolarmente arretrata, preoccupata più di indagare — quando lo fa — i più remunerativi centri etruschi con materiali « ricchi », che di affrontare in maniera moderna questi problemi di interrelazione tra aree sviluppate etrusche e territori « barbari » popolati al più di villaggi poveri. Pochi dati sia letterari che archeologici tuttavia ci dicono che anche questa fu una « frontiera aperta ». L'area ligure costiera si mostra particolarmente sollecitata dai contatti marittimi, anche remoti: se la necropoli protostorica di Chiavari rivela intensi rapporti con ambienti etruschi, la scoperta di ceramiche falische di notevolissima qualità a Genova e a Savona dimostra che le direttrici di traffico dell'Etruria meridionale, da sempre interessate al controllo dell'area celto-ligure in concorrenza

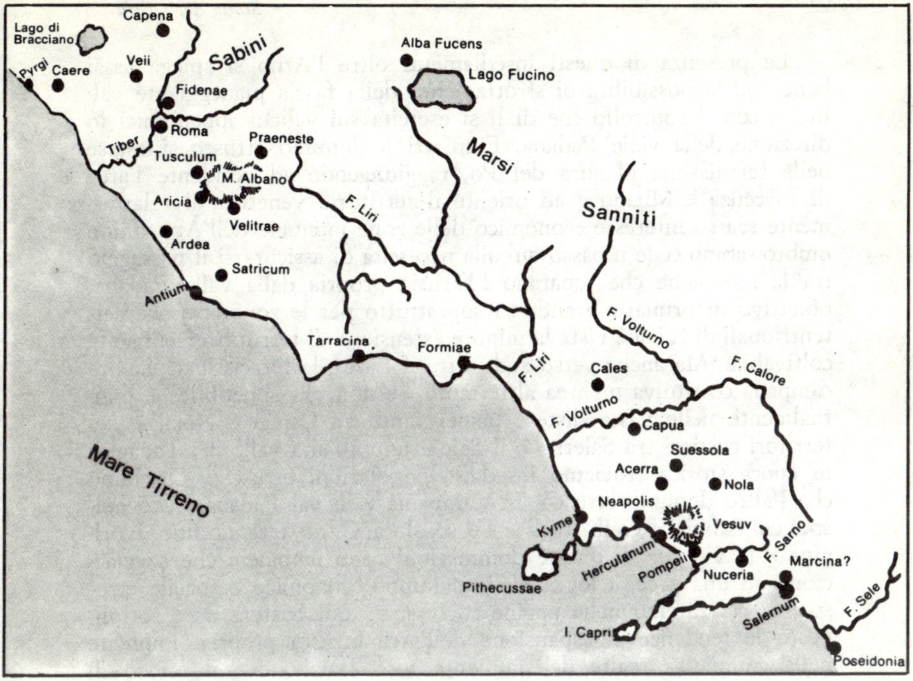

Fig. 4. Lazio e Campania (da Weeber).

con i Greci di Marsiglia, avevano trovato nel IV secolo punti sicuri di appoggio nei porti accoglienti della Liguria. Per contro, più conflittuale appare la relazione tra Etruschi e Liguri della montagna. Non è un caso che Pisa abbia offerto nel 180 a. C. a Roma il suolo per la deduzione della colonia di Luni, un territorio che altre fonti definiscono ligure, e che Roma abbia sentito la necessità di presidiare la fascia di confine con la colonia di Luni (177 a. C), e contemporaneamente (180 a. C.) di trasferire in massa tribù liguri della zona in un lontano e spopolato territorio tra Benevento e il Sannio. La stessa Pisa in alcune fonti (Iustin. X, 1, 11; Lycophr. *Alex.* 1359) è considerata ligure. Certo è che l'Arno non fu confine invalicabile: Quinto Fiorentino, con le sue grandiose tombe di *principes* etruschi di VI secolo a. C., e Fiesole, città etrusca di primaria importanza dopo il V secolo a. C., sono ambedue sulla riva destra, « ligure », dell'Arno.

La presenza di questi insediamenti oltre l'Arno si spiega assai bene con le possibilità di sfruttamento della fascia pianeggiante valliva e con il controllo che di lì si esercita sui valichi appenninici in direzione della valle Padana. E infatti il dominio etrusco si estese nella fertilissima pianura del Po, raggiungendo ad occidente l'area di Piacenza e Milano e ad oriente il territorio venetico; il relativamente scarso interesse economico delle zone montane dell'Appennino umbro-sabino cede il passo qui alla necessità di assicurarsi il passaggio tra le montagne che separano l'Etruria propria dalla valle Padana, obiettivo di primaria grandezza soprattutto per le zone etrusche settentrionali di cui si è vista la minore estensione di territorio facilmente coltivabile. Ma anche verso sud, oltre il Lazio, la feracissima pianura campana costituiva un'area altrettanto, se non più appetibile: e puntualmente nelle vaste distese pianeggianti tra Capua e Nola, e nei territori costieri tra Salerno e il Sele e fino all'alta valle del Tanagro, in epoca storica troviamo insediate popolazioni etrusche. Sia l'uno che l'altro dominio etrusco, in Campania e in val Padana, sono episodi cui Sanniti e Galli tra V e IV secolo a. C. metteranno fine. L'origine e le vicende di queste dominazioni sono fenomeni che soggiacciono ad una precisa logica dello sviluppo economico e sociale etrusco, di cui diremo nella pagine successive: qui basterà aver sottolineato le tendenze all'espansione dell'area etrusca propria, implicite nella complessa realtà dell'ambiente tosco-laziale, ove il mezzo di produzione fondamentale dell'età antica, la terra, presenta caratteristiche a un tempo favorevoli e limitate in funzione di un ben preciso sviluppo economico. La stessa fragilità di quei dominii ne dimostra il carattere complementare rispetto all'epicentro storico ed economico-sociale dello sviluppo, l'area dell'Etruria propria, anche se non bisogna mettere un eccessivo accento su tale complementarità, facendo dell'Etruria Padana e Campana, un'appendice marginale dell'epicentro: come tutti gli episodi di colonizzazione antica, anche questi etruschi seguono vicende che si possono comprendere solo facendo appello alla realtà economico-sociale non solo di partenza, ma anche di arrivo. Ma di questo diremo a suo luogo.

4. *Paesaggio agrario e storia*

Le considerazioni fin qui fatte sull'ambiente fisico nel quale si è sviluppata la civiltà etrusca vanno lette in una prospettiva intesa a ribadire il fondamentale rapporto di interazione fra ambiente e uomo, tra natura e storia, avendo ben presente che tale interazione, condizionata com'è dai rapporti di produzione, non si manifesta in maniera meccanica ed univoca. La storia del paesaggio agrario etrusco non fa certamente eccezione a questa norma. Abbiamo visto, ad esempio, come il meno favorevole ambiente settentrionale trovi un riequilibrio nell'introduzione delle culture vitivinicole; del pari, nell'area tufacea meridionale, i difficili problemi di controllo delle acque di superficie trovano una sia pur parziale soluzione in una serie di opere di drenaggio scavate nel vivo del masso roccioso, una rete di cunicoli variamente fitta, che consentono sia lo smaltimento che la canalizzazione e la conservazione delle acque. Ambedue questi fatti, come moltissimi altri, sono allo stesso tempo effetto e causa di modificazioni strutturali, presupponendo e a loro volta imponendo diversi tipi e forme di cooperazione sociale.

Purtroppo, su questo piano le nostre informazioni sono assai generiche, dal momento che la ricerca archeologica ha trascurato tutta una serie di indagini, classificazione di reperti floro-faunistici, studio di reperti ossei umani, analisi dell'insediamento e così via, essenziali per le ricostruzioni delle realtà ambientali e delle loro trasformazioni. Dobbiamo perciò accontentarci di dati frammentari, delle scarse notazioni delle fonti geografiche e storiche greche e latine, degli ancor più magri elementi tratti dal materiale epigrafico ed archeologico etrusco per tracciare le linee sommarie della storia dell'ambiente in relazione all'evoluzione storica generale. Nondimeno, alcuni elementi sono chiari e ritorneranno nelle pagine di questo libro, in rapporto stretto con la lettura diacronica dei fatti storici: il complesso delle risorse, l'assetto dell'ambiente, i modi dello sfruttamento e le presenze dell'uomo sono in un'articolata dialettica con i processi storico-sociali che il paesaggio agrario etrusco riflette fedelmente. Non comprenderemo, ad esempio, il « deperimento ambientale » della Maremma senza il declino non del « popolo etrusco », ma piuttosto di un assetto della produzione agricola e dello scambio, sui quali le aristocrazie etrusche hanno esercitato un controllo fortissimo, sollecitando lo sfruttamento del suolo e le presenze emporiche nei porti della costa; del pari, l'attuale paesaggio agrario della Toscana mostra indubbi, ancorché pallidi segni di un'eredità remota, trasmessaci non senza modificazioni profonde attraverso feudalesimo e mezzadria, eredità che trae origine dai mutamenti apportativi in epoca etrusca con le trasformazioni di IV-III secolo a. C. In altre parole, anche attraverso il paesaggio riusciamo a ricomporre alcuni nodi di quel filo rosso che ci siamo proposti di seguire.

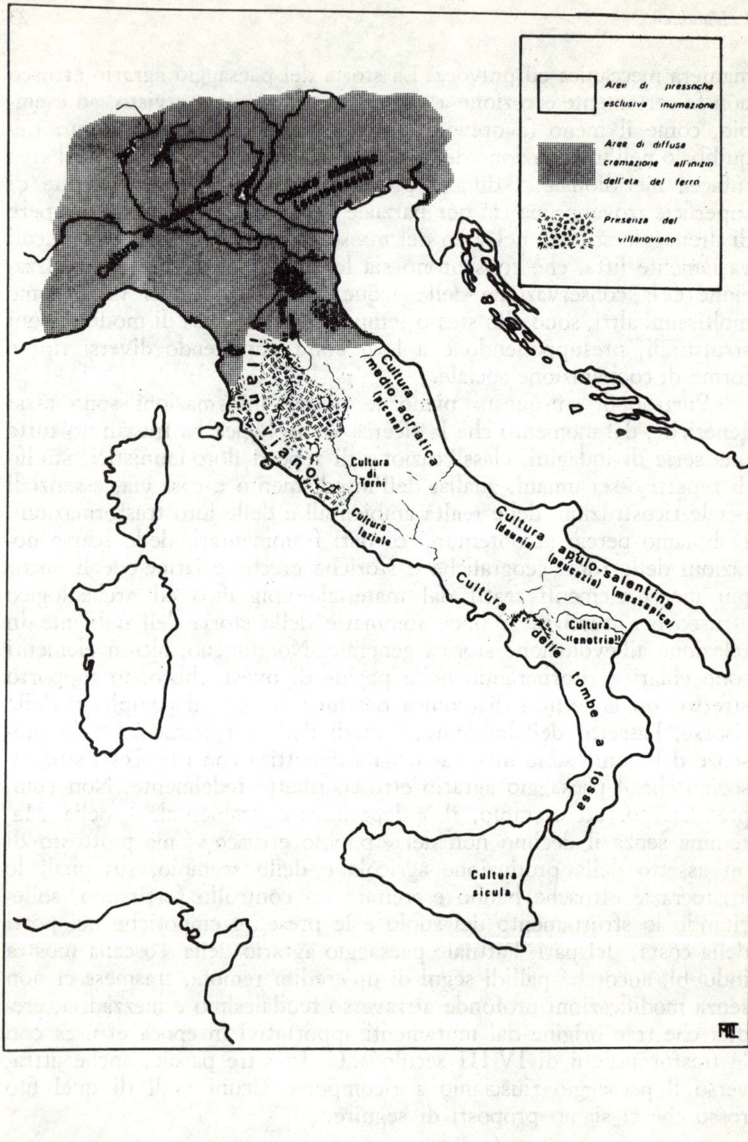

Fig. 5. Distribuzione delle culture dell'età del Ferro (da Pallottino).

II
LA FORMAZIONE

1. *Il problema delle origini*

Per nessun altro popolo dell'antichità si è acceso nella storiografia moderna un dibattito così vivace sulle origini, come nel caso degli Etruschi. Le ragioni di questo fatto sono molte e vale la pena farne un sia pur rapido cenno.

In primo luogo, l'interesse per questa nazione, tanto ellenizzata e « diversa », lontana dal centro del mondo più civilizzato, che in età arcaica e classica si colloca tra il vicino Oriente e il bacino dell'Egeo, ma al tempo stesso così ricca e così civile, è sorto con gli stessi inizi della storiografia greca, che, dedicando tanta attenzione alle origini dei Tirreni, ha non poco contribuito a creare il « caso ». In secondo luogo questa innegabile « diversità », etnica, linguistica e culturale, dal resto delle popolazioni di lingua indoeuropea dell'Italia antica ha sollecitato l'attenzione della storiografia borghese ottocentesca, fortemente interessata alle realtà etnico-linguistiche antiche come riflesso delle problematiche politiche, culturali e sociali poste dai contemporanei processi di unificazione nazionale in atto in tutta l'Europa. Il coincidere dell'interesse della storiografia greca (quella latina è quasi del tutto estranea al problema e ripete in genere elaborazioni greche) e di quella moderna per il « diverso » etrusco — tanto più se esso si presenta come annegato nel mare indoeuropeo della penisola, a torto ritenuto « noto » — ha fatto nascere un problema delle origini etrusche, che tuttavia si presenta concettualmente non diverso da quello delle origini di altri popoli mediterranei non indoeuropei. La stessa aura mitica, antica e moderna, attorno alle origini etrusche, collegate con i nomi di favolosi popoli migratori delle leggende greche, Pelasgi e Tirreni, ha infine contribuito ad ingigantire oltre misura il problema delle origini, spesso e tutt'altro che a ragione, mescolato a quelli di classificazione e di ermeneutica della lingua etrusca, così che la questione delle origini è finita con il diventare palestra di ogni irrazionalismo storiografico, parte dominante di un inesistente « mistero etrusco ».

Sgombrato il campo di questi equivoci, vediamo brevemente quali sono i termini del problema. Secondo la mentalità greca, le origini di una *polis* si ponevano in termini di *ktisis*, di fondazione, da parte di un ecista mitico, come Teseo per Atene o Cadmo per Tebe; analogamente, le origini di un popolo venivano sovente immaginate come frutto di una migrazione sotto un mitico condottiero, o *archegétes*. Per Erodoto (I, 94), gli Etruschi sarebbero giunti dalla Lidia sotto la guida del re eponimo Tirreno in occasione di una carestia poco prima della guerra di Troia (XIII secolo a. C.); per Ellanico (in Dion. Hal. I, 28), i Tirreni d'Etruria sarebbero da identificare con i Pelasgi, misterioso popolo migratore che, dopo aver vagato nell'Egeo, sarebbe approdato in Italia; per Anticlide (in Strab. V, 2, 4), il popolo giunto in Italia sotto la guida di Tirreno sarebbe stato pelasgico, ma dello stesso ceppo che avrebbe colonizzato le isole egee di Lemno e Imbro. L'opinione corrente degli antichi dunque faceva concordemente giungere gli Etruschi dall'Oriente, in epoca eroica o comunque prima dell'età storica, discordando solo nel collegamento ora con i Lidi, ora con i Pelasgi. Fa eccezione solo Dionigi di Alicarnasso, il quale, dopo aver analizzato le opinioni precedenti (I, 25-30), conclude con una tesi fino a quel momento ignota alle fonti: gli Etruschi sarebbero autoctoni, opinione questa raccolta da Dionigi presso gli Etruschi stessi, che chiamavano se stessi Rasenna, e non Tirreni.

Le opinioni degli antichi hanno influenzato, come si è visto, quelle dei moderni, che hanno cercato di trarne partito favorevole alle loro teorie, basate su presunti flussi migratori o sull'altrettanto presunta autoctonia, facendo uso, sempre parziale, dei dati archeologici. I sostenitori dell'origine orientale hanno ipotizzato una venuta degli Etruschi dall'Oriente in concomitanza con la fase culturale orientalizzante (VII secolo a. C.). L'ipotesi sul piano archeologico è del tutto inconsistente, dal momento che l'influsso culturale orientale del VII secolo a. C. investe sia Grecia che Etruria, dove si assiste anche ad un passaggio graduale e territorialmente vario e differenziato (e non ad un « salto », quale ci si attenderebbe da una migrazione) dalle fasi culturali dell'età del Ferro a quella orientalizzante; e ciò senza contare che la tradizione antica univocamente ritiene gli Etruschi presenti in Italia prima dell'età storica. L'altra teoria migrazionista, che ipotizza una discesa degli Etruschi dal Settentrione, si basa prevalentemente sui dati archeologici: unico appoggio nelle fonti sarebbe la notizia dataci da Livio (V, 33, 11), secondo la quale i Reti, popolazione delle Alpi centro-orientali, sarebbero un relitto etrusche. Ma mentre Livio parla di relitto non migratorio, accantonamento in seguito alle calate celtiche, anche le fonti archeologiche, che pure mostrano indubbi collegamenti tra cultura del Ferro d'Etruria ed Europa centrale, non legittimano la tesi invasionistica settentrionale, dal momento che anche altre culture italiane e mediterranee dell'età del Ferro rivelano altrettanto stretti rapporti con l'Europa centrale. La tesi autoctonista di Dionigi infine è riecheggiata da quei moderni che hanno fatto degli Etruschi un relitto neolitico e mediterraneo, vissuto indisturbato fino a tutta l'età del Bronzo, mentre gli Italici indoeuropei sarebbero da identificare con i portatori della incinerazione, protovillanoviana e villanoviana. Nulla di più falso, non solo nel metodo, ma nei fatti: l'area occupata dalla cultura villanoviana coincide quasi perfettamente con quella etrusca di età storica e non già con quella italica.

Di fronte a tante teorie, i fatti in nostro possesso sono assai pochi. L'archeologia rivela una netta continuità culturale tra età del Bronzo ed età del Ferro, senza quelle vistose e brusche interruzioni che possono far pensare ad arrivi di popoli o a vere e proprie invasioni. D'altro canto, le fonti letterarie più antiche, meno sospettabili di disinvolte manipolazioni politiche e ideologiche com'è il caso di Dionigi (che aveva tutto l'interesse a mostrare autoctoni gli Etruschi e immigranti i Romani, da lui considerati di origine greca), mettono gli Etruschi in stretto rapporto con popolazioni egee (Pelasgi) ed anatoliche (Lidii), sottolineandone il legame particolare con gli abitanti pregreci di Lemno e di Imbro. Alcune iscrizioni di Lemno anteriori alla conquista ateniese del 510 a. C. confermano luminosamente questo collegamento istituito dalle nostre fonti: la lingua pregreca di Lemno appare infatti strettamente affine a quella etrusca, altrimenti isolata non solo nel contesto delle lingue dell'Italia antica, ma in tutto il bacino mediterraneo.

A questi dati si è venuto ad aggiungere un ulteriore elemento storico desunto dalle fonti egiziane. Resoconti dei faraoni da Amenophis III fino a Merneptah (1413-1220 a. C.) parlano di vari popoli, a contatto con gli Egiziani e da questi impiegati come mercenari; con Ramses III (1197-65 a. C.), gli stessi popoli, con l'aggiunta di altri fino a quel momento sconosciuti, con il nome di « popoli del mare », muovono per terra e per mare contro l'Egitto, trasportando financo le loro famiglie su carri. La composizione di questo mescolato gruppo di genti barbare è assai problematica. Alcune di queste sono facilmente e sicuramente identificabili, come gli Achei (*Jqjwš.w*), i Filistei (*Prst.w*), i Lici (*Rk.w*); per altri popoli, come gli *Šqrš.w* - Siculi e gli *Šrdn.w* - Sardi, l'identificazione è probabile, ma non certa. Fra i nomi di questi popoli figura quello di *Trš.w*, identificato da alcuni studiosi con i *Tyrsenoi* - Tirreni, ossia gli Etruschi. L'identificazione è lungi dall'essere certa, ma non può non colpire la cronologia dell'avvenimento che coincide con quella data da Erodoto per lo spostamento dei Lidii in Italia e con la stessa cronologia che del loro ciclo storico gli Etruschi davano; essi infatti fissavano la vita del loro *ethnos* in nove grandi *saecula* ciascuno di 120 anni circa, l'ultimo dei quali sarebbe iniziato nell'88 a. C.

Siano o no i *Trš.w* delle fonti egizie gli antenati degli Etruschi della penisola italiana, non è possibile immaginare trasferimenti in massa di popoli nell'Italia antica in qualunque momento del II millennio, ma solo arrivi di nuclei numericamente ridotti, ma in possesso di omogeneità culturale e di superiorità tecnica e militare, e capaci così di imporre una lingua senza per questo turbare il graduale sviluppo culturale della penisola, integrandovisi in maniera tanto rapida quanto insensibile. In altre parole, l'« arrivo degli Etruschi », se mai c'è stato, non trasparirà mai dalla documentazione in nostro possesso ed è in fondo un fatto storicamente marginale. Il concetto antico e moderno di migrazione e di invasione deve allora riproporsi in termini più aderenti alla realtà storica: non è corretto parlare di « arrivo » degli Etruschi, giacché gli Etruschi come popolo sono un prodotto di vicende storiche svoltesi nella nostra penisola. Sarà più giusto come ha insegnato M. Pallottino, parlare allora di lenta formazione di una cultura, di un *ethnos* e di una articolata struttura economico-sociale, quale i dati archeologici consentono di seguire nelle sedi storiche etrusche tra l'età del Bronzo e la piena età del Ferro.

2. *L'età del Bronzo*

L'età del Bronzo nella parte peninsulare dell'Italia offre l'aspetto di una particolare omogeneità culturale. Dalle pendici montane dell'Emilia fino all'estremità della Calabria, una cultura, detta appenninica per l'indubbia sua relazione geografica con la catena di montagne attraversante la penisola, si sviluppa per la maggior parte del II millennio a. C. (circa 1800-1050 a. C.) con caratteri assai peculiari e distintivi. Insediamenti in villaggi di altura o di pendice composti di poche capanne — a volte di grandi proporzioni — o entro grotte o ripari caratterizzano l'*habitat* sparso di queste popolazioni, le cui necropoli sono praticamente sconosciute. La ceramica fine prodotta dalle popolazioni appenniniche è un impasto (argilla non depurata) bruno-nerastro lisciato a stralucido con la stecca e decorato con linee a incisione e puntinati formanti motivi continui meandro-spiralici e riempiti di coloranti bianchi ed ocra; il repertorio delle forme vascolari sembra derivare da graduale mutazione, su sollecitazione di mode egee, di quelle affermatesi nel breve e significativo periodo eneolitico della cultura di Rinaldone-Gaudo, così come nella tecnica a incisione e puntinato si può forse vedere una derivazione dalle ornamentazioni del bicchiere campaniforme, distintivo di una particolare variante culturale eneolitica, ora per la prima volta attestata anche nel cuore dell'Etruria, a Fosso Conicchio, presso Viterbo. Anche i tipi di strumenti metallici, peraltro assai poco numerosi fino alla fine dell'età del Bronzo, riprendono modelli dall'eneolitico.

La collocazione di molti insediamenti su altopiani o finanche in prossimità di valichi appenninici, come ad Ariano Irpino, il carattere apparentemente temporaneo di altri, come quello sulle pendici di Narce, aspetti peculiari di forme vascolari, quali ad esempio i bollitori di latte per la preparazione del formaggio, hanno indotto lo studioso italiano di preistoria S. Puglisi a ritenere che la base economica della cultura appenninica risiedesse largamente in attività pastorali, nell'allevamento di greggi ovine e caprine, con estese pratiche di transumanza, che spiegherebbero la collocazione montana e il carattere periodico di molti insediamenti.

Negli anni '60, tuttavia, la scoperta, fatta dall'archeologo svedese C. E. Oestenberg, di un esteso e ben difeso villaggio stanziale appenninico a Luni sul Mignone, sui Monti della Tolfa, ha fatto nascere una vivace polemica contro le vedute di Puglisi, alle quali sono stati contrapposti argomenti sull'aspetto stanziale dell'insediamento e sull'orientamento prevalentemente agricolo dell'economia. Le percentuali di ossa appartenenti ad animali di allevamento sembrerebbero confermare queste opinioni: a Luni i dati offrono un 45-53% di bovini, un 22-26% di ovini e caprini e un 20-25% di suini, con un rapporto non dissimile da quello rilevato a Narce, mentre l'età media degli animali indicherebbe un'importanza dell'allevamento per il bestiame da lavoro (bovini), per lo sfruttamento di latte e lana (bovini e ovini) e solo in parte come fonte di carni (suini).

La discussione sul carattere dell'economia appenninica non sembra tuttavia aver colto il senso più profondo delle proposte di S. Puglisi, che miravano ad individuare nell'allevamento — e nelle connesse attività transumanti — non la fonte esclusiva dell'economia, ma una delle attività dominanti, e nelle greggi e nelle mandrie il centro prevalente dell'accumulazione primitiva, capaci di far superare il livello di pura sussistenza raggiunto dall'agricoltura neo-eneolitica, agricoltura che nell'età del Bronzo, per quel che si sa, non appare vistosamente progredita. In altre parole, l'agricoltura è sempre rimasta (né era pensabile diversamente) fonte essenziale per il procacciamento del cibo, ma accanto ad essa l'allevamento ovino e caprino per fabbricazione di lane e formaggi ha acquistato un'importanza economica fino a quel momento inusitata, spingendo settori non trascurabili della popolazione ad attività transumanti, mentre l'allevamento stanziale suino ha offerto la possibilità di integrare in maniera sostanziale la dieta proteica degli individui, fino a quell'epoca certamente non ricca.

Da questa realtà economica e dai dati archeologici in generale è difficile ricostruire i dettagli della struttura sociale: non c'è dubbio che si sia in presenza di un'organizzazione tribale, ma l'estensione di queste tribù e l'area geografica occupata da ognuna ci sfuggono del tutto. È possibile che le cerchie culturali transappenniniche riconosciute dal Puglisi sulla base degli stili ceramici locali — una settentrionale, una centrale e una meridionale — corrispondano ad entità tribali estese, ma si tratta di congetture difficilmente trasformabili in precise definizioni sociali; altrettanto probabile è infatti l'esistenza di solidarietà assai meno estese, microstrutture tribali, pur in un'interazione reciproca di vaste proporzioni. La mancanza di dati di necropoli è al riguardo particolarmente limitante; anche l'industria e lo scambio degli oggetti metallici (la produzione delle ceramiche è sicuramente locale, con scarsissima circolazione oltre il villaggio), in questi anni in fase di fervido studio, poco possono ancora dirci sull'organizzazione produttiva di questo embrionale artigianato.

Di grande rilievo sul piano storico è la presenza di importazioni micenee tra il XV e il XII secolo a. C. in moltissimi siti appenninici della Puglia, della Lucania e della Campania, parallela a quella, ancora più intensa, riscontrabile in Sicilia e nelle Eolie. La frequentazione micenea delle coste e delle isole, cui oggi si è aggiunta anche la Sardegna, è un fenomeno la cui importanza soprattutto in questi ultimi anni è stata pienamente riconosciuta sia per i risvolti interni alla storia della penisola sia per la stessa storia dell'area egea, e va direttamente a saldarsi con le memorie « mitiche » di presenze eroiche greche anteriori alla colonizzazione ellenica di età storica sulle coste dell'Italia meridionale e della Sicilia. Cospicue tracce micenee sono note infatti in zone dove i racconti mitici greci facevano approdare eroi come Diomede, Nestore, Ulisse, cui si attribuivano le fondazioni preistoriche di città e di popoli. Ma accanto a queste presenze in aree successivamente toccate dalla colonizzazione greca, alcuni frammenti micenei da Luni sul Mignone e da Allumiere nella zona dei Monti della Tolfa suscitano interrogativi di tutt'altro genere. Se la risposta per ora più probabile a tali interrogativi sul significato e l'origine di queste presenze è da ricercare in primo luogo nello scambio indiretto (ossia nel passaggio di mano in mano, fra gruppi indigeni, di oggetti giunti in approdi più meridionali), cionondimeno non si può non ricondurre a questa documentazione altri dati della nostra tradizione. In primo luogo, come si è già sopra accennato, le tavolette micenee in lineare B fanno menzione dell'allume — assai abbondante proprio nei Monti della Tolfa — e sappiamo bene che l'allume era essenziale per la concia delle pelli e per i processi di riduzione nella fusione dei metalli. In secondo luogo, tra i varii motivi che si suppone abbiano indotto naviganti micenei a toccare le coste italiane possiamo collocare lo scambio di schiavi e di merci varie, come granaglie o murici per la fabbricazione della porpora, ma soprattutto un interesse per le promettenti risorse italiane di minerali metallici. La recentissima, già citata scoperta di ceramiche micenee sul golfo di Cagliari, oltre a rendere ragione di tradizioni mitiche greche (Eracle, Iolao, Dedalo) riferite alla Sardegna e di indubbi rapporti delle tecniche costruttive nuragiche e dei prodotti dell'artigianato sardo del bronzo con l'area cipro-micenea, dimostra una volta di più che uno dei motivi dominanti di queste navigazioni era costituito dall'approvvigionamento di metalli per le crescenti esigenze del Mediterraneo orientale. Nel caso della penisola italiana è da notare che le presenze micenee, concentrate sulle coste apule e del golfo di Taranto e nelle isole del golfo di Napoli (Ischia, Vivara, Capri), presuppongono da parte appenninica una struttura dello scambio e della distribuzione dei prodotti che dalle fonti di approvvigionamento del metallo, prevalentemente in area centro-italica, faceva giungere i prodotti fino ai ben più meridionali approdi frequentati dai naviganti micenei. Un tratto questo, che ritornerà anche nella realtà più tarda della prima età del Ferro, come vedremo.

Più difficile stabilire una relazione tra le ceramiche micenee trovate nei Monti della Tolfa e il complesso di miti e di tradizioni che nel paragrafo precedente abbiamo visto alla base della questione delle « origini etrusche ». Senza dubbio le suggestioni non mancano: la realtà stessa delle sedi storiche dei « Tirreni » orientali a Lemno, l'isola « di Efesto » che alcune fonti chiamano come l'Elba « Aithalia » (Pol. XXXIV, 11, 4); le tradizioni piratiche di questi Tirreni (Hom. *Hymn. Dion.* VII, 6); la presenza di *Trš.w*, mescolati a Micenei (*Jqjwš.w* = *Achaioi*) e a Sardi e Siculi, tra i « popoli del mare » nel XIII-XII secolo a. C., la stessa epoca delle importazioni micenee in Italia; la già citata data di « nascita » che gli Etruschi stessi assegnavano al proprio *ethnos* (Cens. *de d. nat.* 17, 5-6; Serv. *auct. ecl.* IX, 46) e dunque fissata entro l'XI secolo a. C. E i collegamenti, più o meno suggestivi, potrebbero continuare. Occorre essere al riguardo assai prudenti: l'avvio della metallurgia in area to-

Fig. 6. Tipico cinerario protovillanoviano dalla necropoli di Allumiere nei Monti della Tolfa. Si notino la caratteristica forma arieggiante quella biconica e le decorazioni incise e a cuppelle. X sec. a. C. (Allumiere, Museo).

scana è senz'altro estraneo agli apporti orientali (che invece appaiono assai cospicui sul finire dell'età del Bronzo) e risale all'eneolitico, significativamente bene attestato proprio a ridosso del massiccio delle Colline Metallifere. Come si è detto prima, quali che siano la data, l'entità e i motivi di presunti arrivi orientali, le strutture economico-sociali attestate dalle sequenze archeologiche mostrano caratteri di continuità e di sviluppo interno che rendono l'importanza di tali presunti arrivi secondaria rispetto a quella di fattori di trasformazione endogeni.

3. *La fase del Bronzo finale*

Il quadro che si è sommariamente tracciato è frutto di un lento e progressivo sviluppo durato molti secoli. I segni della trasformazione si cominciano a percepire già nella tarda età del Bronzo (XIII secolo a. C.), quando la caratteristica decorazione incisa appenninica, forse per influsso della coeva cultura dell'Italia settentrionale, viene rapidamente scomparendo. La successiva fase finale del Bronzo vede mutamenti ancor più radicali, nei suoi due aspetti culturali tra loro in successione e in parte in sovrapposizione, che gli archeologi hanno denominato rispettivamente subappenninico e protovillanoviano, per mettere in risalto i rapporti esistenti tra il primo dei due aspetti e la precedente cultura appenninica e tra il secondo e la successiva cultura villanoviana. L'aspetto subappenninico infatti continua in genere insediamenti anteriori e presenta un repertorio di forme ceramiche spesso a forte carenatura derivato da quello appenninico; novità principali sono nella ceramica, oltre all'assenza di decorazione incisa, l'apparizione di prese e appendici plastiche e nell'*habitat* il prevalere di insediamenti collinari, in posizioni forti e assai ben difendibili, mentre l'industria del bronzo adotta tipi di armi (la spada lunga, l'ascia ad alette) e di oggetti di uso personale (la fibula ad arco semplice e ad arco di violino, il rasoio) fino a quel momento ignoti, derivati in parte dall'industria centro-europea e in parte da quella egea. L'aspetto protovillanoviano invece solo occasionalmente continua precedenti insediamenti, mentre la ceramica innova fortemente sia nel patrimonio di forme vascolari, con impasti più rozzi e vasi assai meno elaborati, sia nella decorazione, che alle superfici inornate della precedente *facies* subappenninica contrappone sommarie incisioni a zig-zag e cuppelle; ma l'innovazione più vistosa si ha forse nel campo delle forme ideali, con l'introduzione dell'incinerazione. Compaiono così vaste necropoli del tipo dei Campi d'Urne dell'Europa centrale, sepolture entro vasi biconici (in un caso un'urna a capanna), con pochissimi oggetti personali e vasi di accompagno, per lo più miniaturizzati o di chiaro significato rituale.

L'interpretazione di questi fenomeni è assai complessa e non trova che di rado risposte sicure ai moltissimi problemi che la documentazione pone. Un influsso centro-europeo, nella bronzistica come nel rituale funerario, è innegabile, ma non meno indubbi appaiono i rapporti con l'area dell'Egeo e del Mediterraneo orientale, visibili soprattutto in alcune importazioni: la recentissima scoperta a Frattesina, nel Veneto sud-occidentale, di un vasto abitato con tracce evidenti della lavorazione in posto di perline in pasta vitrea, dell'osso e dell'avorio, costituisce un apporto tutto nuovo alla definizione del problema delle importazioni. Le vecchie spiegazioni di tanto cambiamento con presunte invasioni o arrivi di altre genti non spiegano purtroppo granché, mentre il parallelo atteggiamento tradizionale costituito dall'esplicazione dei mutamenti con non meglio determinati « influssi » non fa che rimanere alla superficie, attribuendo agli effetti — quando pure di effetti si tratta — il valore di causa.

Il dato fondamentale di questa oscura fase è costituito dal carattere nettamente stabile degli insediamenti: la costruzione di imponenti recinti difensivi in pietra, quali si conoscono a Monte Rovello nel massiccio della Tolfa e a Crostoletto di Lamone nell'alta valle del Fiora a NE di Vulci, cui si riferiscono anche vaste necropoli ad incinerazione protovillanoviane, parla da sé per dirci quali siano le nuove condizioni di vita. A Luni sul Mignone, sempre per rimanere nell'area della futura Etruria, si conosce anche una grande costruzione protovillanoviana, in parte scavata nel tufo e in parte costruita a blocchi, oggetto in età storica di un culto continuato fin nel Medioevo con una piccola chiesa, le cui funzioni di *anáktoron*, di residenza del sovrano del villaggio, trovano un *pendant* a Crostoletto di Lamone in notevoli tumuli per la sepoltura di personaggi di alto rango vissuti nel vicino abitato.

Le antiche solidarietà tribali si sono dunque spezzate, anche se non riescono a ricomporsi ancora in forma nuova: la stabilità degli abitati da un lato paga il prezzo della separazione dal nuovo *habitat* delle antiche attività pastorali transumanti e dunque del grosso del patrimonio armentizio, dall'altro presuppone una redditività delle attività agricole assai più elevata che in passato, di cui è testimonio il contemporaneo, vistoso diffondersi di strumenti per il lavoro realizzati nel durevole e resistente bronzo. L'accumulazione così realizzata sembra indirizzarsi per la prima volta in segni di prestigio dei « capi », grandi abitazioni e grandi tombe; le abitazioni d'ora in poi non avranno più la forma gigantesca ed allungata di alcune capanne, come quelle di Luni sul Mignone dell'età del Bronzo (m 42×4; m 30×4), ma acquisteranno dimensioni più contenute (al massimo m 13×7, come a Tarquinia nell'età del Ferro), atte a contenere nuclei di famiglie allargate, documento dell'emergere di un nuovo livello di cooperazione e di distribuzione sociale del lavoro. È dunque in questa fase che deve essersi avviato il processo che genera la società gentilizia, basata su nuclei familiari sempre più estesi e sul possesso privato della terra, quale noi la conosciamo in età storica. L'insicurezza dei tempi testimoniata dalle collocazioni e dalle difese degli abitati trova la sua spiegazione proprio in questo embrionale processo di appropriazione privata delle terre iniziato nel Bronzo finale tra XII e XI secolo a. C. Di qui anche l'altrettanto embrionale manifestarsi di un'ideologia guerriera, che nel X secolo a. C., soprattutto in area laziale, si concretizza con l'adozione di corredi con armi bronzee miniaturizzate per le sepolture degli individui maschili adulti.

Non c'è dunque dubbio che nella fase finale dell'età del Bronzo si annidano i germi degli sviluppi socio-economici del successivo millennio: ma il fenomeno protovillanoviano presenta caratteri di estensione geografica, dalla Calabria al Veneto, tale da indurci a riconoscere in esso soltanto dei germi, di fondamentale importanza senza dubbio, ma pur sempre strutturalmente poco omogenei, che richiederanno una maturazione lunga almeno due secoli per fare emergere chiaramente le conseguenze del mutamento.

4. *L'inizio dell'età del Ferro*

Le presenze protovillanoviane in area tosco-laziale sono imponenti e significative soprattutto nella zona corrispondente alla futura Etruria meridionale. Altrove nella penisola le testimonianze sono più rade e, si direbbe, occasionali: tra le conseguenze di questa ineguale distribuzione si può annoverare il fatto che l'eredità culturale del Bronzo finale, e in particolare dell'aspetto protovillanoviano, viene raccolta e sviluppata con particolare coerenza specialmente, se non esclusivamente, in territorio etrusco. Il confronto con la contermine area laziale, che presenta una cultura, parallela al protovillanoviano e da questa fortemente influenzata, ma al tempo stesso diversa, illustra bene il significato di siffatta affermazione; non meno significativa appare la mancata continuità, nel I millennio, di importanti episodi protovillanoviani di altra zona, quali quelli dei vasti campi d'urne di Pianello della Genga nell'area marchigiana o di Timmari nel territorio di Matera, per non parlare dell'isolatissima necropoli di Milazzo in Sicilia. A questi ultimi episodi, infatti, fanno seguito culture dell'età del Ferro profondamente diverse, che perfino ignorano il rito della cremazione, mentre nel territorio dell'Etruria gli elementi più rilevanti della cultura protovillanoviana, dall'incinerazione alla bronzistica, vengono ripresi e sviluppati secondo linee del tutto coerenti, come del resto la stessa denominazione di protovillanoviano lascia assai bene intendere.

Tra X e IX secolo a. C. si assiste ad un fenomeno di straordinaria portata lungo tutta la penisola italiana: l'emergere di culture locali che prefigurano assai da vicino, e molto spesso addirittura ricalcano, le partizioni etniche dell'Italia antica dell'età storica. Dai materiali archeologici della prima età del Ferro riconosciamo infatti assai bene molte zone di *ethne* storici, come quella picena, quella daunia, quella peucetica, quella enotria, quella latina; solo alcune, come quelle umbro-sabelliche, appaiono povere di documentazione, più in ombra o addirittura culturalmente poco qualificate, testimonianza di una subalternità di cui sappiamo benissimo per la piena epoca storica, ma le

cui radici affondano già nella fase finale dell'età del Bronzo, con il salto qualitativo cui si è accennato nelle pagine precedenti. Tutte queste culture italiche appaiono sufficientemente connotate di caratteri propri e soprattutto di una propria zona di sviluppo. In questo contesto di emergenza di culture locali fa spicco la diffusione della cultura villanoviana, pienamente corrispondente a quella della cultura etrusca di epoca storica. Troviamo infatti la cultura villanoviana solidamente insediata in tutta l'Etruria propria, con la significativa eccezione del piccolo cantone della valle del Treia occupata da una cultura propria — anche se fortemente influenzata da quella villanoviana — appannaggio del futuro *ethnos* falisco linguisticamente affine a quello latino; non solo l'Etruria propria mostra questa omogenea e diffusa presenza villanoviana, ma anche l'area padana orientale attorno a Bologna e a Rimini, sede della futura Etruria padana, e due zone campane, l'una attorno a Capua, l'altra tra il Sele e il golfo di Salerno, dove ancora una volta sappiamo di presenze storiche etrusche.

Non si farà ancora una volta l'errore di confondere cultura in senso archeologico ed *ethnos*, giacché ambedue sono espressione di una realtà storica più profonda, quella dei rapporti sociali di produzione, nei quali spesso il dominio assume forme culturali, linguistiche, religiose e politiche omogenee, pur aggregando componenti etniche anche diverse. Con ciò si vuole affermare piuttosto che l'area geografica ove è storicamente insediato il dominio etrusco appare già definita e culturalmente connotata in senso unitario nel IX secolo a. C.

All'omogeneità di diffusione della cultura villanoviana corrispondono anche caratteri in linea di massima notevolmente omogenei, soprattutto nella fase più antica. Le nostre conoscenze dipendono in prevalenza, se non in modo esclusivo, dalle necropoli, dove troviamo estesi campi d'urne con sepolture entro pozzi scavati nella roccia o nel terreno, con o senza protezioni in pietra o in grandi giare. Il corredo delle sepolture è costituito dal cinerario biconico ornato da motivi incisi a meandro, a metopa o a fasce di linee, dalla copertura del cinerario in forma di elmo per individui di sesso maschile o a ciotola per deposizioni femminili, e da pochissimi vasetti rituali e oggetti personali, fibule, rasoi, spille, perline di pasta vitrea. I villaggi sembra comprendessero capanne di grandezza variabile, ma sempre moderata, ed in numero abbastanza limitato, corrispondente peraltro

Fig. 7 (*a fronte*). Tipico cinerario villanoviano da Vulci con copertura ad elmo. Sulla sommità dell'elmo è la riproduzione del tetto di una capanna, evidente reminiscenza dell'urna a capanna, a quest'epoca attributo delle sepolture eminenti. Prima metà dell'VIII sec. a. C. (Roma, Museo di Villa Giulia).

alle ridotte estensioni dei nuclei più antichi dei sepolcreti. Ciò che colpisce è la capillarità delle presenze umane sul territorio: nelle aree meglio esplorate gli insediamenti si succedono a pochissima distanza fra loro — in genere tra i cinque e i quindici chilometri — e sono dislocati palesemente per un razionale sfruttamento delle risorse agricole: conosciamo infatti insediamenti su alture in genere non troppo elevate e ben difendibili, prossime a corsi d'acqua e sorgenti e ad estensioni abbastanza ampie di terreno pianeggiante atto all'aratura, ma anche villaggi lacustri (Gran Carro al lago di Bolsena) o marittimi (ad es. Torre Valdaliga, La Frasca presso Civitavecchia).

L'impressione che si ricava dalla capillarità dell'insediamento e dalla grande omogeneità culturale della prima fase villanoviana, in larga misura corrispondente al IX secolo a. C., è sostanzialmente quella di un gigantesco processo colonizzatorio avviato nel corso del IX secolo a. C., che nel breve giro di due o tre generazioni deve aver occupato l'area di diffusione che si è sopra descritta, dall'Emilia alla Campania. Alcuni di questi episodi appaiono chiaramente « non produttivi », fenomeni isolati in contesti culturali diversissimi e privi di una loro continuità storica: è questo il caso, ad esempio, della piccola necropoli dai genuini caratteri villanoviani presso Fermo nelle Marche, virtualmente annegata in un'area omogenea di cultura picena (la zona villanoviana più vicina è situata ad oltre centocinquanta chilometri di distanza), che dopo un periodo di fulgore, tra la fine del IX e la metà dell'VIII secolo a. C., scompare senza lasciar tracce. Altri episodi, quali il vasto insediamento di Sala Consilina nella fertile valle del Tanagro nella Lucania occidentale, a quasi cento chilometri dal grande nucleo villanoviano ed etrusco salernitano, pur partiti da una base autenticamente villanoviana, ben presto « imbarbariscono », sommersi da culture circostanti più forti e compatte.

Questo così vasto movimento di squisito sapore colonizzatorio certamente non fu né unitario nel tempo e nello spazio, né generato da un unico epicentro. Gli studi sulle differenze areali nelle prime fasi villanoviane sono appena agli inizi e non è ancora possibile trarre conclusioni generali da argomenti e dati tanto preliminari. Tuttavia alcuni elementi, già da tempo ben noti, forniscono indicazioni di massima molto preziose.

Abbiamo visto come le sepolture villanoviane avvengano normalmente entro cinerari biconici. Tuttavia, in un'area molto precisa, che comprende, oltre a quella della cultura laziale, il territorio sud-etrusco, Cere, Veio, Tarquinia e Vulci, con sporadiche apparizioni più a nord fino a Vetulonia, parallelo a quello di seppellimenti in cinerari biconici si manifesta l'uso di incinerazione entro urne a capanna. La distinzione di queste sepolture denota senza dubbio un

Fig. 8. Urna a capanna in bronzo, probabilmente da Vulci. La riproduzione della capanna reale è minuziosa, dalla porta apribile con l'indicazione delle assi incrociate all'apertura per la fuoriuscita del fumo e ai travicelli del tetto; tuttavia la decorazione dei travicelli con testa di ocherella e quella sbalzata delle pareti, arieggiante l'antico motivo della « barca solare » (protomi di ocherelle e grande borchia centrale) ha un preciso riferimento all'ideologia religiosa e funeraria. Metà dell'VIII sec. a. C. (Roma, Museo di Villa Giulia).

ruolo sociale particolare: l'analisi, condotta da A. M. Bietti Sestieri sul sepolcreto laziale di Osteria dell'Osa nell'area dell'antica Gabii, ha dimostrato che almeno nella fase più tarda l'urna a capanna appartiene costantemente ad un individuo di sesso maschile oggetto di culto funerario particolare, connotato come guerriero, e dunque da identificare come *paterfamilias*. È verosimile che nello stesso torno di tempo anche in area villanoviana lo stesso tipo di sepoltura si riferisca ad individui di analogo rango e funzioni, fatto questo sul quale torneremo in seguito. Qui preme piuttosto sottolineare come nella grande necropoli villanoviana di Pontecagnano nel Salernitano una sepoltura, di grande significato culturale e sociale (certo non occasionale), contenesse un'urna a capanna in tutto simile agli esemplari sud-etruschi e laziali. Questo dato, isolato ma di notevole rilievo per i contenuti ideologici, potrebbe dunque costituire una testimonianza preziosa circa l'origine della cultura villanoviana per l'area salernitana.

Per contro, molti elementi culturali del villanoviano dell'altra area campana, quella di Capua, sembrano attestare per questa *facies* un'origine diversa. Fin dai primi scavi sistematici delle necropoli villanoviane di Capua nei tardi anni '50, gli studiosi hanno messo in risalto l'esistenza di stretti rapporti tra l'area di Capua e l'Etruria meridionale interna, indiziati dalla sostituzione del cinerario biconico con un'olla, da tipologie del materiale fittile, dai bronzi, da particolarità decorative. Non è perciò improbabile che, mentre l'area salernitana era oggetto di particolare interesse da parte della fascia costiera sud-etrusca, l'area capuana dipendesse invece dalla zona sud-etrusca interna.

Lo studio, sempre più analitico di tipologie di materiali, di associazioni funerarie e di altri caratteri della cultura villanoviana, potrà in futuro fornire un quadro meno vago delle suddivisioni areali e dei rapporti intercorrenti tra singole zone all'interno del vasto territorio della « grande Etruria », riconoscendo non solo le direttrici e le modalità dello scambio culturale, ma anche i termini di quello che ora ci appare genericamente come un'occupazione capillare e programmata di tipo colonizzatorio.

5. *Le tradizioni storiche antiche*

Se questa grandiosa occupazione degli immensi territori può descriversi logicamente come un policentrico e differenziato movimento di « colonizzazione » interna, occorre subito osservare che anche le fonti antiche, oltre a narrare dell'arrivo dei Pelasgi-Tirreni in epoca eroica, parlano esplicitamente di colonizzazioni mitiche all'interno di quella che ho definito la « grande Etruria », ossia dell'Etruria propria e delle sue estensioni padane e campane. Si tratta di una congerie di frammentarie notizie di assai diseguale valore, raccolte dall'antiquaria romana — più di rado da fonti greche — tra l'epoca di Catone, ovvero la prima metà del II secolo a. C., e la primissima età imperiale, quando scrive l'ultimo etruscologo di valore, l'imperatore Claudio. Protagonisti di questo filone storiografico sono Varrone, antiquario di sterminati interessi e conoscenze, e Verrio Flacco, pedagogo dei principi ereditari di Augusto, Gaio e Lucio Cesare, autore di *Etruscarum rerum libri*, che più degli altri storici nutriti di interessi antiquari (tra questi menzioniamo soprattutto Catone), appaiono informati sul mondo etrusco, attraverso la letteratura locale, opera di scrittori di cose religiose e di storia patria come il volterrano Aulo Cecina.

Non è facile individuare, entro tutte queste tradizioni di epoche e provenienze diverse, una stratificazione storica di differenti filoni. Qui di seguito si cercherà, senza pretendere alcuna completezza, di riassumere le linee principali delle diverse tradizioni. La fondazione delle tradizionali dodici città dell'Etruria propria veniva ritenuta (Verr. Flacc. *Etr. rer.* fr. 1 P; Strab. V, 2, 2) opera del figlio — o fratello — del re lidio Tirreno, Tarconte, eroe eponimo di Tarquinia; altre città vantavano propri ecisti, Corythos e Nanos-Ulisse a Cortona, Teutamis e Pelope a Pisa, l'argivo Halesus a Falerii, ma il primato di Tarquinia, che riflette non solo l'*akmé* della città tra V e IV secolo a. C. ma anche la sua importanza nella fase più remota, è larghissimamente attestato dalla precoce fama dell'eroe eponimo Tarconte, nota già a Licofrone (*Alex.* V, 1240), e dalla localizzazione a Tarquinia, in rapporto con Tarconte, del mito di fondazione dell'aruspicina impersonato dal prodigioso fanciullo Tagete.

Tarconte e Tarquinia sono ritenuti da alcune fonti responsabili anche della fondazione delle dodici città dell'Etruria padana (Verr. Flacc. *Etr. rer.* fr. 1 P); un altro filone (Serv. *Aen.* X, 198; *Interpp. ap. Serv.*) attribuisce invece la fondazione di Bologna e Mantova ad Aucnus figlio di Aulestes re di Perugia. Quanto all'Etruria campana, le fonti sono assai meno organiche di quelle relative all'Etruria padana, meglio note presumibilmente a causa sia della più tardiva caduta del dominio etrusco padano rispetto alla Campania, sia dell'importanza che le tradizioni mitiche e storiche etrusche hanno per la cultura della Cisalpina romana: non dimentichiamo che Virgilio, nativo di Mantova, città di origine etrusca ed egli stesso di pretesa stirpe etrusca (*vita Verg.* 5; Focas, *de hist.* 22), insiste nel suo poema su questo filone mitico, e che Livio, della venetica Padova, è assai informato sulle vicende del dominio etrusco padano, come ben mostrano le sue notizie sulla dodecapoli padana e sull'origine etrusca dei Reti (V, 33).

Le nostre fonti sulle origini della Campania etrusca sono assai episodiche: a parte l'attributo di « etrusca » dato perlopiù da geografi ad alcune città — Nocera, Nola, Sorrento, Pompei, Ercolano, Suessa per l'area settentrionale e la menzione di città etrusche scomparse, Marcina e Picentia, nell'area meridionale —, il gruppo di tradizioni più consistente riguarda la *polis* etrusca principale, Capua. Il nome etrusco della città, secondo Livio (IV, 37, 1) era Volturnum, lo stesso del vicino fiume, corrispondente forse anche a quello etrusco del Tevere (si pensi al nome del romano *flamen Volturnalis* e alle feste *Volturnalia* riferiti al Tevere), che sembrerebbe essere anche il nome di una città dell'Etruria propria, a giudicare dal frammentario resto di *elogium* del tarquiniese Aulo Spurinna; l'altro nome, Capua, già in Ecateo (*ap.* Steph. Byz.) avrebbe invece origine da un eroe troiano Capys, che in lingua etrusca — affermano i nostri autori — significherebbe « falcone » (Serv. *Aen.* X, 145; Fest.-Paul. p. 38 L). Catone fissava la data di fondazione della città al 470 a. C., ma Velleio, che riporta la notizia (I, 7), la respinge come impossibile. Di alto interesse le notizie sulla provenienza degli Etruschi di Campania: Verrio Flacco (*ap. Fest.* p. 464 L) ci dice che nella Campania etrusca sarebbe esistito un *campus Stellatis* omonimo di un'area nel territorio di Capena e che da questo secondo *campus Stellatis* sarebbero partiti gli Etruschi alla volta della Campania. Questa notizia va a sua volta collegata ad un'altra, fornitaci da Catone (fr. 48 P), secondo la quale Capena sarebbe stata una colonia di Veio fondata dal re veiente Propertius. E linguisticamente il nome di Capua potrebbe avere rapporti stretti con quello di Capena.

Come si vede, le nostre notizie sono assai frammentarie e scarne; purtuttavia, le indicazioni che esse ci forniscono appaiono senza dubbio preziose e la contraddittorietà risulta forse più apparente che reale. L'area di Tarquinia sembra il vero epicentro della diaspora mitica, indirizzata prima verso l'Etruria propria e poi — Livio, V, 33, 9 è preciso sulla successione temporale — verso la valle Padana; la colonizzazione della Campania interna etrusca invece è frutto di un'espansione partita dall'Etruria interna, in particolare dall'area falisco-capenate, ma in cui Veio ha svolto un ruolo, presumibilmente di controllo. Ma le fonti sembrano anche alludere a provenienze, e soprattutto a « ondate » diverse. In questa chiave vanno forse letti la data catoniana di fondazione di Capua, singolarmente bassa, ed anche il doppio nome della capitale campana, Volturnum-Capua.

Se confrontiamo i dati della tradizione letteraria con quelli che si ricavano dalle sequenze archeologiche, assistiamo a convergenze di straordinario valore. Il primato dell'area tarquiniese va letto in duplice chiave: in primo luogo esso va posto in relazione con l'importanza e la coerenza delle testimonianze protovillanoviane nei Monti della Tolfa (non dimentichiamo sia i documenti micenei e l'edificio monumentale di Luni sul Mignone che l'impressionante estensione degli abitati e delle necropoli protovillanoviane della zona tolfetana); in secondo luogo, il riflesso di questo primato traspare direttamente nell'abbondanza e coerenza del villanoviano più antico di Tarquinia. L'importanza e lo spessore storico di questa fase formativa nell'area tarquiniese, tra Bronzo finale e prima età del Ferro, trasferiti nella sfera della narrazione mitistorica, si incarnano nella figura dell'ecista di Tarquinia, dell'Etruria propria e di quella padana, Tarconte, figlio dell'*archegétes* Tirreno, nella generazione successiva a quella del mitico arrivo dall'Oriente. Ciò spiega il precoce apparire a Bologna — là dove si appuntano le principali tradizioni letterarie sull'etruscità padana — e a Rimini (Verucchio) di un villanoviano coerente, strettamente collegato con le esperienze dell'Etruria propria. Ma anche questa zona densamente popolata di villaggi, come nel caso di Sala Consilina al lato opposto della « grande Etruria », nel giro di poche generazioni tende ad imbarbarirsi, seguendo propri filoni socio-economici e culturali. D'altro canto, l'improvviso, o quasi improvviso, affermarsi in area padana di una civiltà di pieno sapore etrusco nel corso del VI secolo a. C. è stato finora quasi costantemente interpretato come « primo arrivo » di Etruschi nella zona: lo dimostrerebbero fatti macroscopici, come la fondazione della grande città etrusca presso Marzabotto nello scorcio del VI secolo. a. C. o l'adozione coeva di tipi di stele collegati all'area volterrano-fiesolana. Ma questa vistosa serie di fenomeni trova una spiegazione migliore nel convergere di due distinti ordini di avvenimenti, da un lato la crescita economica interna tra VII e VI secolo a. C. dell'area bolognese (in forte contrasto con il declino e il definitivo « imbarbarimento » dell'area riminese), e dall'altro in nuovi apporti provenienti dall'Etruria propria, una « seconda colonizzazione » del territorio centrata su Bologna, Marzabotto e Spina. È forse a questo livello che dobbiamo collocare l'altro filone di tradizioni mitiche, incarnate dall'eroe Aucno, significativamente proveniente da Perugia, ovvero dalla punta più orientale dell'Etruria propria costantemente in rapporto con Volterra, alla quale possiamo attribuire la matrice culturale di questa rinnovata etruscità padana. La scoperta recentissima, dovuta a G. Colonna, di un'iscrizione etrusca su di un vaso del villanoviano IV di Bologna, del pieno VII secolo a. C. cioè, e in una fase di indubbia continuità culturale rispetto a quelle del villanoviano I, II e III, dei due secoli precedenti, contribuisce a dimostrare che anche la « prima colonizzazione » della val Padana, quella villanoviana di cui ci stiamo occupando, per intenderci, era portata da elementi parlanti la lingua etrusca.

Il caso della colonizzazione campana si presenta più complesso. Le aree interessate sono più d'una, la fertile vallata interna del Volturno attorno a Capua, la costa sorrentino-salernitana fino al Sele (Plin. *N. H.* III, 70), con epicentro a Pontecagnano, e la valle del Tanagro attorno a Sala Consilina. Di quest'ultima, con l'attestazione importante a Capodifiume (Roccadaspide) come punto di transito, si è già detto: ben presto riassorbita dalla circostante cultura indigena « enotria » e non più rinforzata forse per la vicinanza delle potenti colonie greche di Posidonia e di Velia, non ha lasciato memorie storiche di sé. Il villanoviano di Pontecagnano sembra mostrare una precisa matrice nell'area costiera sud-etrusca e conserva a lungo tratti della cultura d'origine, cinerari biconici, elmi e ciotole di copertura, tipologia dei bronzi (e fino ad epoca storica, come attesta il tipo di alfabeto etrusco-meridionale colà adottato), ad onta della precoce e insistente pressione dell'ambiente circostante non villanoviano. Ma proprio la sua collocazione costiera deve aver consentito costanti contatti con l'Etruria marittima, oltre che con le presenze coloniali e mercantili greche: il territorio, dopo le invasioni e le guerre di V e IV secolo a. C., sarà così spopolato da permettere il trapianto di Piceni da parte dei Romani nel 268 a. C., che daranno il nome di *ager Picentinus* alla zona della cui originaria etruscità si conserverà soltanto un generico ricordo. Il caso di Capua e dell'area settentrionale campana è l'unico di cui, a differenza degli altri, si siano conservate memorie storiche complesse. Un filone ben preciso di tradizioni ricollega questi Etruschi all'area tiberina — come dimostra il nome del fiume e della città *Volturnum* — e più precisamente alla zona di Capena, colonia veiente, ma culturalmente legata sia al territorio falisco che a quello dell'area etrusca interna di Volsinii. Quanto è già stato rilevato sui caratteri del villanoviano di Capua, ovvero lo stretto legame con la cultura dell'Etruria meridionale interna conferma l'autenticità e la fondatezza di quelle tradizioni storiche. Ma anche altri fatti portano verso lo stesso ambiente: il nome *Velsu* di una delle città etrusche della Campania noto attraverso monete, affine al nome etrusco di Volsinii; il rapporto tra la figura dell'eroe falisco Halesus con quella del re veiente Morrius (Serv. *Aen.* VIII, 285); la probabile dipendenza dal nome stesso di Falerii di quello dell'*ager Falernus*; e per finire, il catalogo virgiliano degli alleati di Turno, nel quale l'eroe di Falerii comanda le schiere provenienti proprio dalla Campania settentrionale (*Aen.* VII, 723 sgg.). D'altro canto, la notizia della tardiva fondazione di Capua riferita da Catone e lo stesso doppio nome della città potrebbero far pensare ad una « seconda colonizzazione », forse proveniente dalla stessa area, se non si vuole alludere con questo all'immissione nella cittadinanza capuana dei Campani di stirpe sabellica, primo atto, vedremo, della fine del dominio etrusco in quell'area.

Queste indicazioni assai sommarie lasciano intravedere una realtà molto complessa e variata. L'aspetto colonizzatorio, che la cultura villanoviana assume nella sua enorme estensione territoriale, trova riscontri precisi nelle fonti e contiene un'implicita matrice di etruscità che emerge chiaramente nella piena età storica. Al tempo stesso questa espansione non ha epicentri unici, anche se il nucleo preistorico si circoscrive all'area sud-etrusca, più vivace economicamente e culturalmente già nelle battute finali dell'età del Bronzo; se l'epicentro non è unico, anche gli esiti del processo non sono unitari. L'espansione villanoviana nell'Etruria propria come in quella padana e campana si indirizza là dove si aprono ampie estensioni di terra pianeggiante e ferace: non è un caso trovarne presenze cospicue nella *Campania felix* o nella val Padana più accessibile e fertile, o anche in zone remote, ma sempre munite delle stesse caratteristiche, come la valle del Tanagro. La fame di terre sembra dunque la molla principale di questi movimenti; ma ad essi non è estraneo l'obiettivo di avvicinarsi o ricongiungersi alle grandi strade di traffico già stabilite nell'età del Bronzo, dagli approdi flegrei fino al delta padano.

Queste considerazioni ci riportano a quanto si è osservato nel capitolo precedente e, più in generale, ai fondamenti dell'economia etrusca. La storiografia moderna ha voluto sottolineare ora l'uno ora l'altro aspetto economico, agricoltura e commercio, come fattore determinante delle fortune della civiltà etrusca. In realtà, come si è visto, l'opposizione fra i due aspetti, fin dalla fase più antica, è solo apparente. Nei capitoli successivi vedremo che gli oggetti in materiale prezioso delle tombe etrusche tra l'VIII e il V secolo a. C. sono frutto di scambi diretti o indiretti con il mondo esterno; tuttavia la grande ricchezza dell'Etruria, come ricorda Livio (IX, 35) nel celebre racconto della spedizione di Fabio Rulliano oltre la foresta Cimina in direzione di Chiusi, era e resterà quella fornita dalla proverbiale feracità dei suoi campi. Le due attività economiche si sono profondamente integrate nel tempo, condizionandosi a vicenda: il valutarle astrattamente separate condanna lo storico a non prendere in considerazione interi settori della documentazione letteraria, trascurando ad esempio le insistenti notizie sull'attività piratica degli Etruschi e sulle ricchezze delle loro miniere, o al contrario a non comprendere importantissimi fenomeni storici, come quello ora discusso sull'espansione della cultura villanoviana.

III

L'ESPANSIONE

1. *Differenze sociali e basi economiche della società*

La cultura villanoviana, nella sua prima fase, che si fa convenzionalmente coincidere con il IX secolo a. C., si presenta in maniera tanto uniforme, sia come tipologia dell'insediamento che come elementi costitutivi della cultura materiale e delle forme ideali, che lascia largamente supporre, abbiamo veduto, l'esistenza di un forte e vasto movimento di tipo colonizzatorio. Sempre nel capitolo precedente si è messo in luce come i germi economici della trasformazione ben visibili nell'età del Bronzo finale si identifichino con larga probabilità nella separazione netta delle attività agricole, appannaggio delle culture sedentarie di pianura e di collina, da quelle pastorali, relegate sulle montagne e subalterne in termini socio-economici delle prime, nonché nella privatizzazione del mezzo di produzione fondamentale, la terra.

Questa nuova realtà economica, che emerge con chiarezza ancora maggiore dall'assetto villanoviano, presuppone una parallela realtà sociale assai meglio definita che in passato: la cellula fondamentale è ora la famiglia nucleare allargata, dove il *paterfamilias* è capo di un gruppo sociale patriarcale di media grandezza, guerriero e sacerdote dei culti familiari che rappresentano il cemento ideologico della cellula. Il villaggio rappresenta l'insieme di pochissime cellule del genere, spesso forse di una sola; ma, come avremo modo di vedere, alcune zone presentano concentrazioni di popolazione maggiori di altre, fenomeno questo di grande significato ai fini dell'emergere di strutture urbane.

Fig. 9 (*a fronte*). Bronzetto nuragico raffigurante un personaggio eminente in atto di fare un cenno di saluto o di omaggio. Dalla tomba del bronzetto nuragico di Vulci. Fine del IX - inizi dell'VIII sec. a. C. (Roma, Museo di Villa Giulia).

Se il primo assetto dei gruppi villanoviani appare omogeneo sul piano culturale e socialmente non differenziato, almeno in superficie, già tra la fine del IX e gli inizi dell'VIII secolo a. C. la realtà risulta profondamente mutata. Non solo si scava un solco fra le culture della penisola che accentua le differenze tra area villanoviana in forte ascesa economica ed altre zone più o meno stagnanti o subalterne, ma anche all'interno della stessa area villanoviana, che ci appare culturalmente omogea, si vengono a configurare differenze che tendono nel corso del tempo a farsi macroscopiche.

Le differenze traspaiono esclusivamente dal materiale rinvenuto nelle tombe e dalla tipologia delle associazioni funerarie. Purtroppo la nostra fonte quasi unica di informazione è costituita dalle necropoli, anche se i pochissimi dati archeologici dagli abitati sembrano delineare una continuità nella tipologia delle capanne tra IX e VII secolo iniziale: sarebbero in questo senso utili scavi di abitato per verificare senso e soprattutto limiti di tale continuità. È infatti assai probabile che il salto qualitativo riscontrabile nei materiali e nell'aspetto delle tombe trovi un corrispettivo in un accrescersi del numero delle capanne dei villaggi e in una diversa qualità della vita, sul piano della quantità e della qualità sia della suppellettile quotidiana sia dell'alimentazione. Se dobbiamo attendere nuove ricerche per vedere questi possibili mutamenti nella sfera della vita quotidiana, già i dati ricavati dalle necropoli sono sufficienti a farci delineare un quadro delle trasformazioni economico-sociali in atto.

Da queste analisi emergono subito forti differenze tra le diverse zone della « grande Etruria ». Distinguiamo infatti un'area sud-etrusca che comprende le future città di Veio, Cere, Tarquinia e Vulci con l'« appendice » falisca, un'area centro-settentrionale tra Tevere ed Arno a nord della precedente, un'area campana ed un'area padana. Tra queste zone le più avanzate appaiono senz'altro quella sud-etrusca e quella campana, caratterizzate da una crescente abbondanza di oggetti di ornamento personale e di armi di bronzo, da un parallelo moltiplicarsi del vasellame di accompagno nelle tombe e da visibili trasformazioni nel rituale funerario, che nell'Etruria meridionale passa rapidamente da un rigoroso uso della cremazione (fino al 780 a. C. circa), attraverso una fase intermedia (tra il 780 e il 740 a. C.) di rito misto, ad un uso quasi altrettanto rigoroso dell'inumazione (dal 740 a. C. in poi). Le zone centro-settentrionale e padana non solo mostrano una minore vivacità culturale, desumibile soprattutto dalla minor quantità (e ricchezza) di materiali, ma si rivelano anche tenacemente attaccate al rito dell'incinerazione che tenderà a conservarsi ben oltre la fase protostorica.

La distinzione culturale tra queste quattro diverse aree ripete in maniera abbastanza fedele la partizione che abbiamo individuato in precedenza fra i vari tipi di paesaggio agrario: la diversità delle risorse ha senza dubbio influenzato l'emergere di queste differenze, ma, accanto a tale diversità della base economica, dobbiamo invocare altri fattori, quali la prossimità delle zone più sviluppate ai centri più antichi dello scambio o il parallelo evolversi di forme artigianali complesse, argomenti cui si farà cenno più avanti.

2. *L'emergere delle aristocrazie*

L'VIII secolo a. C. vede non solo il definitivo distinguersi di aree interne alla *koiné* villanoviana del secolo precedente e di questa rispetto alle rimanenti zone della penisola, ma anche un ulteriore e più importante processo di segmentazione socio-economica e culturale all'interno dell'apparente unità ed omogeneità « ugualitaria » del primo periodo villanoviano. Le tombe villanoviane, che nel IX secolo a. C. si presentano caratterizzate da una grande austerità sia quantitativa che qualitativa del materiale di corredo funebre, dai primi decenni dell'VIII secolo a. C. esibiscono un progressivo accrescersi del materiale di accompagno di alcune sepolture rispetto ad altre, mettendo in risalto il movimento interno del corpo sociale: in altre parole, possiamo in questi anni fissare l'atto di nascita delle aristocrazie etrusche. Non possiamo dire fino a che punto il rigore « egualitario » del secolo precedente non sia il frutto di una realtà ancora sostanzialmente (e profondamente) indifferenziata sul piano sociale o non piuttosto celi un atteggiamento tutto ideologico che vuole o crede i membri della comunità formalmente « uguali » nel rito del seppellimento, anche se « diversi » nelle concrete condizioni economiche e sociali: i dati in nostro possesso, benché limitati a questi aspetti funerari, sembrano legittimare la prima eventualità piuttosto che la seconda, conformemente anche alla logica dei tempi lunghi dell'accumulazione primitiva. In altri termini, se il possesso e poi la proprietà privata della terra sono fenomeni risalenti già all'XI-X secolo e poi IX secolo a. C., le possibilità di accumulazione della ricchezza attraverso un'agricoltura ancora fondamentalmente primitiva quale quella della fine dell'età del Bronzo e dell'inizio dell'età del Ferro e con la cooperazione limitata offerta dalle strutture familiari sono ancora piuttosto ristrette, per cui non fa meraviglia che siano occorsi almeno due secoli per consentire la netta differenziazione sociale e la conseguente esibizione della ricchezza; e ciò appare tanto più logico se si considerano tutti gli eventuali freni posti al processo dal probabile persistere di antichi, estesi legami di consanguineità,

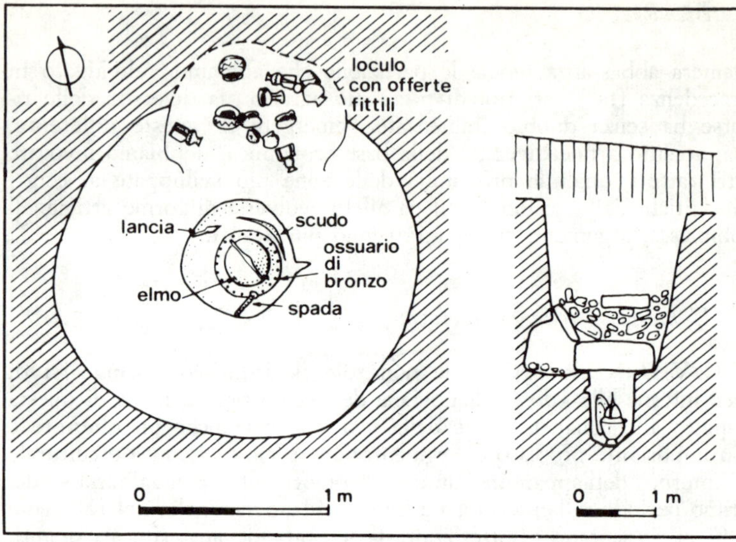

Fig. 10. Pianta e sezione della tomba a pozzo AA1 della necropoli dei Quattro Fontanili di Veio. Il pozzo, scavato profondamente nel tufo (a tratteggio obliquo), conteneva, chiusi con grandi pietre e ciottoli, due ricettacoli, il primo, un vero e proprio loculo nella parte Nord che accoglieva una dozzina di vasi fittili (una coppa, otto ollette, quattro « calefattoi » e quattro attingitoi), e il secondo, nel fondo del pozzo, ove era deposto il cinerario bronzeo; presso il cinerario coperto da elmo di bronzo erano deposti uno scudo rotondo di bronzo, una spada di ferro, un'ascia decorata e una lancia di bronzo; dentro il cinerario erano due morsi equini, un rasoio e un'armilla di bronzo, fibule ad arco serpeggiante in bronzo e ferro e uno scarabeo egiziano. Altri oggetti personali erano sul fondo del pozzo. Metà dell'VIII sec. a. C. (da Potter; Roma, Museo di Villa Giulia).

responsabili di possibili redistribuzioni e riequilibri della ricchezza e delle diseguaglianze economiche.

Tale processualità nello sviluppo degli squilibri economici non viene meno con il primo tenue manifestarsi della differenziazione agli inizi dell'VIII secolo a. C., ma ovviamente prosegue lungo tutto il secolo ed oltre, innescando processi a catena connessi proprio con la conflittualità implicita nelle diseguaglianze appena emerse. E infatti queste ultime all'inizio appaiono timide e incerte: prima assistiamo ad un aumento del materiale fittile — ora deposto non più in forma miniaturizzata, ma di grandezza naturale — poi di quello metallico, oggetti di ornamento personale, quindi vasellame bronzeo, finché a metà circa del secolo il numero degli oggetti diventa enorme, a volte superiore ai cinquanta pezzi per una tomba ad unica inumazione. Sempre al principio della fase compaiono alcune rare importazioni, per lo più coppe geometriche greche di fabbrica euboica,

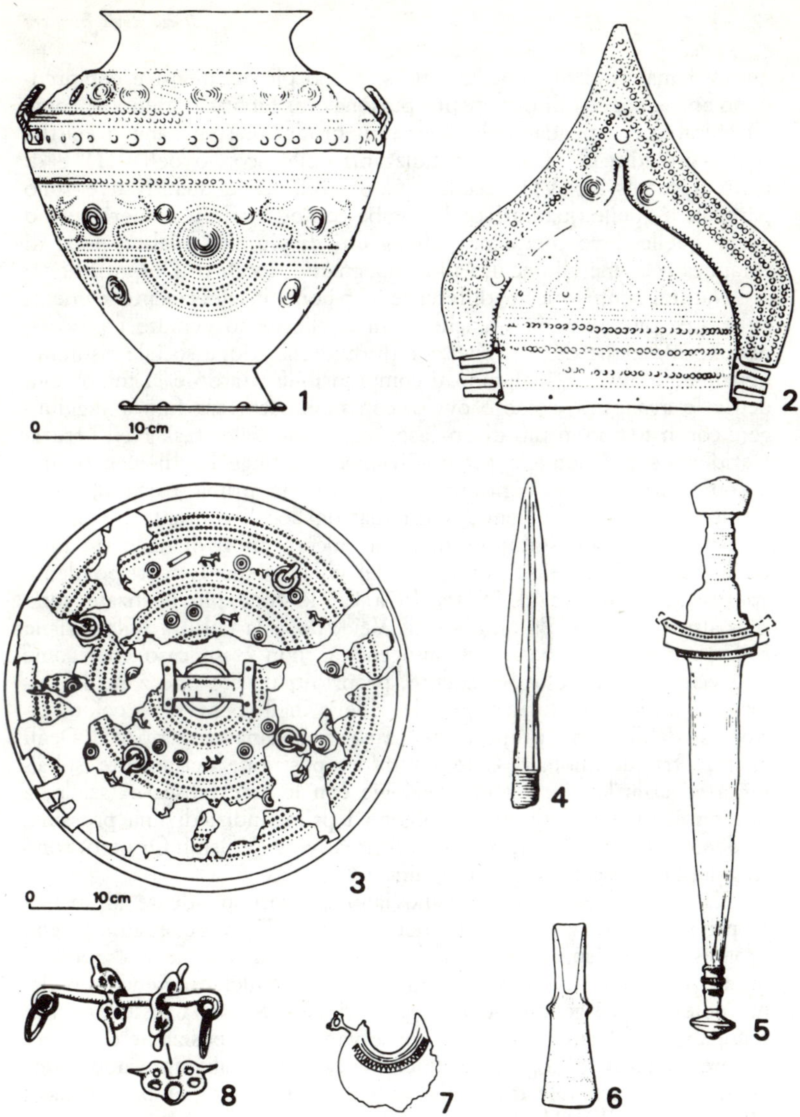

Fig. 11. Il cinerario (1), l'elmo (2), lo scudo (3), la lancia (4), la spada (5), l'ascia (6), il rasoio (7) e un morso di cavallo dalla tomba AA1 della necropoli dei Quattro Fontanili di Veio (da Potter).

quindi i materiali di importazione si fanno più frequenti e comprendono anche oggetti di ornamento personale di fabbrica orientale, come gli scarabei o i pendagli di *faïence* di produzione egiziana o egittizzante, preludio dei fasti orientalizzanti dello scorcio dell'VIII e di tutto il successivo VII secolo a. C. Le differenze quantitative sono parallele a quelle qualitative: le tombe con oggetti più numerosi sono anche quelle dove compaiono gli oggetti di più alta qualità, pezzi di ceramica o di metallotecnica più impegnativi, locali o d'importazione.

Naturalmente queste differenze appaiono maggiormente evidenti nelle aree più sviluppate, anche se in quelle meno evolute i processi di concentrazione della ricchezza e di differenziazione sociale risultano ugualmente avviati, malgrado il comprensibile ritardo e la minor evidenza, e avanzano, come è ovvio, con molta lentezza fino a raggiungere con il tempo in più di un caso, una sostanziale stasi. Nell'Etruria meridionale il fenomeno progressivamente attinge livelli elevatissimi e soprattutto appare continuo lungo tutta la prima parte del VII secolo a. C. Un breve cenno alle situazioni locali consente, in questa area di più elevato sviluppo, di fissare alcuni punti di un certo interesse storico. Nella fase più antica del villanoviano I, corrispondente approssimativamente al IX secolo a. C., le zone più avanzate sono senz'altro quelle di Tarquinia e di Veio, dove la cultura villanoviana è di particolare ricchezza ed omogeneità: non è un caso che, come si è visto nel capitolo precedente, proprio a queste due zone la tradizione antica attribuisca grande rilievo nell'opera di « colonizzazione » dell'Etruria propria, dell'Etruria padana e campana. Degli altri centri meridionali, Cere risulta in posizione nettamente subalterna ed attardata non senza analogie con le aree falisca e laziale, a differenza di Vulci, di cui si colgono i primi indizi di una prossima evidente prosperità, mentre i dati relativi a Volsinii-Orvieto sono singolarmente scarsi e poco significativi.

La fase successiva del villanoviano II, corrispondente all'incirca ai primi settanta-ottanta anni del secolo VIII, vede emergere con progressiva evidenza l'astro di Vulci, nella cui area le necropoli si fanno più ricche (da Pescia Romana presso Vulci proviene uno dei più notevoli vasi geometrici di importazione greca) e la metallotecnica più elaborata; Veio e Tarquinia conservano la loro posizione di rilievo e Cere quella di retroguardia, finché la fase orientalizzante non interviene con un generale rimescolamento delle posizioni. A partire dagli ultimi anni dell'VIII secolo infatti è Cere ad emergere prepotentemente nello scacchiere meridionale, consolidando al nascere del nuovo secolo le proprie posizioni. Dalla « provincia » villanoviana si profilano nuove zone emergenti: con il tardo VIII e poi con il VII secolo a. C. nell'area costiera settentrionale domina il centro di Vetulonia, con i suoi ricchissimi sepolcreti « a circolo », mentre nell'interno si scorgono i primi segni delle future metropoli di Volsinii e di Chiusi.

Nell'area campana, invece, il periodo più antico segna un netto prevalere di Capua, offuscato nell'età orientalizzante dalla zona di Pontecagnano; in quella padana, si consolida il centro di Bologna a danno di quello di Rimini.

3. *La stratificazione sociale*

La polverizzazione della originaria « unità villanoviana » annuncia, abbiamo visto, non solo un frantumarsi dell'antica entità tribale con il corrispettivo affiorare di poli di maggiore e minore sviluppo, ma anche un parallelo differenziarsi socio-economico dei gruppi sociali. Come si è osservato in precedenza, sia la differenziazione areale che quella sociale sono in stretto rapporto con la diversa qualità delle risorse delle singole zone e, all'interno di queste, con la probabile, differente estensione o produttività del terreno posseduto dai singoli gruppi o famiglie.

I dati della necropoli dei Quattro Fontanili di Veio, l'unico grande sepolcreto villanoviano scavato e pubblicato con criteri moderni, consentono — anche se non compiutamente elaborati — di precisare aspetti salienti di questa delicata fase di passaggio. Nelle prime decadi dell'VIII secolo a. C. le tombe più ricche sono numericamente meno consistenti di quanto non sia nella fase successiva, e possono riferirsi a pochi individui, una quindicina in tutto, connotati come guerrieri o come donne di rango: si ha dunque l'impressione che, almeno all'inizio, la distinzione di ricchezza tenda a qualificare un livello di controllo e di comando, in altre parole individui riconosciuti come « capi », *patresfamilias* (e *matresfamilias*) all'interno di un gruppo che si intende autorappresentare come unitario. Sono significative al riguardo le numerose sepolture meno ricche con cinerari inornati o poco ornati coperti da elmo, che continuano a contraddistinguere l'uomo-guerriero. Il *surplus* della collettività tende in ogni caso a concentrarsi nelle mani del capo-*paterfamilias* e della sua donna, che ne fanno palese esibizione.

La coerenza della struttura viene riaffermata dalla coerenza del rituale funerario, che tutt'al più connota ruoli in relazione apparente con classi di età, mentre la divisione fondamentale del lavoro tra i sessi — gli uomini in relazione con la guerra e con l'esterno, le donne con le attività domestiche — viene costantemente riaffermata nei materiali di accompagno delle tombe, armi per gli uomini, fusaiole

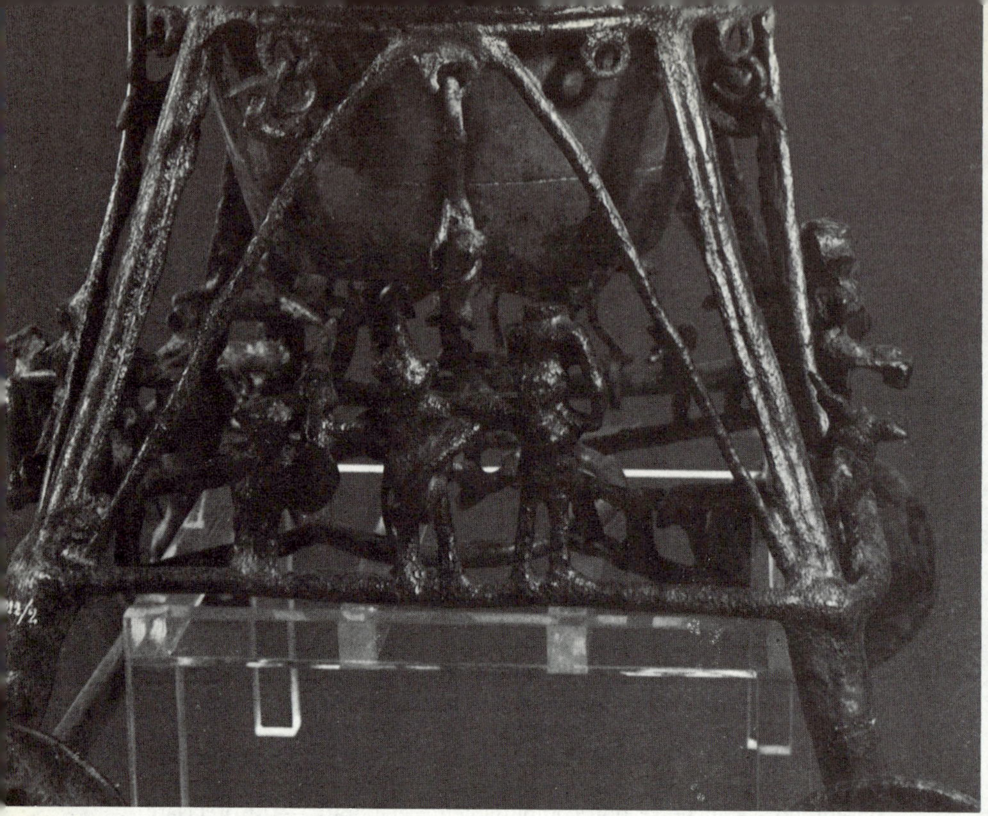

Fig. 12. Dettaglio del « carrello » bronzeo dalla tomba 2 di Bisenzio. Il carrello è probabilmente un bruciaprofumi su rotelle, di antica tradizione cipriota. Sul traliccio di sostegno si accavallano figurine bronzee a tutto tondo che costituiscono una vera e propria antologia dell'emergente mentalità aristocratica. Vi si riconoscono infatti scene di aratura e donne portatrici di acqua, al fianco di un guerriero (in primo piano nella figura), con chiara allusione all'attività economica dominante dell'agricoltura e alla divisione del lavoro nella casa; accanto a queste, scene di combattimento e di caccia esaltano l'attività dell'aristocratico. Ultimo quarto dell'VIII sec. a. C. (Roma, Museo di Villa Giulia).

e rocchetti (palese allusione all'attività tessile) per le donne. In altre parole, la struttura « egualitaria », ancorché rotta in profondità dalle diseguaglianze economiche, viene recuperata in forma ideologica: la realtà di classe stenta ad emergere.

Subito dopo, però, attorno alla metà del secolo, l'opposizione povertà-ricchezza non si configura più come realtà polare (alcuni — i *patresfamilias* — connotati come ricchi, gli altri come uguali), ma come realtà stratificata, in cui esiste una articolazione dei livelli di ricchezza e dunque una complessa situazione di classe. Ciò era per altro già indicato dall'enorme incremento demografico che i dati della periodizzazione e della stratigrafia orizzontale (ovvero il succedersi nel tempo delle sepolture quale è riflesso nella sua dislocazione sul terreno) della necropoli dei Quattro Fontanili indicano come vertiginoso lungo tutto l'VIII secolo a. C.: un approssimato calcolo presuntivo fa ascendere le tombe ad incinerazione (relative a circa un secolo) nell'area dell'intera necropoli ad appena un settimo di quelle ad inumazione (relative ad un sessantennio), dimostrando che l'incremento della popolazione non è solo il prodotto di un'« esplosione demografica », come pure è stato scritto, ma di una crescita imputabile all'aggregarsi, in presumibile subordinazione economico-sociale, di larghi strati di persone originariamente estranee alla comunità sepolta nella necropoli.

Questo fenomeno, cui faremo cenno più estesamente in prosieguo, è l'aspetto più macroscopico di tutto il processo di formazione delle strutture di classe, ma non è il solo. Esso infatti si accompagna ad un veloce ed inarrestabile movimento, all'interno del mondo villanoviano, verso una progressiva divisione del lavoro. Non c'è dubbio che alcune attività produttive fin da epoca antichissima fossero estranee a quella domestica: fra queste primeggia — ed è archeologicamente documentabile — l'attività metallurgica, che tende tuttavia ad organizzarsi su cerchie geograficamente sempre più ristrette (rispetto alle vaste aree omogenee di circolazione dell'età del Bronzo e degli albori dell'età del Ferro), segnalando un'ovvia crescita della domanda in relazione al parallelo sviluppo dell'economia. A metà dell'VIII secolo a. C., nell'Etruria meridionale, nella vicina area laziale e nell'Etruria campana (e più tardi, via via nel resto dell'Etruria) emerge ancora un'altra attività artigianale autonoma, quella della produzione ceramica eseguita al tornio, e in primo luogo di vasellame di argilla figulina eseguito da figuli greci o di educazione greca. Di altre attività artigianali autonome non abbiamo documentazione archeologica perché relative a materiali deperibili; è tuttavia presumibile che in questo periodo siano da riconoscere gli embrioni di altre attività professionali che più tardi, tra VII e VI secolo a. C., troviamo esistenti con propria autonomia: si pensi qui ad esempio ai cuoiai, ai carpentieri, o ai suonatori, che si conoscono fra le associazioni corporative di Roma arcaica tradizionalmente attribuite a Numa Pompilio.

Nel processo di articolazione delle classi, dunque, non intervengono solo le differenze di risorse disponibili, ma anche l'espansione territoriale e demografica delle comunità e la divisione del lavoro, effetto e causa di produzione di ulteriori beni e servizi, non più prodotti all'interno del gruppo, ma delegati a persone e gruppi impegnati a tempo pieno (per quel che ovviamente la cosa può significare in una società precapitalistica) in quelle produzioni.

4. *Guerre, conquiste e strutture sociali*

« Le difficoltà che la comunità incontra possono derivare solo da altre comunità, che o abbiano già occupato la terra o molestino la comunità nella sua occupazione. La guerra è pertanto il grande compito integrale, il grande lavoro collettivo che si richiede sia per occupare le condizioni obiettive di esistenza, sia per proteggere o perpetuare questa occupazione. Pertanto la comunità composta da famiglie si organizza in primo luogo, militarmente, come organismo bellico e militare, e questa è una delle condizioni della sua esistenza come proprietaria ». Queste parole di Karl Marx contenute nell'opera sua manoscritta dal titolo *Gründrisse der Kritik der politischen Oekonomie* sono forse la miglior illustrazione dell'ideologia guerriera esplicitata dalle tombe villanoviane del primo periodo.

La guerra, grande compito sociale di queste comunità di villaggio, ha senz'altro comportato la conquista di terre e la sottomissione di gruppi vicini. Ciò è ben visibile grazie alla concomitanza di due fenomeni: la precoce importanza — riscontrabile già nella prima fase villanoviana — di alcuni centri rispetto ad altri e il lento rarefarsi dell'*habitat* sparso tra prima e seconda fase villanoviana a vantaggio della crescita dei centri già emersi come più importanti all'inizio dell'età del Ferro. Come interpretare in termini storico-sociali questo duplice e concomitante fenomeno e la relazione fra questo e l'emergere nelle comunità primitive villanoviane di gruppi o nuclei in possesso di maggiori ricchezze, quell'« atto di nascita » delle aristocrazie etrusche di cui si è detto poc'anzi?

La storiografia moderna, soprattutto quella interessata alla Roma delle origini, si è occupata attivamente della realtà sociale di questa fase protostorica e sarebbe lungo qui esporre in dettaglio le varie opinioni in merito. Le fonti romane descrivono diverse istituzioni della società arcaica: il *rex*-re, il *populus*-popolo, le *curiae* o associazioni di *genera hominum* per il reclutamento della fanteria, le *tribus* o tribù per il reclutamento della cavalleria, i *patres* o anziani organizzati in assemblea, i *clientes* o cittadini « al seguito » di *patroni* o persone eminenti (*cliens* è « colui che ascolta »), le *familiae* o famiglie nucleari, le *gentes* o gruppi legati da consanguineità o dipendenza, per citare solo il vocabolario istituzionale più importante, che tuttavia ci è giunto in gran parte come relitto fossile o trasformato e riadattato a nuove esigenze di età storica. Alcuni termini, come *rex*, *populus* o *familia*, non richiedono particolari spiegazioni, altri, come *curia* o *tribus*, racchiudono realtà di natura oscura e controversa; soprattutto difficile è l'interpretazione di come questa complessa realtà istituzionale si sia venuta lentamente stratificando tra l'età preistorica e la piena età storica. Nella lettura dei fenomeni etruschi ci serviamo di questo lessico latino, tenuto conto della fortissima affinità tra mondo etrusco e mondo romano almeno fino a gran parte del IV secolo a. C.

Non c'è dubbio che questa fase più antica, di IX-VIII secolo a. C., sia quella rappresentata dall'istituzione regia e dalla cellula familiare. L'alta arcaicità degli organismi di reclutamento militare costituiti dalle *curiae* ci è garantita dall'intervento di queste istituzioni in materia di diritto familiare e dalla loro strutturazione interna non gentilizia, ma funzionale, basata su *oîkoi* (« case »), *hiereís* (« sacerdoti ») e *leitourgoí* (« prestatori di servizio »), secondo la descrizione di Varrone restituitaci da Dionigi di Alicarnasso (*Ant. Rom.* II, 21-23, e 47, 4): la *curia* rappresenta la comunità di villaggio o l'unità paganica ed è a struttura egualitaria, come dimostra il rito delle *feriae stultorum* conservatosi ancora in epoca storica, che prevedeva la partecipazione alle feste dei *Quirinalia* degli *stulti*, di coloro che « avevano dimenticato l'appartenenza ad una curia », prescindendo perciò dal loro *status*. I Romani conoscevano (Fest. p. 180 L, s. v. *Novae curiae*) delle *curiae veteres* e delle *curiae novae* e, secondo la tradizione, le *curiae novae* sarebbero state create da Tullo Ostilio in seguito alla conquista di Alba Longa; ora i soli quattro nomi conservatici delle sette *curiae veteres* che « non si poterono evocare » (ossia trasferire attraverso un atto religioso) in quelle *novae* — *Foriensis*, *Rapta*, *Veliensis* e *Velitia* —, rivelano in maniera trasparente la loro origine da altrettanti nomi di luogo o di culto e non da nomi di gruppi familiari o gentilizi. Ancorché misteriosi, anche i nomi delle tre tribù primitive, *Ramnes*, *Tities* e *Luceres*, caratterizzano quelle istituzioni forse come territoriali, forse come etniche, certamente non come gentilizie.

Il sistema politico-istituzionale di questa fase più arcaica comprende dunque un capo, il *rex*, un popolo, il *populus*, suddiviso nella realtà produttiva in famiglie ed in organismi territoriali per il reclutamento della fanteria (*curiae*) e della cavalleria (*tribus*); i culti sono familiari o, sempre con forti connotazioni familiari, collettivi all'interno delle *curiae*.

A questa fase più remota, che sembra bene rispecchiare la realtà documentata dall'archeologia fino alla metà dell'VIII secolo a. C., non appartengono ancora *gentes* e *clientelae* e l'artigianato — vedremo in seguito — è una struttura in larga massima estranea al corpo sociale: le strutture di parentela rappresentano l'unica articolazione dei rapporti di produzione.

5. *Lo scambio*

Si è già detto della presenza micenea nei mari del Mediterraneo centro-occidentale. La fase « buia » della protostoria, dopo il tracollo miceneo, sembra orientare l'area tirrenica piuttosto verso il mondo dell'Europa centrale, come dimostrerebbero i caratteri generali delle culture protovillanoviana e villanoviana e gli indubbi contatti tra la metallurgia villanoviana e quella centro-europea; tuttavia, aspetti della stessa metallurgia e alcuni caratteri generali del villanoviano mostrano affinità con fenomeni egei tali da farci sospettare che gli antichi legami stabiliti in età micenea non fossero del tutto spezzati.

La grande oscurità di questo periodo è illuminata a tratti da alcuni isolati, folgoranti trovamenti. Tra questi il più notevole è quello costituito da tre bronzetti nuragici, una statuetta di « capo » in atto di saluto (?), uno sgabello ed un cesto, tutti di grande significato ideologico, in quanto simboli del potere (la statuetta e lo sgabello) e dello *status* femminile (il cesto?), rinvenuti in una tomba villanoviana di Vulci degli inizi dell'VIII secolo a. C. La tomba, certamente femminile, come dimostrano il coperchio del cinerario in forma di ciotola, le fibule e il cinturone, forse racchiudeva le ceneri di una donna sarda di alto rango, che possiamo immaginare venuta dall'isola in sposa ad un esponente di rango di quella società villanoviana che proprio in quegli anni si andava espandendo in maniera sensibile. Questo rapporto matrimoniale, secondo il modello arcaico, cela tuttavia altre relazioni di natura più squisitamente economica. Indubbiamente la Sardegna, con le sue risorse di metallo e la sua tradizione bronzistica di aspetto cipro-miceneo, non poteva non costituire un'area di grande interesse per un mondo così fortemente qualificato in campo metallurgico come quello tirrenico. Vulci deve forse una parte notevole del suo fulgore di età villanoviana a questi contatti con gli am-

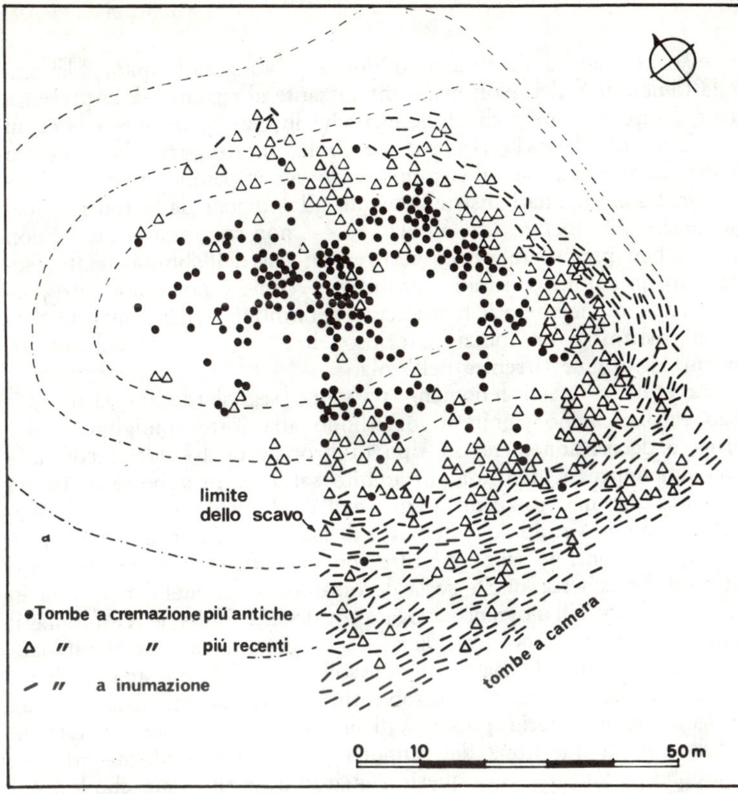

Fig. 13. Pianta della necropoli dei Quattro Fontanili di Veio. È ben visibile la « stratigrafia orizzontale » della necropoli, con le cremazioni più antiche (IX sec. a. C.) sulla sommità della collina, attorniate dalle cremazioni più recenti (VIII sec. a. C.), e con le tombe a fossa (VIII-VII sec. a. C.) sul limite del colle, nelle cui pendici si aprono anche tombe a camera del VII sec. a. C. avanzato (da Potter).

bienti emergenti dell'isola, quegli stessi che nel successivo secolo VII faranno verosimilmente di Vetulonia, il grande centro a ridosso delle Colline Metallifere, la loro testa di ponte, a giudicare dalle barchette e dai modellini di faretra sardi scoperti nelle tombe principesche vetuloniesi. Questi materiali vulcenti non sono comunque isolati: la scoperta presso Populonia di un ripostiglio contenente bronzi sardi di quest'epoca è un'altra punta emergente di una fitta rete di rapporti tra Sardegna ed Etruria, di cui la documentazione archeologica ci fornisce anche qualche altro esempio, pur se privo della limpida chiarezza della tomba di Vulci. Non meno interessante al riguardo è la presenza di un discreto numero di fibule etrusche in Sardegna, messa bene in luce di recente da F. Lo Schiavo. Le fibule, questo particolare oggetto di abbigliamento ignoto al costume sardo ove imperano le pelli — *pelliti Sardi* son chiamati insistentemente gli indigeni dalle fonti latine, Cic. *Scaur.* 22, 45 *fin.*, Liv. XXIII, 40 —, non sono importate se non con un ben preciso modo di vestire: gli usi dell'abbigliamento, soprattutto in ambiti culturali « primitivi », come è noto, non si esportano senza le persone e il trovamento delle fibule villanoviane in Sardegna costituisce un indizio prezioso circa possibili spostamenti di persone di origine tirrenica nell'isola.

Accanto a questi fenomeni, possiamo segnalarne un altro, più vago e forse meno significativo. Alludo alla forte somiglianza, per forma e decorazione, tra un tipo di brocchetta askoide decorata a cerchielli impressi, ben noto in ambito sardo, e brocchette di forma e decorazione analoga di metà circa dell'VIII secolo a. C. e altre scoperte in tombe vetuloniesi. Si tratta di analogie, e non di vere e proprie esportazioni, né sappiamo dire con sicurezza donde sia originario il tipo di brocchetta, anche se la decorazione a cerchielli, ben nota in tutto l'ambito villanoviano, trova proprio tra Vulci e Vetulonia il punto di maggior concentrazione: ora la scoperta dovuta al raffinato scavo di E. Atzeni e U. Badas, di notevoli quantità di queste brocchette nell'arredo delle capanne — e soprattutto di quelle più ricche — del nuraghe Genna Maria presso Villanovaforru ripropone in termini nuovi tutta la questione dei rapporti precoci tra Sardegna ed area vetuloniese e vulcente. È a questo riguardo utile ricordare che le fonti (Serv. *Aen.* X, 172) parlano di una fondazione di Populonia, il principale centro metallurgico d'Etruria, da parte di Corsi, scacciati poi da Volterrani, così come nelle fonti si hanno vaghi accenni ad una pirateria sarda e corsa, cui sembra alludere, con forte pregnanza ideologica, la popolarità della barca nella ricca serie dei bronzi votivi sardi. Sembra dunque che in questa fase di formazione, coincidente con la prima età del Ferro, l'interferenza fra i mondi sardo e corso da una parte ed etrusco dall'altra sia particolarmente vivace e destinata a sussistere, sia pure con una curva lentamente discendente, per tutta l'età arcaica e fino a quella classica. Nel vuoto creatosi nel Mediterraneo, con il declino delle navigazioni micenee, sembra che questi due ambienti emergano con una ben distinta fisionomia, quella della specializzazione metallurgica, collegata alla ricchezza delle rispettive fonti di approvvigionamento: l'interferenza, di cui si è detto poc'anzi, si direbbe quasi dettata dalla necessità di vicendevolmente integrare le proprie risorse di metallo, quelle di rame della Sardegna e quelle di ferro d'Etruria. Il *latrocinium*, di cui la tradizione parla per questi due ambienti sin da epoca assai antica, la pirateria — altra faccia del commercio e dello scambio antico —, si colora di ben precise esigenze, che vedono i due mondi aggredirsi l'un l'altro e al tempo stesso instaurare scambi reciproci: la leggendaria occupazione corsa di Populonia sta di fronte al dominio etrusco di età storica sulla Corsica.

In questa fitta rete di relazioni intrecciate sulle sponde etrusche e sardo-corse di un mare cui sarebbe per sempre rimasto il nome di « Etrusco », Tirreno, sin da questa epoca si inserisce la presenza dei veri continuatori delle navigazioni micenee: i Fenici. Tra le prime mete di costoro fu senz'altro la Sardegna, dove il loro primo stanziamento risalirebbe — se prestiamo fede alla cronologia data su basi paleografiche alla celebre iscrizione di Nora — già al IX secolo a. C., ma più probabilmente alla prima metà dell'VIII sec. a. C., sempre a giudicare dalle fibule (questa volta orientali o « siciliane ») presenti in Sardegna; l'obiettivo delle navigazioni di questo popolo semitico, cui i grandi imperi del vicino Oriente avevano quasi interamente delegato la funzione di intermediari dello scambio, era certamente l'approvvigionamento di metalli, dei quali l'isola era tradizionalmente ricca. Questa esigenza senza dubbio avrà spinto i Fenici anche verso l'« Eldorado » etrusco, quantunque i segni della loro presenza in area villanoviana siano assai tenui ed oscuri: d'altra parte, ben diversa — e ben più sviluppata — rispetto a quella sarda era la struttura sociale villanoviana che avrebbe certamente opposto una forte resistenza ad una penetrazione fenicia simile a quella praticata in Sardegna. Non è neanche impossibile che almeno una parte dello scambio tra Etruria e Sardegna fosse gestita proprio da intermediari fenici, così come è forse proprio in questa fase che si possono collocare i primi legami tra ambienti etruschi ed ambienti fenici, destinati ad avere sviluppi di grande portata durante tutta l'età storica.

In ogni caso, alcuni materiali provenienti da necropoli di Etruria rivelano contatti con il mondo fenicio. A questo infatti si deve quasi certamente l'importazione di perline di pasta vitrea, presenti già in contesti dell'età del Bronzo finale e poi in quelli villanoviani più antichi. Più tardi, con l'VIII secolo a. C., vediamo arrivare nelle tombe più ricche piccoli oggetti di *faïence* egittizzanti, pendagli e scarabei, prodotti caratteristici dell'industria levantina, che, preludendo ai fasti orientalizzanti del successivo secolo VII, potrebbero anche doversi all'intermediazione greca. Il contributo fenicio sembra piuttosto indirizzarsi verso « prestiti culturali », indizio sia della forza della struttura culturale dell'ambiente villanoviano sia del tipo di penetrazione fenicia nella zona. Un esempio molto caratteristico è dato dalla produzione bronzistica « di lusso » dell'VIII secolo a. C., nella quale spiccano i tripodi, ispirati da modelli orientali, e soprattutto la c.d. « fiasca da pellegrino », dalla caratteristica forma a borraccia, popolarissima tra Egitto e Siria. Questo modello di rapporto sarà continuato anche più tardi, quando l'orientalizzante etrusco appare rivolto piuttosto verso l'altro grande mediatore di cultura orientale costituito dal mondo greco: il vasellame argenteo dei corredi principeschi etruschi di VII secolo a. C. infatti annovera quasi costantemente l'*oinochóe* a collo tronco-conico e piccola bocca trilobata di ben precisa ascendenza fenicio-cipriota (e ignota al repertorio vascolare greco), mentre a partire dal tardo VIII secolo a. C. e per tutto il VII secolo a. C. vasai stabiliti a Cere e a Tarquinia produrranno ceramiche a superficie rossa (il c.d. bucchero rosso), i cui prototipi sono senz'altro da riconoscere nella ceramica fenicia.

Ma i Fenici nelle loro navigazioni erano seguiti da un altro popolo che ben più di loro imprimerà nell'Etruria il proprio segno nella sfera economica, sociale, ideologica: i Greci. Già a partire dall'825 a. C. circa, in concomitanza con il declino dell'Assiria impegnata sul difficile fronte urarteo e con il parallelo risveglio dei principati della Siria settentrionale ai danni della Fenicia, lungo le coste tra la Cilicia e la Siria del Nord, fanno apparizione ceramiche greche, coppe mediogeometriche atticizzanti e coppe a semicerchi pendenti di origine euboico-cicladica. Questi dati archeologici hanno consentito di concludere che naviganti greci, originari dell'Eubea e delle Cicladi (a giudicare appunto dalle ceramiche), venivano colà stabilendo dei punti di appoggio per lo scambio, *empória*, dove intrecciare rapporti con i fiorenti centri della Siria: Al Mina sulla foce dell'Oronte e Tell Sukas a Nord, Tell Abu Hawam, già sede di un insediamento fenicio distrutto poco prima dagli Assiri, a Sud. Di qui le apprezzatissime ceramiche greche raggiungono città della Fenicia, della Siria, del regno di Israele, della Cilicia e di Cipro, dimostrando la straordinaria capacità dei mercanti dell'Eubea di approfittare dei vuoti lasciati dal commercio fenicio nei promettenti centri del Levante.

Contemporaneamente, o poco più tardi, sullo scorcio del IX secolo a. C., materiali analoghi cominciano ad apparire a grandissima distanza dai porti siriani, nelle necropoli indigene della Campania, presso Cuma, e della Sicilia, a Villasmundo presso Megara Hyblaea, nelle necropoli villanoviane di Veio e di Capua. I Greci dell'Eubea venivano fissando i propri approdi in relazione agli sbocchi di aree « commercialmente promettenti », in Sicilia dove si congiungono le fertili pianure di Siracusa, Lentini e Catania, nella « grande Etruria »,

Fig. 14 (*a fronte*). Oinochoe imitante tipi tardo-geometrici greci, di fabbricazione vulcente. Tardo VIII sec. a. C. (Roma, Museo di Villa Giulia).

a Cuma in relazione con la capitale della *Campania felix*, Capua, e con i porti sicuri dell'infimo corso del Tevere, a Veio. Colpisce senz'altro la grande capacità organizzativa euboica che, filtrando attraverso la rete fenicia (anche se non necessariamente « in concorrenza » con quella), riesce ad unire due aree fra loro lontanissime, la Siria e l'Oronte da una parte, e l'Etruria e la Sicilia dall'altra, donde si potevano acquisire rispettivamente merci di lusso (possiamo pensare a vini pregiati, a prodotti lavorati come tessuti, oggetti di bronzo, oro, argento e avorio, e forse spezie) e materiale « non lavorato » (verosimilmente minerali, granaglie, schiavi). Ma non è meno importante rilevare che anche il mondo villanoviano presentava una capacità organizzativa non indifferente, facendo giungere a questi approdi le merci richieste dai naviganti euboici. Si direbbe quasi che la spinta meridionale del mondo villanoviano tenesse già conto di questa realtà, dal momento che la presenza greca si va a collocare ai due estremi di una grande area, Veio e l'Etruria meridionale interna e la Campania settentrionale, nella quale si è affermata una probabile matrice « colonizzatoria » villanoviana partita proprio da Veio, e al tempo stesso va ad incunearsi — a Cuma — tra questa area e la zona villanoviana salernitana, di cui si è riconosciuta una matrice culturale diversa, più costiera e settentrionale. In altre parole, il mondo villanoviano è capace di una distribuzione interna dei prodotti ricercati dai Greci assai articolata — le fonti del minerale di ferro e di rame sono molto lontane dagli approdi — e al tempo stesso in questa distribuzione rispecchia ancora il carattere solo parzialmente differenziato delle proprie realtà socio-economiche e territoriali: alle spalle della rete di distribuzione si intravede una struttura semi-tribale solo in parte frazionata, resa evidente nella contrapposizione tra aree di egemonia controllate rispettivamente da zona veiente-tiberina e da zona costiera tarquiniese e vulcente, confermando ancora una volta l'embrionalità, tra il IX e gli inizi dell'VIII secolo a. C., del processo di differenziazione economica e sociale del mondo villanoviano nel suo complesso.

Il progredire dell'articolazione areale e socio-economica trova, intorno al 775 a. C., un preciso riflesso nel mutare della struttura dello scambio con il mondo greco, ancora non avviato alla fase coloniale. In quegli anni infatti, mentre il corpo sociale villanoviano accentua o mette in evidenza le proprie articolazioni interne, parallelamente gli Euboici sembrano abbandonare la pratica degli approdi continentali e si stanziano con un vero e proprio *empórion* nell'isola di Pithekousa (Ischia). I fortunati scavi di G. Buchner nella necropoli e nell'abitato dell'*empórion* pitecusano, una delle scoperte archeologiche più importanti di questo secolo per la protostoria italiana e per la stessa storia greca, hanno restituito il volto di questo stanziamento euboico, nella cui variopinta popolazione, nel periodo di massimo fulgore, tra il 775 e il 700 a. C. circa, troviamo fianco a fianco genti di varia provenienza e impegnate in molteplici attività. Nella necropoli infatti sono sepolti sì in prevalenza Greci, ma anche almeno un Fenicio (deposto in una tomba caratterizzata dalla tipica brocchetta fenicia con orlo a fungo) e degli Etruschi provenienti dall'area etrusca meridionale (connotati dal tipico vaso funerario rituale, l'anforetta a spirale), mentre è possibile che le donne della comunità fossero provenienti dall'area villanoviana e dalle zone indigene della costa prospiciente, se a ciò — come sembra verosimile — dobbiamo attribuire la frequente presenza di fibule continentali (e poi di imitazioni locali) in tombe pitecusane. Gli scavi dell'abitato, oltre a fornire un utile panorama delle produzioni ceramiche locali e importate, hanno restituito indizi preziosi sulle attività artigianali subito sorte nell'*empórion*. Tra questi ricordiamo un vaso di fabbrica pitecusana con la più antica firma dipinta di vasaio greco, esempio straordinario del livello di autocoscienza raggiunto dagli artigiani in un ambiente per nulla o poco condizionato dai rapporti di produzione della madrepatria e, soprattutto alcune officine ove si lavorava il ferro dell'Elba e metallo prezioso, a giudicare dal ritrovamento di un minuscolo peso di uno statere (gr 8,79), ritrovamento che ha finalmente spiegato il finora misterioso accenno di Strabone (V, 4, 9) all'esistenza a Pithekousa di *chrysía*, di « officine di orefici » (e non « miniere d'oro », come poco verosimilmente si era tradotto il termine).

Il salto di qualità costituito dalla creazione dell'*empórion* pitecusano si accompagna alla moltiplicazione dei punti di contatto tra ambienti villanoviani e commercianti-pirati euboici. La fase più antica di questi traffici precoloniali greci è marcata dal numero limitato di approdi; dopo la metà dell'VIII secolo a. C. le ceramiche euboiche e le relative imitazioni pitecusane allargano i loro orizzonti di diffusione in Campania, fin nella valle del Sarno, in Etruria, dove un capolavoro della principale officina euboica, quella del pittore di Cesnola (750 a. C. circa), è venuto in luce a Pescia Romana nel territorio di Vulci, e fino in Sardegna, a Sulcis. Ma l'elemento più significativo di questa fase è costituito non tanto dalle importazioni degli oggetti quanto da quella delle tecnologie: a Veio prima, poi a Vulci, a Tarquinia, così come a Roma, nel Lazio, nella Campania etrusca (Nola, Suessula, Capua) e in aree indigene più meridionali in Calabria e in Sicilia, ceramisti euboici o pitecusani introducono la fabbricazione di ceramiche di argilla figulina dipinta con motivi geometrici del periodo medio e tardo direttamente nelle aree interessate dai traffici greci. Ciò comporta un'innovazione non soltanto stilistica, ma soprattutto tecnologica, il processo di depurazione delle argille (le ceramiche indigene erano eseguite in argilla non depurata, il c.d. impasto bruno scuro o nero) e l'uso del tornio e perciò stesso l'esistenza dell'artigiano come produttore autonomo a pieno tempo. Quanto la figura fosse estranea alle popolazioni dell'Italia tirrenica ci è dimostrato dall'esistenza a Roma dell'antichissimo tabu secondo il quale il flamine sacrificante non poteva vedere all'opera un *opifex*, un artigiano, pena la contaminazione dell'atto religioso (Fest. p. 250L, s.v. *Praecia*). L'*opifex* è dunque figura estranea all'originario corpo sociale, che durante il sacrificio di per sé si astiene tutto dall'operare perché la festa lo riguarda direttamente, laddove l'artigiano può non essere integrato in quel corpo e quindi essere sorpreso al lavoro dal sacrificio. Ma quello della ceramica dipinta e del tornio non è il solo contributo tecnologico degli Euboici al processo di sviluppo delle forze produttive dell'area villanoviana più avanzata. Va qui ricordata l'ipotesi che si debba ai Greci l'imprestito della viticoltura agli Etruschi e ai Latini, pratica agricola che in questi ambienti è sicuramente attestata almeno nella prima metà del VII secolo a. C. dalla presenza di semi di uva in tombe del Foro di Roma. La parola etrusca *vinum*, attestata dal tardivo *liber linteus* (calendario sacro etrusco su lino, tagliato in fasce e adoperato per bendare una mummia egiziana, appartenente ad una donna, forse etrusca emigrata in età ellenistica in Egitto) di Zagabria, sembra dimostrare un'origine latina della parola e perciò della tecnologia; tuttavia la scoperta a Gravisca di un grande dolio di V secolo a. C. con l'iscrizione *vinun* può riproporre in maniera nuova l'origine dell'imprestito linguistico in Etruria meridionale, non già attraverso il latino, bensì direttamente dal greco dorico *voînon*. Questa considerazione appare rafforzata dal fatto che dalla metà dell'VIII secolo a. C. in tombe villanoviane dell'Etruria meridionale e in tombe laziali troviamo costantemente deposte grandi olle e *stamnoi*, forme vascolari connesse quasi certamente con il vino e non a caso tra quelle più spesso eseguite in argilla figulina dipinta secondo modelli euboico-pitecusani. È probabile perciò che a quest'epoca si debba l'introduzione della viticoltura in Etruria dal mondo greco, direttamente e senza mediazione latina (laddove la leggenda del re di Cere Mezentio connessa con l'*aítion* della festa romana dei *Vinalia* fa pensare semmai ad una mediazione etrusca in direzione del Lazio). L'ipotesi trova un ulteriore rafforzamento nell'acuta osservazione di A. Mele, che il modo di coltivare la vite in Etruria, a tralcio o a festone, nelle fonti latine è detto anche *Amynaeum*, dei colli cioè presso Neapolis, e perciò collegato all'euboica Cuma.

In conclusione, si può chiaramente vedere come lo sviluppo dello scambio si accompagni allo sviluppo delle forze produttive, cui è strettamente collegato in ragione del crescere della domanda, a sua volta provocato dal crescere dell'accumulazione. Tanto più complessa e articolata si fa la struttura sociale villanoviana, tanto più lo scambio si accresce e si diversifica: alla « prima generazione » di frequentazioni precoloniali tra la fine del IX secolo a. C. e il primo venticinquennio dell'VIII secolo a. C., in cui troviamo solo poche merci greche — ceramiche, essenzialmente — in pochi punti di approdo o di scambio, a Veio, a Cuma e a Capua, fa seguito una « seconda generazione » caratterizzata dallo stabilirsi di un *empórion* greco, dal diversificarsi e moltiplicarsi dei punti di contatto tra mondo villanoviano e mondo greco, dall'imprestito tecnologico e dall'imitazione locale di prodotti greci dovuti verosimilmente entrambi ad immigrazione di elementi greci in possesso di quelle tecnologie. È almeno in questo momento, alla metà dell'VIII secolo a. C., che dobbiamo anche collocare le prime manifestazioni di quella « pirateria »» tirrenica, di cui le fonti greche, tendenzialmente concorrenti e nemiche, parlano con insistenza a proposito degli Etruschi lungo tutto l'arco della storia di quel popolo: Eforo (*ap.* Strab. VI, 2, 2) racconta come al momento della fondazione (736 a. C.) della prima colonia greca in Sicilia, la calcidese Nasso, nelle acque dell'isola incrociavano « pirati » tirreni, i quali dovevano muovere nei mari circostanti con quella stessa frequenza che Tucidide (VI, 2, 6) attribuisce ai Fenici al momento dell'arrivo dei primi coloni greci. I decenni centrali dell'VIII secolo a. C. segnano così l'atto di nascita non solo delle aristocrazie etrusche, ma anche della talassocrazia tirrenica, l'una in una realtà sociale ed etnica in rapido movimento su scala assai vasta, l'altra in un contesto di traffici e di rapporti marittimi dal volume in costante crescita.

IV

L'APOGEO

1. *La cultura orientalizzante e le aristocrazie*

Il trionfo della mentalità e dell'organizzazione socio-economica delle nascenti aristocrazie etrusche si celebra senza dubbio con l'accoglimento e lo sviluppo locale delle mode culturali orientalizzanti tra il 730 e il 580 a. C. Come si è detto nel cap. II, la cultura orientalizzante ha avuto così entusiastica accoglienza in Etruria che alcuni storici moderni, in virtù di una superficiale analisi, non hanno esitato a fare l'equazione « arrivo della cultura orientalizzante = arrivo degli Etruschi dall'Oriente », tanto è apparso fastóso ed abbagliante lo sviluppo di quella cultura in territorio etrusco. Oggi sappiamo che l'orientalizzante è un fenomeno culturale assai complesso dalle matrici in larga misura greche, che trae le sue origini nel concomitante sviluppo socio-economico di alcune aree della Grecia e nell'ormai secolare contatto intercorso tra mondo ellenico e mondo orientale: l'orientalizzante etrusco è incomprensibile senza la cultura di Creta e di Corinto, senza il contributo dell'artigianato cretese, corinzio, euboico-cicladico, greco-orientale e coloniale, in altre parole senza lo straordinario sviluppo di alcune città e delle relative componenti artigiane e mercantili e senza la mentalità greca di cui l'Etruria progressivamente si imbeve.

Ma è anche vero che nulla è più congeniale alle nascenti aristocrazie etrusche del fasto orientalizzante, di cui esse amano circondarsi ingigantendo le originali proporzioni dei monumenti e dei beni di prestigio o accrescendo e moltiplicando a dismisura il numero degli oggetti dei loro principeschi corredi funerari. L'apogeo degli *áristoi*

Fig. 15 (*a fronte*). *Skyphos* d'oro dalla tomba Bernardini di Praeneste. Il prezioso vaso è forse il simbolo del nuovo stile di vita fortemente centrato sulla cerimonialità del simposio che la cultura orientalizzante introduce nel mondo dei *principes* etruschi. Inizi del VII sec. a. C. (Roma, Museo di Villa Giulia).

etruschi è dunque segnato dai colossali tumuli di VII secolo a. C. disseminati nei centri tra la valle dell'Arno e la valle del Tevere e lungo le coste tirreniche, dai « palazzi » costruiti dalla metà del VII e fino agli ultimi decenni del VI secolo a. C. come fastose dimore e come centro dei culti gentilizi, tutti monumenti che non segnalano solo uno « stile di vita », come spesso si scrive, ma anche e soprattutto un'egemonia su larghissimi strati di popolazione, una forma di dominio antinomica alla realtà urbana che essi hanno soltanto in parte favorito, pilotandola nella direzione a loro più favorevole.

La cultura orientalizzante non è infatti solo fasto. Avremo occasione di considerare come in quest'epoca, assieme agli oggetti preziosi fabbricati nel Levante o in aree greche, l'Etruria acquisisca nuove e importanti tecnologie, la scrittura, la tattica oplitica, l'artigianato dell'edilizia, per citare solo le maggiori. Ma a loro volta tutte queste tecnologie, di cospicua rilevanza economica e ideologica, comportano con il loro accoglimento ulteriori trasformazioni nel contesto sociale etrusco: se l'ovvia tendenza aristocratica è di acquisire tali tecnologie per il proprio prestigio e consumo e di subordinarle al proprio assetto produttivo, la carica dirompente, implicita nel potenziale economico e politico della società nel suo complesso, nella divisione del lavoro, nelle esigenze di cooperazione e nella stessa crescita di popolazione che queste tecnologie comportano, impone un radicale mutamento di rotta alle tendenze degli *áristoi* tirrenici, che consentirà loro di liberarsi dagli involucri dell'organizzazione politico-sociale protostorica e di realizzare una forma di dominio in parte diversa da quella da loro originariamente instaurata.

Acquisita come cultura di re, di *lucumones*, come le fonti latine chiamano i re d'Etruria traslitterando forse una parola etrusca (**lauchume-*? cfr. il gentilizio *lauchme*), l'orientalizzante progressivamente, prima nell'area etrusco-meridionale e poi pian piano in buona parte della « grande Etruria », diviene cultura dei *principes*, come le stesse fonti chiamano l'aristocrazia etrusca. Ancora una volta, giuocano, ingigantite, le differenze areali che vengono a caratterizzare realtà economico-sociali macroscopicamente diverse; queste finiscono con il coincidere in larghissima misura con differenti livelli di sviluppo dei processi di urbanizzazione, di cui per ragioni di chiarezza espositiva si dirà nel capitolo seguente. In questo capitolo si illustreranno gli aspetti — per così dire — strutturali dell'assetto produttivo e ideologico dell'aristocrazia, quali vengono a configurarsi nelle zone di maggiore sviluppo tra la fine dell'VIII e la metà del VII secolo a. C. o anche posteriormente a questa data in aree meno evolute, solo più tardi investite dalle trasformazioni urbane, ma che proprio per questo stesso fatto esibiscono i fenomeni quasi più chiaramente di quanto non avvenga nelle aree più sviluppate.

2. *L'onomastica: « familia » e « gens »*

L'acquisizione della scrittura in Etruria rappresenta uno dei fenomeni più importanti della fase orientalizzante, non solo perché fornisce un ulteriore strumento di controllo sociale alle classi dominanti, ma anche perché ci consente di verificare attraverso le iscrizioni elementi fondamentali della struttura sociale.

Una delle discussioni più vivaci degli ultimi anni tra linguisti e storici dell'Italia antica si è centrata sull'origine della formula onomastica attestata in età storica in etrusco, in latino, in falisco, in osco-umbro, in messapico. Tale formula, detta comunemente bimembre, si compone di un prenome e di un gentilizio: nel nome latino *M(arcus) Tullius* o in quello etrusco *Avle Marcenas*, *M(arcus)* e *Avle* hanno la funzione di prenome ossia di designativo (non trasmissibile) di un individuo all'interno di un gruppo, e *Tullius* e *Marcenas* hanno la funzione di gentilizio ossia di designativo (trasmissibile) di un gruppo all'interno di una comunità. In sostanza, in epoca storica, quasi tutte le società dell'Italia antica (con la sola eccezione dell'area venetica) presentano un sistema di designazione degli individui come appartenenti a gruppi familiari, i quali nel loro insieme costituiscono il corpo sociale. Il gentilizio, come si è da tempo riconosciuto, è un aggettivo che rappresenta un antico patronimico: *Tullius* vuol dire « figlio di *Tullus* », *Marcena* « figlio di *Marce* ». L'innovazione di queste lingue, rispetto al greco (o al venetico), consiste nel fatto di aver reso fisso e trasmissibile il patronimico, che in greco (e in venetico) muta invece in ragione della genealogia: la successione genealogica del tipo Cleante-Cleonimo-Cleandro darà in greco « Cleonimo figlio di Cleante » e « Cleandro figlio di Cleonimo », laddove in latino la successione genealogica *Tullus-Marcus-Titus* darà « *M(arcus) Tullius* » e « *T(itus) Tullius* ».

Il fenomeno è tutt'altro che trascurabile e costituisce un indizio prezioso della realtà sociale (e ideologica) etrusca e latina. I Latini avevano ben precisa la nozione che in epoca molto antica i « nomi erano semplici » (Varro, *ap. Auct. de praen.* 1): nella leggenda delle origini di Roma, la fase cronologica corrispondente alla fondazione è caratterizzata da « nomi semplici », Romolo, Remo, Proca, Numitore, Amulio, mentre già nella generazione successiva l'onomastica è bimembre, come dimostra ad esempio il nome del secondo re Numa

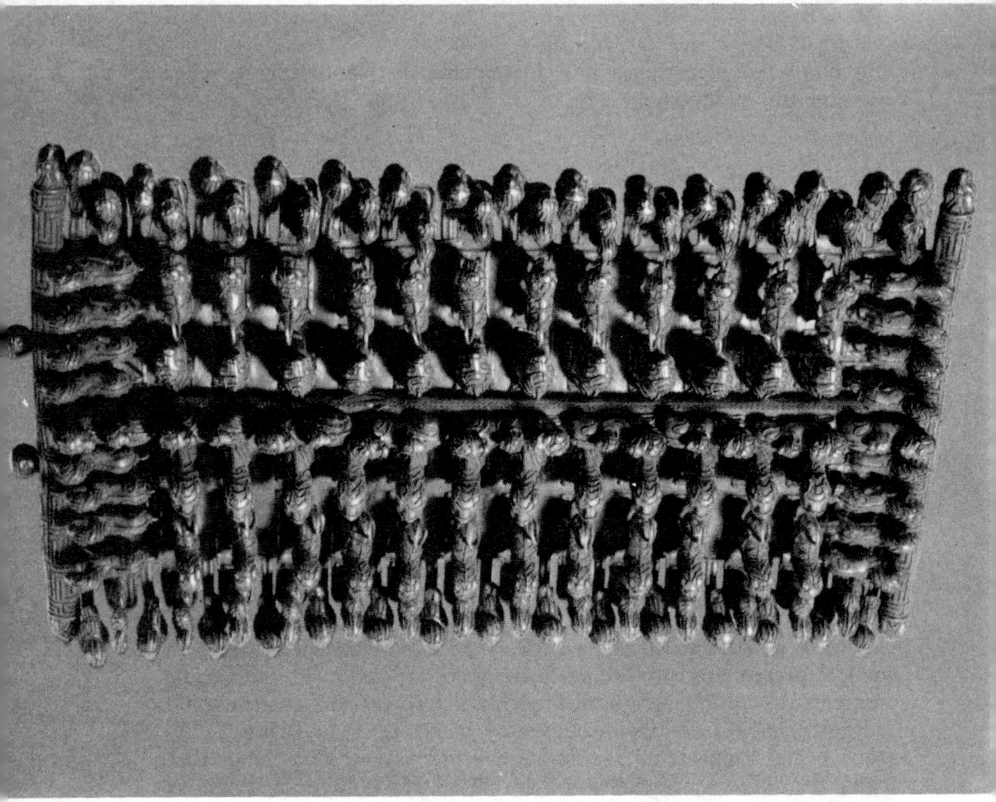

Fig. 16. Affibiaglio d'oro della tomba Bernardini di Praeneste. Non meno del simposio, l'abbigliamento da parata, con affibiagli, fibule, pettorali, bracciali — in materiale prezioso —, e abiti intessuti d'oro e guarniti di ambra, sottolinea il rango dell'aristocratico etrusco. Inizi del VII sec. a. C. (Roma, Museo di Villa Giulia).

Fig. 17 (*a fronte*). Manico di ventaglio in avorio dalla tomba Barberini di Praeneste. La *tryphé* aristocratica arcaica viene enfatizzata attraverso i modelli tratti dalle corti orientali: l'uso del ventaglio e del flabello è documentato da numerose tombe principesche di epoca orientalizzante. Primi decenni del VII sec. a. C. (Roma, Museo di Villa Giulia).

Pompilio. Quando e perché è avvenuta la « fissazione » del patronimico? Non c'è dubbio, come già aveva visto molti decenni or sono Bonfante, che ciò sia avvenuto in conseguenza dell'instaurarsi del potere ferreo — e noi aggiungeremo dell'ideologia ad esso connessa — del *paterfamilias* e della trasmissione dello *heredium*, della proprietà privata della terra in seno al gruppo familiare. Poiché questo si è certamente realizzato ancora in età protostorica, noi non aggiungeremmo nulla a quanto si è detto nelle pagine precedenti, se i dati epigrafici non fornissero qualche indizio in più. Due osservazioni sono al riguardo interessanti, dovute rispettivamente a M. Cristofani e C. De Simone. A Cere nella prima metà del VII secolo a. C. su trentatré testi epigrafici solo sei presentano la formula bimembre, mentre nella seconda metà su trentanove testi ben trenta sono caratterizzati da formula bimembre; ad Orvieto, dove abbiamo attestato un ricchissimo *corpus* onomastico dei primi settanta anni del VI secolo a. C. non è ancora avvenuto il fenomeno caratteristico della piena età storica del « congelamento » dei prenomi che a partire dal V secolo a. C. in etrusco e in latino sono di numero assai limitato (con il conseguente, lento emergere di un terzo elemento onomastico, il cognome, come *Cicero* in *M. Tullius Cicero*) e che invece nell'onomastica orvietana del VI secolo a. C. sono ancora numerosi e variati. Questi due fatti confermano che la nascita della formula onomastica bimembre è un fenomeno relativamente recente, al punto che nel periodo 700-650 a. C. a Cere — sia pur con il valore designativo entro il gruppo familiare, dato il carattere delle iscrizioni, graffite su doni deposti nel corredo funerario — l'uso del nome unico è ancora vivissimo e ad Orvieto un secolo dopo il prenome è un fatto linguistico « produttivo »; non andremo errati dunque nel collocare il fenomeno nel corso dell'VIII secolo a. C. in concomitanza con la nascita stessa delle aristocrazie.

L'onomastica attesta così il progressivo irrigidirsi della struttura sociale nella sua cellula fondamentale della famiglia, dove la figura del capostipite assume un valore ideologico determinante, con il culto domestico del *genius* e del *Lar genialis* — espressione della capacità generativa e della riproduzione della cellula familiare nel suo complesso — e con l'esaltazione degli antenati. Ma da questo irrigidi-

Fig. 18 (*a fronte*). Sostegno bronzeo di vasi per banchetto con relativo vasellame di bronzo e di ceramica dalla tomba del Carro di Bronzo di Vulci. Il trovamento di questa tomba, avvenuto circa quindici anni or sono, ha rivelato per la prima volta il fasto dei *principes* di Vulci nella prima metà del VII sec. a. C. Il curioso sostegno, diffuso particolarmente a Vetulonia, ha trovato così, dopo molte discussioni del passato, la sua spiegazione come sostegno di vasi per il banchetto (Roma, Museo di Villa Giulia).

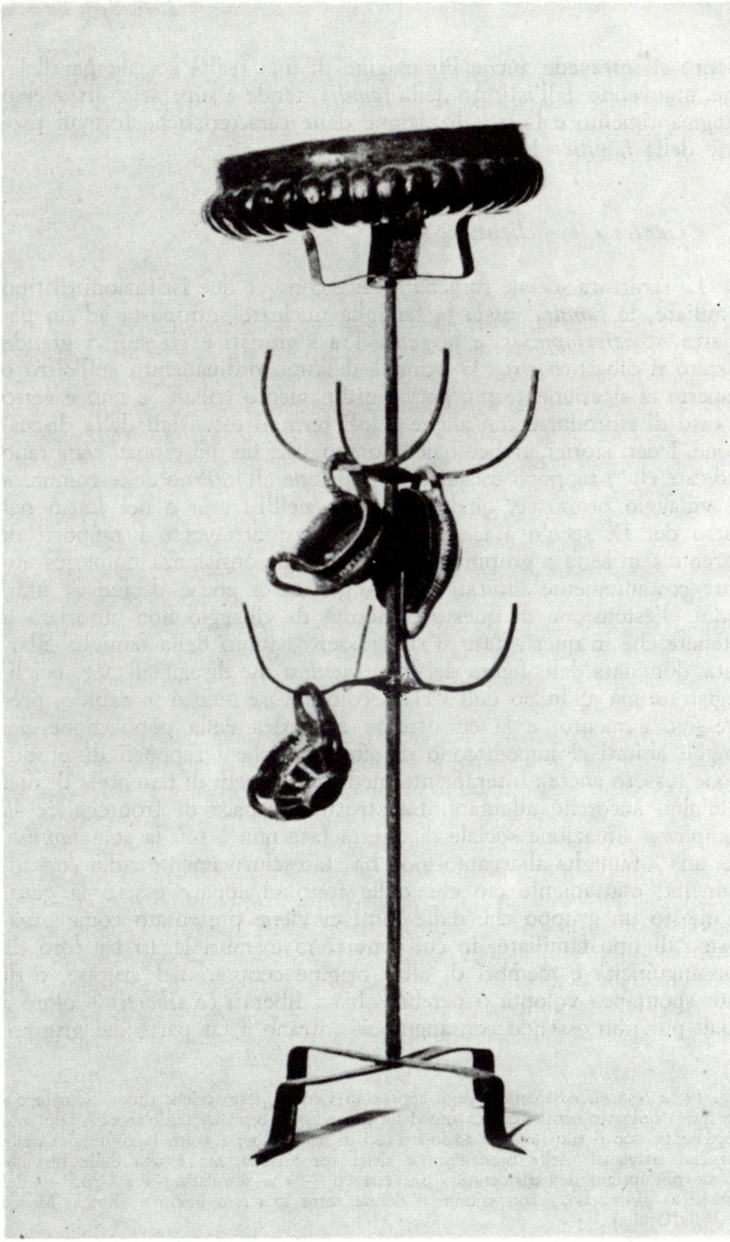

mento si intravede anche l'immagine di una realtà sociale parallela, che, muovendo dall'istituto della *familia*, tende a superarla, attraverso l'ingigantimento e la ritualizzazione delle caratteristiche formali proprie della *familia*: la *gens*.

3. « *Gentes* » e « *clientelae* »

La struttura sociale romana arcaica conosce due istituzioni di tipo familiare, la *familia*, ossia la famiglia nucleare sottoposta ad un patriarca, il *paterfamilias*, e la *gens*. Tra i giuristi e gli storici grande è stato il dibattito circa la priorità dell'uno ordinamento sull'altro e rispetto al sicuramente più antico ordinamento tribale, e non è certo il caso di riprodurre qui anche i soli termini essenziali della discussione. I dati storici, archeologici e onomastici fin qui esposti sembrano indicare che i rapporti sociali di produzione all'interno delle comunità di villaggio primitive, quali emergono nell'Etruria e nel Lazio nel corso del IX secolo a. C., fossero mediati attraverso i rapporti di parentela in seno a gruppi omogenei, la cui consistenza numerica appare costantemente limitata, mai superiore a poche decine di individui: l'estensione di queste comunità di villaggio non autorizza a ritenere che in questa fase si superassero i limiti della famiglia allargata, dominata dalla figura del *paterfamilias*. Le diseguaglianze sociali, registrate già all'inizio dell'VIII secolo a. C. e subito in rapido, progressivo aumento, e la consistenza numerica della popolazione dei singoli abitati ci impediscono di affermare che i rapporti di produzione fossero ancora interamente mediati da quelli di parentela di una famiglia, ancorché allargata. La struttura capace di fronteggiare la complessa situazione sociale di questa fase non è più la sola *familia*, ma una « famiglia allargata » non basata esclusivamente sulla consanguineità, esattamente ciò che dalle fonti ci appare essere la *gens*. È questo un gruppo che dalle fonti ci viene presentato come organismo di tipo familiare, in cui convivono membri legati fra loro da consanguineità e membri di altra origine cooptati nel gruppo, o di loro spontanea volontà o perché schiavi liberati (o *liberti*). Coloro i quali pur non essendo consanguinei, entrano a far parte del gruppo,

Fig. 19 (*a fronte*). « Sarcofago degli sposi » di Cere. Questo celeberrimo « sarcofago » (in realtà cinerario) fittile, capolavoro della coroplastica ceretana tardo-arcaica, non solo documenta, con il suo impasto rosso e l'uso di matrici per i volti, la contiguità delle pratiche artigianali della bronzistica e della coroplastica, ma è una delle testimonianze più insigni dell'aristocratico uso etrusco — che scandalizzava i Greci — del banchetto promiscuo, « con uomini e donne sotto lo stesso manto » (Roma, Museo di Villa Giulia).

sono detti *clientes*. La stessa etimologia del nome *cliens*, participio presente del verbo *cluere*, « ascoltare », « prestare orecchio », « obbedire », ci illustra la condizione subordinata di costoro, che sono sottoposti al vincolo *sacrosanctus*, giuridico-sacrale, della *fides*, l'obbligazione di fiducia reciproca tra loro e il *princeps gentis*, il capo della casata. Si entrava infatti *in fidem clientelamque*, nel vincolo di subordinazione, o tramite la *deditio*, la resa, dopo un conflitto bellico, o tramite la volontaria *applicatio*, l'« unione », in pace, e l'obbligazione comportava protezione da parte del *princeps gentis* e corresponsabilizzazione in guerra, nei lavori agricoli, nelle difficoltà economiche, da parte del *cliens*, il quale rinunciava non solo ai propri *Lares* — ai propri culti domestici — per prestare culto a quelli della sua nuova *gens*, ma anche al proprio *nomen*, assumendo il gentilizio del *princeps*.

La *gens* veniva ad affiancarsi alla *familia*, di cui assumeva molti dei connotati formali e ideologici, ma senza sostituirla completamente. Anche se il regime giuridico privato e pubblico di *gens* e *familia*, quale ci è presentato dalle fonti, è ormai lontano dall'apogeo del dominio delle aristocrazie arcaiche, è purtuttavia evidente che tutta la documentazione, religiosa, giuridica e antiquaria converge nel dimostrare la maggiore antichità della *familia*: mentre non sarebbe comprensibile il distacco di culti domestici della *familia* da un originario culto privato della *gens*, il già ricordato rituale dell'ingresso *in fidem clientelamque* della struttura gentilizia presuppone culti domestici dei *Lares familiares* ben distinti; mentre il diritto tutela la *manus*, ossia il potere di vita e di morte, del *paterfamilias* sulla sua *familia* di consanguinei e di *servi*, di schiavi, così il diritto tutela la *fides*, l'obbligazione, sia nei riguardi del cliente che del capo della casata il quale tuttavia non dispone di poteri ugualmente ampi del *paterfamilias*; mentre la conservativa tradizione religiosa descrive minuziosamente abbigliamenti dei membri della *familia* (si pensi alle acconciature della *materfamilias*), o attribuisce ruoli della *familia* a sacerdozi (la *virgo vestalis* è giuridicamente la « figlia del pontefice massimo »), nulla di simile avviene per istituti paralleli della *gens*. Lo stesso nome dei capi delle due istituzioni, *pater* e *princeps*, rivela la rispettiva differenza strutturale. Il primo — *pater* — un termine ben preciso di rapporto di parentela; il secondo — *princeps*, « il primo », in greco *hegemón*, « il capo » — un termine invece interamente « politico ». È anzi importante sottolineare come proprio nella terminologia latina, le aristocrazie etrusche siano chiamate costantemente con il nome collettivo di *principes*, lo stesso che designa i capi delle *gentes*.

Il sistema gentilizio veniva dunque a sancire la subordinazione di classe tra membri della stessa comunità o di comunità diverse già nemiche, ma desumeva tutto il suo apparato idelogico — il culto domestico — dalla tradizione della *familia*, che, abbiamo detto, non soppiantava interamente, ma ad essa si affiancava, divenendo un duttile strumento, formalmente paternalistico, di fatto rigorosamente di classe, capace di riassorbire gli squilibri sociali emergenti.

I *clientes*, malgrado le opinioni contrarie di alcuni moderni, sono presentati dalle fonti come di condizione libera. Questo è uno dei punti più importanti di tutta l'istituzione, che spiega perché Roma nella sua fase arcaica, fino a tutto il VII secolo a. C. almeno è in grado di cooptare nella cittadinanza tanti membri di comunità vicine sottomesse. La tradizione attribuisce a Tullo Ostilio la conquista di Alba Longa e il trasferimento a Roma dei vinti suddivisi fra le *curiae novae*, cui si è già fatto cenno nelle pagine precedenti: ma mentre le *curiae veteres* recano solo nomi di luoghi o di culti, le *curiae novae* sembrano in maggioranza recare nomi gentilizi come *Accoleia* e *Faucia*. Da un lato perciò le *gentes* stanno ora — tradizionalmente nella prima metà del VII secolo a. C. — prendendo il sopravvento anche nella sfera collettiva, dall'altro i vinti, venuti *in fidem* per *deditio*, sono ammessi nel corpo civico come liberi entro le *novae curiae*. Uguali conquiste e trasferimenti di vinti a Roma sono attribuiti ad Anco Marcio. Non c'è dubbio che lo strumento originario sia collettivo, la *clientela regia* attestata in varie fonti (Liv. I, 38, 2; Dion. Hal. III, 1, 4), e che la *clientela* gentilizia non sia che un'usurpazione dalla tradizione collettiva, connessa con la suddivisione dei bottini di guerra tra gruppi emergenti: ma è pur vero che la libertà dei *clientes* è elemento fondamentale per le lotte interne fra gruppi aristocratici. Ecco infatti che nella fase repubblicana più antica, i *clientes* delle *gentes* patrizie votano nei comizi per sostenere i loro *gentiles* (così in Liv. II, 64, 2, e 56, 3; Dion. Hal. IX, 41) o, quando la *gens Claudia* nel 495 a. C. si trasferisce dalla Sabina a Roma, *Atta Clausus*, il *princeps gentis*, riceve venticinque iugeri di terra contro i due dei suoi *clientes* (Plut. *Poplic.* 21).

4. *I « servi » e la « tryphé » degli Etruschi*

Parallelo a quello della *clientela* romana è il problema rappresentato dai ceti dipendenti etruschi, che le nostre fonti, sia greche che latine, denominano in maniera oscillante, ora *servi*, ora *plebs*, ora *penéstai*, ora *oikétai*, ora *therápontes* ossia (« poveri » e « servi »). I dati più chiari sono offerti dalla notizia (Dion. Hal. II, 44, 7) dell'arrivo in aiuto di Veio nel 480 a. C. di contingenti di tutta l'Etruria, composti di *dynatótatoi* e di *penéstai* loro appartenenti, dal testo di un *elogium* di Tarquinia, ove si parla di un *bellum servile* ad Arezzo nella prima metà del IV secolo a. C., dalla narrazione di Zonara (VIII, 7, 4-8) sulla rivoluzione sociale di Volsinii nel 265 a. C., dal c.d. « frammento della profezia di Vegoia » (*Grom. Vet.*, pp. 348-50L) — un pezzo di letteratura aruspicina di II-I secolo a. C., ove si menzionano *servi* e *domini* —, e da un frammento di Posidonio (*ap.* Diod. V, 40), che parla di *oikétai* etruschi ben vestiti e in possesso di case sontuose. Su tutti gli eventi connessi con questi brani torneremo a tempo debito; in questa sede si considererà il problema strutturale dello statuto dei *servi* etruschi. Si deve all'acuta analisi di J. Heurgon, ripresa e puntualizzata ulteriormente da W. V. Harris, il chiarimento della posizione sociale dei *servi* etruschi. La chiave è nella terminologia di Dionigi di Alicarnasso. Egli infatti nel descrivere i *clientes* romani (II, 9, 2) impiega il termine *pelátai*, sostenendo che la loro condizione è migliore di quella dei *thêtes* ateniesi (i teti) e soprattutto dei *penéstai* tessalici, ai quali assimila invece terminologicamente i *servi* etruschi. La condizione dei *penéstai* tessalici è sufficientemente conosciuta: legati alla terra in una sorta di servitù della gleba, essi erano sottoposti ai loro signori (che potevano punirli, ma non esiliarli o ucciderli) fino al punto di poter essere considerati come schiavi, pur restando giuridicamente liberi; prestavano un qualche servizio militare, avevano diritto a talune forme di possesso, e riuscivano a « diventare più ricchi dei loro padroni » (Archemach. fr. 424F1).

La terminologia di Dionigi è importantissima, dal momento che lo statuto dei *penéstai* tessalici trova analogie abbastanza strette con quanto sappiamo dei *servi* etruschi. Costoro infatti prestano un qualche servizio militare, se nel 480 a. C. sono con i loro *domini* sotto le mura di Veio e se nel 265 a. C. a Volsinii tra le prime rivendicazioni essi ottengono la piena direzione della cosa militare; hanno diritto al possesso, se non di terra (ciò che è difficile evincere dalla situazione del « frammento di Vegoia »), certamente delle abitazioni, come attesta Posidonio; sono detti sì *servi* dalle fonti latine, e « servi nati in casa, domestici » (*oikétai, therápontes*) dalle fonti greche, ma anche *multitudo*, *plebs* e *penéstai*, « poveri » sempre dalle stesse fonti.

La condizione dei *servi* etruschi, come quella dei *penéstai* tessalici, rientra perfettamente nella grande categoria delle forme arcaiche di dipendenza ben conosciute nel Mediterraneo, da quelle celebri doriche degli iloti di Sparta e dei *klarôtai* di Creta, a quelle dei *Mariandýnoi* di Eraclea Pontica, tutti dipendenti che, secondo un lemma dell'*Onomasticon* di Polluce (III, 83), erano definiti « metaxỳ eleuthérōn kaì doúlōn » ossia « tra liberi e schiavi ». Oggi sappiamo che queste forme di dipendenza furono non solo ben più diffuse di quanto non ci sia dato di sapere direttamente dalla tradizione letteraria, in genere molto stringata o corsiva in materia, ma anche assai diverse fra loro, in ragione del maggiore o minore grado di libertà (o, se si vuole, di servitù) delle singole situazioni.

La *clientela* romana rappresenta forse uno dei limiti estremi di libertà del dipendente: egli deve seguire in guerra il *princeps*, è solidale con lui nelle obbligazioni (debiti, versamento di beni dotali), deve formulare a suo favore una *iusta operarum promissio*, una « giusta promessa di prestazioni d'opera », è dal *princeps* rappresentato in giudizio (non ha dunque una piena capacità giuridica), deve sostenerlo nell'agone politico; ma è pur sempre *civis* ed è pertanto tenuto alle obbligazioni inerenti al diritto di cittadinanza, ivi compreso il *tributum*, fatto questo che spiega il precoce declino dell'istituto romano tra V e IV secolo a. C. Qual è invece lo statuto del *servus-penéstes* etrusco? A giudicare dalla rivolta di Volsinii nel 265 a. C., egli è in condizioni notevolmente inferiori rispetto al suo corrispondente romano, escluso come è da tutti i diritti politici, teoricamente (certo solo teoricamente) non negati al *cliens* romano. Ciò gli ha valso senz'altro il nome latino di *servus*, laddove le corrispondenti parole greche, « servo domestico, povero » mettono in evidenza sia il carattere personale della dipendenza — in questo non molto diversa da quella del *cliens* romano — sia le motivazioni (la « povertà ») della sua sottomissione al *kýrios*, al signore, al *dynatótatos*, al più potente, come le fonti greche chiamano i *principes* etruschi.

Come ben si vede nel caso dei *servi*, le fonti greche, più attente di quelle latine alle situazioni economico-sociali, illustrano la realtà etrusca in maniera ben precisa. Quando leggiamo in un testo greco delle condizioni sociali etrusche, emerge continuamente l'immagine di questa aristocrazia « oziosa », che vive nella *tryphé*, nella *habrótes*, ossia nel lusso e nelle mollezze. Giudizi di questo genere espressi per gli Etruschi come per altri popoli antichi, anche quando sono formulati in forma apparentemente moralistica, usano un vocabolario assai circoscritto, in cui *tryphé* assume un valore specifico, quello di un'oligarchia basata sullo sfruttamento di lavoro dipendente servile o semiservile. In questo senso la *tryphé* è termine ricorrente fin dai tempi di Aristotele, in uno scritto attribuito al quale (*Tyrrenôn Nómina*, fr. 607 Rose) appare forse per la prima volta, per ritornare insistentemente negli scritti politici e storici di Teopompo (*FGrH* 115F204), di Eraclide Pontico (*FHG* II, 217 fr. 16) e di Timeo (*FGrH* 566F1, F50): molte sono poi le storie fantasiose sul binomio ozio-crudeltà attribuito agli Etruschi, ma in esse un altro tema è interessante, quello della condizione delle donne. Anche questo della « libertà » delle donne etrusche è un *topos* della tradizione greca, che ha un fondo di verità espresso sia dalle raffigurazioni di pitture e rilievi dall'epoca

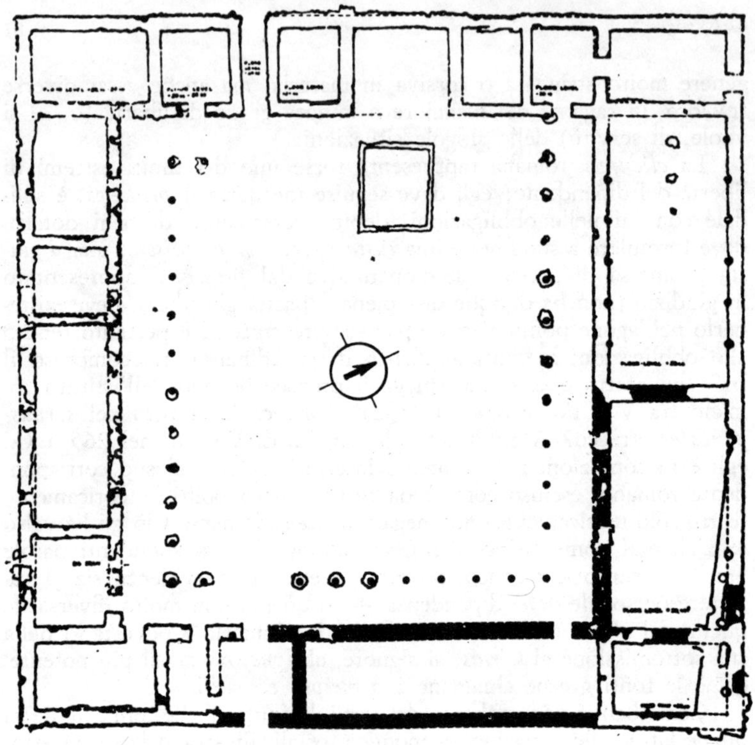

Fig. 20. Pianta del « palazzo » di Murlo. Si notino i quattro ambienti identici angolari, il lato Nord-Ovest tripartito, con vano centrale aperto, sul cui asse è il piccolo *oîkos* isolato nel cortile, destinato al culto. Inizi del VI sec. a. C. (da Philips).

arcaica a quella ellenistica, ove compaiono donne certamente di alto rango impegnate in danze e in banchetti consumati insieme a uomini, come dice Aristotele, « sotto lo stesso manto ». Questa libertà, di gran lunga maggiore di quella goduta dalle donne di Atene o di Roma, insieme all'uso ellenistico di apporre nelle iscrizioni non solo il patronimico, ma anche il matronimico, ha fatto spesso parlare di un « matriarcato » etrusco. Ma questa singolare eminenza delle donne in particolari società, come ha ben spiegato D. Musti illustrando il caso per certi versi analogo di Locri Epizefiri, è strettamente connessa con il carattere oligarchico di quelle strutture sociali, in cui, al pari di Sparta (dove pure le donne godevano di ampia « libertà »), sono dominanti le forme di dipendenza semi-servili: società di questo tipo, per la loro stessa natura oligarchica, o per il carattere guerriero delle aristocrazie, sono soggette alla *oliganthropía*, alla « scarsezza di uomini », ossia all'estinzione dei rami maschili delle casate, e possono rimediare a siffatto inconveniente socio-economico solo attribuendo alla donna *status* più o meno elevato e condizioni giuridiche più o meno « libere », e comunque tali da garantire la continuità delle stirpi o la conservazione in seno all'oligarchia del principale mezzo di produzione, la terra.

In definitiva, pur nella grande scarsezza delle fonti e nella genericità delle allusioni, la documentazione letteraria antica è concorde nell'attribuire agli Etruschi una struttura sociale fondata su di un esteso lavoro dipendente, dominata da un'aristocrazia immersa nel « lusso » e nell'« ozio » e minata da tendenze oligarchiche: *penéstai* e *tryphé* sono i termini che in sostanza vengono a descrivere i caratteri distintivi di un'intera formazione economico-sociale.

5. *Il « palazzo »*

Fino a dieci anni fa, all'infuori delle gigantesche tombe orientalizzanti e dei loro contenuti sfolgoranti di oggetti preziosi, non sapevamo delle aristocrazie etrusche arcaiche altro che il volto da loro assunto nel momento in cui i loro membri lasciavano il mondo dei vivi. Anche se i sepolcri potevano rivelarci — come di fatto rivelano — un'immagine di questa classe fortemente ritualizzata nel cerimoniale funerario, e perciò stesso resa quasi astratta dal filtro ideologico elaborato in funzione del « grande passaggio » della morte, la realtà del « quotidiano », della vita, con le sue esigenze ed anche con la sua ideologia, non necessariamente coincidenti con quelle della morte, restava per noi in gran parte congetturale. Le eccezionali scoperte della missione americana del Bryn Mawr College a Murlo presso Siena e dell'Istituto Svedese di Studi Classici ad Acquarossa presso Viterbo hanno fortunatamente colmato questa lacuna, restituendoci due grandi « palazzi », due abitazioni principesche che consentono di vedere direttamente, nella concreta realtà architettonica e nelle decorazioni fittili, come i vertici della società arcaica si esprimessero nella dimensione dell'esistenza. Il « palazzo » di Murlo, sorto già come residenza principesca verso la metà del VII secolo a. C. in cima ad un'altura bagnata dal torrente Crevole, un affluente dell'Ombrone, ci appare, dopo un decennio o poco più di scavi, nell'aspetto ricevuto dopo una completa ricostruzione del 580 a. C. circa. Si tratta di un edificio di circa 60 m di lato, organizzato su di un grande cortile centrale munito di colonne lignee su tre lati e con quattro vani identici angolari: è questo un modello noto in palazzi orientali, da quello cipriota di Vouni a quello del *týrannos* della città greca della Troade

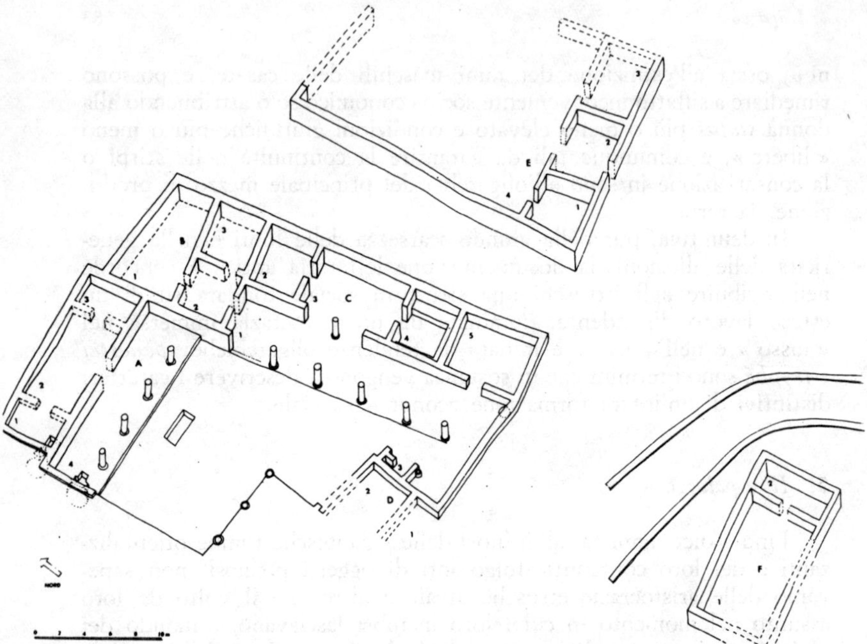

Fig. 21. Assonometria del « palazzo » di Acquarossa. A sinistra il « palazzo » con (A) lato tripartito e fossa sacrificale sulla fronte e (B) lato tripartito con sala da banchetto (H). A destra un tempietto (F); in alto un altro grande edificio (E) solo in parte scavato. Metà del VI sec. a. C.

Fig. 22 (*a fronte*). Disegni di tre tipi di lastre che rivestivano i portici del « palazzo » di Murlo. A) Scena di banchetto con due *klinai*, ciascúna con coppiere e inserviente; sulla *kline* di sinistra una coppia, l'uomo barbuto con coppa emisferica nella destra, e donna con coppa bronzea nella destra e fiore nella sinistra; nella *kline* di destra, uomo barbuto con coppa emisferica nella destra e uovo (?) nella sinistra, e giovane liricine. B) Assemblea divina: da destra verso sinistra, « Zeus » seduto con lituo, inserviente maschile con lancia e spada, « Hera » su trono a schienale ricurvo in atto di fare il gesto rituale dello svelamento nuziale, inserviente femminile con cesto e ventaglio, « Kore » seduta con fiore, « Hades » seduto con bipenne, « Demeter » seduta con melograno,. inserviente con bastone a due punte. L'assemblea ha chiaro riferimento simbolico al mondo supero e infero. C) Corteo nuziale con « paîdes amphithaleîs » che conducono le briglie dei cavalli della *klinís*, il carro nuziale, sul quale sono la sposa e la madre; seguono ancelle con il corredo di nozze. Inizi del VI sec. a. C. (Siena, Museo).

A

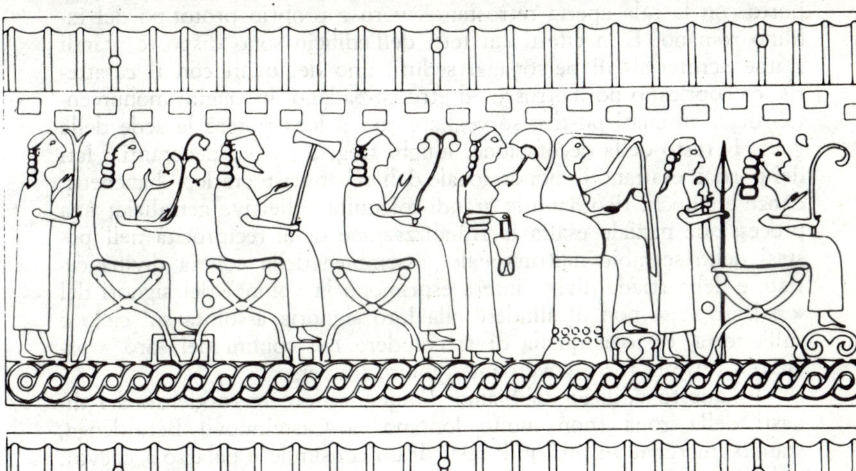

B

C

di Larissa sullo Hermos, che si collega per altri versi al tipo edilizio antichissimo della Siria del *bît-hilāni*. I quattro bracci dell'edificio attorno al cortile hanno scansioni planimetriche diverse, alcune probabilmente sale di trattenimento e soggiorno, altre — soprattutto le più lunghe — verosimilmente magazzini: sul lato di NO, dove significativamente non è un colonnato, sono sistemate, con una tripartizione ben precisa, una sala centrale tutta aperta e due stanze chiuse, identiche, ai lati. È questo un tipo di ascendenza anch'essa orientale, connesso com'è al *līwan* persiano, complesso per udienze e banchetti reali; l'importanza della sala centrale è resa evidente dal fatto che essa inquadra perfettamente un piccolo *oîkos*, un vano isolato che sorge nel cortile a poca distanza e nel quale va identificato il luogo di culto collettivo del « palazzo », il santuario degli antenati in stretto rapporto con la sala aperta retrostante, vero e proprio prototipo del tablino romano. E in effetti sui tetti dell'edificio sono disposte grandi statue acroteriali di personaggi seduti, uno dei quali con il caratteristico copricapo nord-etrusco ed etrusco-padano, immagini monumentali degli antenati posti a sorvegliare con il loro potere la sede della *gens*. Il resto della decorazione, lunghi fregi a rilievo decoranti i lati dei portici, esaltano il mondo ideale dell'*oîkos* aristocratico: banchetti, danze e giuochi ricordano le grandi solennità collettive gentilizie; una processione nuziale esalta la ritualizzazione della reciprocità nell'ipostasi dello scambio matrimoniale; assemblee della coppia divina celeste e della triade divina infera esprimono la volontà dei signori del « palazzo », se non di alludere alla loro signoria assoluta sul cielo e sulla terra, certo a quella di racchiudere nei confini del loro « palazzo » tutte le forze governanti l'intero universo.

In questo edificio dobbiamo dunque vedere la residenza dei dinasti della zona (non molto lontano, a Castelnuovo Berardenga, stanno emergendo i probabili resti di un consimile « palazzo » coevo), sede della loro esistenza aristocratica, interamente centrata intorno al culto dei *maiores*, degli avi, prestato nel piccolo *oîkos* isolato nel cortile, ed alle grandi manifestazioni cerimoniali, banchetti, giuochi e nozze, che possiamo immaginare si svolgessero nel vasto cortile alla presenza di tutti i *gentiles*, i membri della *gens, kýrioi* e *penéstai*. La stessa immagine di cerimonialità contenuta nelle raffigurazioni delle tombe e dei monumenti funerari — giuochi, processioni e banchetti funebri — trova qui il suo luogo geometrico, il suo centro reale, le cui dimensioni, addirittura superiori a quelle di alcuni palazzi reali ellenistici, rivelano la forza e l'estensione del dominio dai signori di Murlo esercitato sulla popolazione delle circostanti campagne.

L'altro « palazzo » sorge nel sud dell'Etruria, al margine dell'altopiano di Acquarossa presso Viterbo, ed è di un mezzo secolo più tardo di quello di Murlo, ma come questo è stato preceduto da un edificio non meno imponente della metà del VII secolo a. C. circa. Il « palazzo » di Acquarossa manca della geometrica chiarezza del consimile esempio di Murlo: la pianta, assai più piccola, è piuttosto irregolare, vagamente trapezoidale, e i due soli colonnati superstiti sono rispettivamente di appena cinque e quattro colonne. In compenso, alle spalle dei colonnati, sono due strutture tripartite simili a quelle del lato NO di Murlo: in una, quella occidentale, la sala centrale ha una colonna nel bel mezzo dell'ingresso ed è affiancata a Sud da una stanza che, per la presenza di un bancone sui lati, deve identificarsi come sala per banchetti; nell'altra, quella settentrionale, la sala centrale di proporzioni insolite ha un'apertura molto piccola, in asse però con una grande fossa rettangolare praticata nel cortile e rinvenuta ricolma di ceneri, evidentemente l'*eschára*, la fossa di discarica dei resti dei sacrifici connessi con il culto gentilizio.

Le differenze tra i due edifici sono abbastanza pronunciate e la decorazione fittile dei lati colonnati sottolinea con i suoi temi diversi un mutato clima ideale. Mentre tornano i banchetti e i giuochi in una serie di lastre più antica (mancano le nozze e le assemblee divine), in una serie più recente due fatiche di Eracle, quelle del toro di Creta e del leone nemeo, sono unite a figure di opliti. Torneremo su queste differenze più avanti: per ora basterà aver segnalato la diffusione del modello d'architettura palaziale su di una vasta area, anche se nelle zone più sviluppate, come si sarà notato, non ne abbiamo traccia, in parte a causa delle scarse ricerche archeologiche e in parte a causa del formidabile sviluppo che ne deve aver cancellato gli eventuali resti, inghiottiti dalle costruzioni successive.

6. *Il sepolcro*

Come nel « palazzo » — in realtà a un tempo residenza, santuario, sede della vita collettiva, centro dell'economia, dell'« amministrazione », della « politica » — la società aristocratica scandisce tutti i momenti più importanti della esistenza del gruppo, circondandoli della necessaria esaltazione ideologica, così nella tomba i *principes* riaffermano i valori del loro *status*, pur nelle peculiari forme che il rituale della morte prevede. Sin dall'epoca villanoviana il trapasso di un membro della comunità è sentito come una rottura violenta e irreversibile: gli ossuari biconici sono costantemente deposti nei pozzi funerari con un'ansa spezzata, simbolo dell'evento e soprattutto consacrazione definitiva al defunto dell'urna, che, priva dell'ansa, non può più essere adoperata da altri. Ma il defunto resta anche pro-

Fig. 23. Tomba del Barone di Tarquinia. Il *dominus*, accompagnato dal flautista e in atto di libare, prende congedo dalla sposa (a destra) e dai figli a cavallo (ai due lati). Le pitture, capolavoro di pittore greco-orientale del 500 a. C., sono fortemente allusive al congedo per il viaggio oltremondano.

Fig. 24. Tomba delle Leonesse di Tarquinia. Scena di banchetto funebre, con figura giovanile distesa, recante nella sinistra una coppa e nella destra un uovo; in primo piano colonne lignee della tenda di *próthesis*. 530 a. C.

prietario di tutti gli oggetti di cui egli abbisogna nell'altra vita, immaginata a somiglianza di quella reale, ivi compresi i simboli del potere; e così i corredi funerari sottolineano non solo il ruolo di guerriero del maschio adulto, con la presenza delle armi e del rasoio, e il ruolo della donna adulta, centro delle attività domestiche e dell'accumulazione, con gli strumenti della filatura e con i monili come le collane e i cinturoni di bronzo, ma anche il rango eminente di alcuni individui contraddistinto da oggetti speciali quali « palette » o asce decorate.

La deposizione del corredo funebre, il sacrificio di tanti oggetti personali del morto, si doveva accompagnare ad altri riti, l'esposizione, il pianto funebre, il trasporto del defunto, il banchetto, la festa con giuochi e danze, tutte cerimonie conosciute più o meno bene nella tradizione romana più antica — dalle leggi delle XII Tavole e dalle feste commemorative dei defunti — e da riti di varie zone greche e di popoli mediterranei. Il compimento di tutti questi rituali serviva a ristabilire l'« ordine » della società turbato dalla scomparsa di uno dei suoi membri, a purificare il gruppo dalla contaminazione associata alla morte e a placare i « Mani » del defunto. Il trionfo della società e della cultura aristocratiche realizzato con l'orientalizzante accentua tutti questi caratteri, a cominciare dalla stessa dimora del morto, la tomba, che non è più il semplice pozzo o la fossa, ma la camera sepolcrale imitante o la tenda della *próthesis* (l'esposizione del defunto per il pianto), il banchetto, i giuochi e le danze, o la casa. Lo studio dell'ideologia funeraria etrusca di epoca protostorica e storica è appena agli inizi e non siamo ancora in grado di mettere chiaramente in rapporto i motivi della scelta del modello, tenda di *próthesis* e abitazione, con le varie aree culturali, i vari segmenti e livelli della società e i diversi momenti dello sviluppo delle singole aristocrazie, così che gli elementi che qui di seguito si forniscono hanno un carattere di larga provvisorietà, pur nella notevole probabilità di una generale fondatezza delle osservazioni.

La tomba a camera diviene dalla fine dell'VIII secolo a. C. il sepolcro tipico dell'aristocrazia etrusca e tale resterà fino alla completa romanizzazione dell'Etruria, quasi alle soglie dell'età imperiale romana; dall'età orientalizzante fino al V secolo a. C. le tombe a camera sono il più delle volte caratterizzate da un grande tumulo, che, pur derivando dai più modesti tumuli d'età precedente, con la loro monumentalità, non possono non rappresentare l'enfatizzazione del ruolo e dell'eminenza del gruppo gentilizio, riconosciuti nel capostipite e nella genealogia familiare ospitati nel sepolcro. Un altare, come nei tumuli orientalizzanti di Cere, era destinato ai sacrifici per feste di commemorazione simili ai *Parentalia* romani dei giorni dal 13 al 21

Fig. 25. Tomba a camera di Cere del VI sec. a. C. all'atto della scoperta. A destra il letto per la deposizione funebre, mentre le altre banchine e lo spazio intermedio rigurgitano di vasellame.

febbraio, quando, come dice Ovidio (*Fast.* II, 565 sg.), « le anime sottili e i corpi racchiusi nei sepolcri errano, e le ombre si pascono del cibo per loro deposto »; nel colossale tumulo della Cuccumella di Vulci e nel più modesto complesso funerario di Grotta Porcina sono addirittura predisposti grandi spazi con gradinate all'intorno per la celebrazione collettiva dei giuochi e delle danze.

Ruolo ed eminenza dei defunti aristocratici trovavano ulteriore

Fig. 26. Canopo su trono a spalliera ricurva da Bisenzio. È uno dei più antichi esempi databili di canopo, cinerario con fattezze antropomorfe, tipico della zona di Chiusi. Il cinerario poggia su di un *solium*, il trono circolare riprodotto anche nelle tombe orientalizzanti di Cere. Inizi del VII sec. a. C. (Roma, Museo di Villa Giulia).

Fig. 27. Canopo chiusino. Esempio molto significativo del caratteristico cinerario di Chiusi, su trono circolare. Prima metà del VII sec. a. C. (Firenze, Museo Archeologico).

Fig. 28. Cippo chiusino con scena di danza funebre. Primo quarto del V sec. a.C. (Chiusi, Museo).

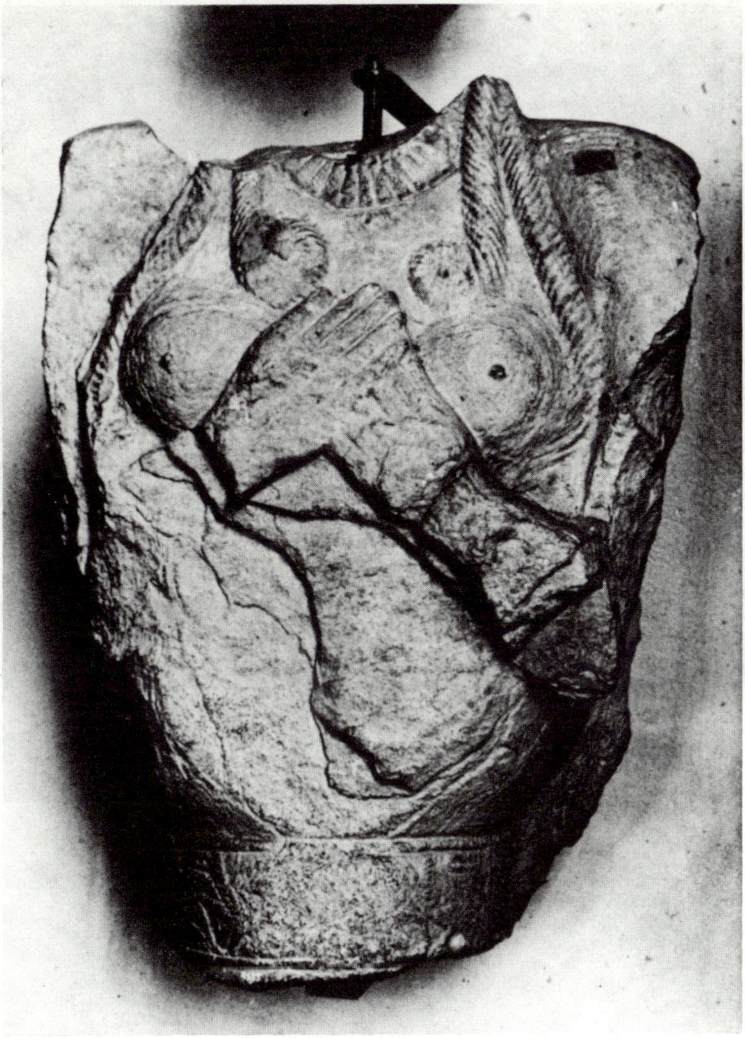

Fig. 29. Scultura colossale del tumulo della Pietrera di Vetulonia. Raffigura una « piangente », immagine eternizzata del compianto funebre. 600 a. C. circa (Firenze, Museo Archeologico).

Fig. 30. Tomba delle Anatre di Veio. Incunabolo della pittura etrusca, è decorata nello stesso stile delle ceramiche subgeometriche degli anni centrali del VII sec. a. C. Il soffitto con quattro immaginarie « vele » colorate riproduce la tenda di *próthesis* del defunto. Secondo venticinquennio del VII sec. a. C.

Fig. 31. Tarquinia, tomba del Cacciatore o del Padiglione di Caccia. Meglio di ogni altro esempio arcaico, questa splendida tomba tarquiniese ripete la tenda di *próthesis* dalla pesante copertura di lana, i cui bordi ad arazzo raffigurano cacce, mentre i lati sono costituiti da veli trasparenti. La tenda di *próthesis* si combina qui con l'ideologia aristocratica della caccia, cui alludono sia il bordo ad arazzo della copertura che la selvaggina immaginata come appesa alla struttura lignea o, viva sui prati, vista attraverso le trasparenze dei veli. 500 a. C. circa.

conferma negli oggetti deposti con lui nella tomba. I bisogni dell'aristocratico dell'epoca orientalizzante, uomo o donna che sia, sottolineati dal materiale del corredo funerario, sono essenzialmente quelli dell'ornamento personale fastoso — ori ed argenti a profusione come bracciali, pettorali, anelli, pendagli — e quelli dell'esibizione del prestigio. Questo comprende innanzi tutto la cerimonializzazione del banchetto, con il relativo vasellame grande e minuto per il consumo del cibo e del vino, alari e spiedi per cuocere, grandiosi calderoni e sostegni metallici e fittili per carni e bevande, vasi preziosi, importati o riccamente adorni, per trasportare e mescolare il vino con l'acqua, vasi per versare, per libare e per bere, contenitori per ungersi di olii ed essenze profumate. Il rango del defunto nel suo ruolo di « capo » è sottolineato da grandi troni circolari con spalliera ricurva o, meno di frequente, di forma rettangolare, immagini del prototipo del romano *solium*, il trono sul quale sedeva il patrono romano nel tablino all'atto di ricevere i *clientes*; la sua antica vocazione guerriera è espressa ora solo mediante allusione, con i giganteschi scudi circolari da parata di bronzo sbalzato, appesi alle pareti della tomba, mentre si diffonde, con tutto il suo valore ideologico derivato dai modelli regali dell'Oriente, la pratica della caccia. Scettri, bipenni, carri da parata a due ruote, bastoni sono i simboli del suo potere; flabelli e ventagli i simboli dell'omaggio dovuto; mentre il momento funerario vero e proprio è sottolineato talora da carri a quattro ruote usati per il trasporto funebre, da immagini a tutto tondo o a rilievo di donne piangenti — che nel caso del tumulo vetuloniese della Pietrera assumono dimensioni colossali — e da velarii stesi o immaginati attorno al defunto, come nel velo immaginario della tomba delle Anatre di Veio o in quello reale di un altro sepolcro gentilizio della stessa Veio, attestato dai pesi di piombo per tendere la stoffa rinvenuti lungo le pareti. Grandi animali reali o mostruosi scolpiti ornano soprattutto l'esterno — immagini mostruose dipinte sono più raramente all'interno — e fungono da *apotrópaia*, da elementi capaci di esorcizzare sia gli eventuali profanatori delle tombe che le stesse anime « inquiete » custodite dal sepolcro, così come *apotrópaia* simili si alternano alle immagini dei *maiores* sul tetto del palazzo di Murlo.

Il sepolcro a camera nasce per ospitare la coppia maritale capostipite e forse i loro figli immaturi (o anche i domestici), deposti in cellette secondarie aperte nel corridoio di accesso; le successive generazioni si affollano, a ribadire la propria discendenza, attorno al primo sepolcro, formando gruppi di tombe, o, come nel caso evidentissimo di Cere, entro lo stesso tumulo. Siamo così in grado di identificare un succedersi di generazioni entro un'unica discendenza per un arco di tempo che a volte supera i duecentocinquanta anni: è questo

Fig. 32. Centauro in nenfro di Vulci. Come molti altri mostri scolpiti dalla scuola vulcente nel VI sec. a. C., il centauro era posto all'ingresso del sepolcro, a « guardia » di questo. Inizi del VI sec. a. C. (Roma, Museo di Villa Giulia).

Fig. 33. Statuetta fittile dalla tomba delle Cinque Sedie di Cere. Raffigura un antenato (significativamente indossa un abbigliamento di una o due generazioni anteriori alla data di costruzione del sepolcro) ed era collocata su di uno dei cinque troni a spalliera ricurva che ornano la grande scala centrale del sepolcro. 600 a. C. circa (Roma, Museo dei Conservatori).

Fig. 34. Coperchio di cinerario chiusino. Qui la figura non ha più la forma del canopo, ma è stante, attorniata da immagini di piangenti, ed appartiene a pieno titolo alla serie archetipica delle *imagines maiorum*, simile in tutto all'esempio di Cere della fig. precedente. 600 a. C. circa (Chiusi, Museo).

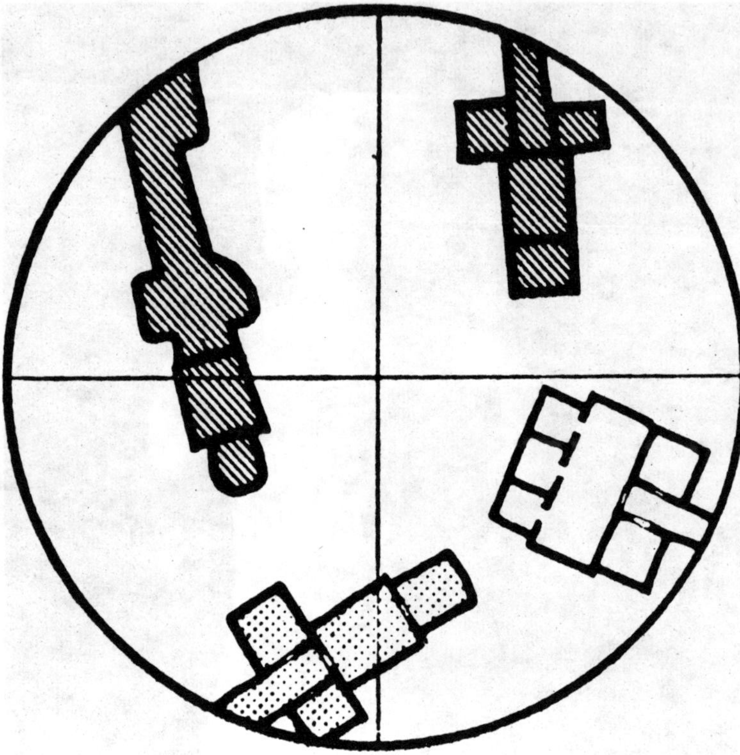

Fig. 35. Pianta del tumulo 2 della necropoli della Banditaccia di Cere. In senso orario, dall'alto a sinistra: tomba della Capanna, tomba dei Letti e dei Sarcofagi, tomba dei Vasi Greci, tomba dei Dolii (da Prayon).

ad esempio il caso del tumulo 2 della necropoli ceretana della Banditaccia, ove il sepolcro più antico, la tomba della Capanna, è usato tra il 680 a. C. e il 640 a. C., il secondo, la tomba dei Dolii, tra il 640 e il 600 a. C., il terzo, la tomba dei Letti e dei Sarcofagi, tra il 600 e il 550 a. C., e il quarto, la tomba dei Vasi Greci, tra il 550 e il 400 a. C.

Molto meno informati siamo sulle sepolture dei gruppi subalterni: lo scavo e la ricerca di queste, assai meno remunerativi di quelli dei grandi tumuli gentilizi, sono ancora molto primordiali. Manca a tutt'oggi un'analisi organica della disposizione e della cronologia delle tombe minori collocate intorno a quelle più grandi e ricche, anche in situazioni abbastanza privilegiate come Cere, ove si dispone di larghe zone di necropoli scavate integralmente. In qualche caso, a Cere e a

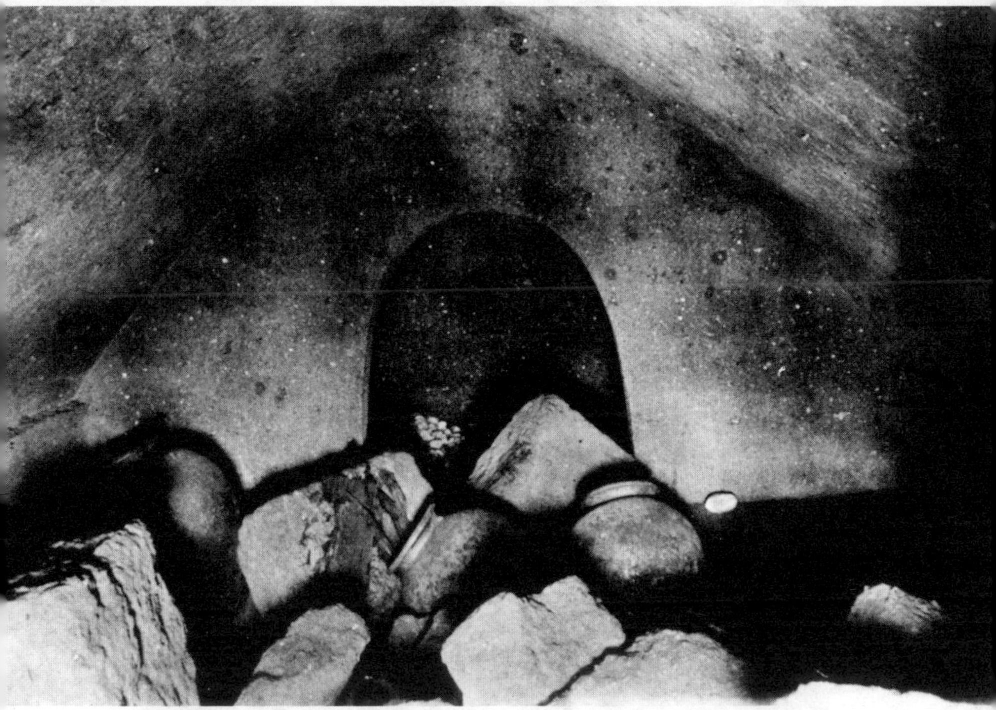

Fig. 36. Interno della tomba della Capanna di Cere al momento della scoperta. Come ben si vede, è interamente realizzato con la tecnica straminea. Secondo quarto del VII sec. a. C.

Veio (e forse anche a Tarquinia), attorno al tumulo aristocratico sono scavati pozzi e fosse per sepolture a incinerazione e a inumazione contenenti il cinerario senza o con pochissimi oggetti di corredo, o lo scheletro del defunto pure poveramente deposto: le cronologie di questo scarso materiale (buccheri, ceramiche attiche a figure nere e rosse) ci assicura tuttavia che le tombe sono coeve all'uso del grande sepolcro aristocratico. Non possiamo comunque essere certi che tra queste tombe e i grandi sepolcri gentilizi esistesse un rapporto di netta dipendenza. Troppo ignoriamo della struttura interna delle necropoli, delle possibili norme che ne regolavano suoli ed usi, per fare affermazioni nette e recise.

V
L'URBANIZZAZIONE

1. *Città antica e città etrusca*

Gli antichi, si è detto alle pagine precedenti, solevano immaginare la nascita di popoli attraverso mitiche emigrazioni, né più né meno come si raffiguravano la nascita di una città — si pensi ad esempio a Roma — mediante una altrettanto mitica fondazione. La storiografia moderna più attenta, nel caso delle origini etniche degli Etruschi al pari di quelle delle loro città, ha messo in risalto il carattere processuale, di lungo periodo, delle origini urbane: fissare una data esatta che costituisca il discrimine tra una fase di assenza della città e una fase di piena realtà urbana è, oltre che impossibile, ingenuo, segno del fortissimo condizionamento — conscio e inconscio in ugual misura — creato in molti storici dalle stesse narrazioni mitiche antiche. Analogamente, una definizione certa e onnicomprensiva di città, valida in ogni tempo e in ogni luogo, è francamente impossibile: la città antica è profondamente diversa da quella medioevale, e ambedue differiscono in maniera altrettanto radicale dalla città dell'era capitalistica. I modi di produzione generano — quando ciò avviene, beninteso — forme urbane specifiche a misura del funzionamento complessivo della propria struttura economico-sociale e delle proprie forme ideali; o possono addirittura rifiutarle, come non di rado avviene nell'antichità: penso qui ad esempio al mondo sannitico ad Est degli Appennini che riceverà la struttura urbana soltanto al momento della piena romanizzazione e ad alcune aree periferiche del mondo greco, come la Tessaglia o l'Epiro, urbanizzate solo in epoca ellenistica.

Le discussioni sui caratteri e sulla genesi della città antica sono

Fig. 37 (*a fronte*). Olpe etrusco-corinzia del « gruppo policromo » probabilmente da Vulci. Si noti a destra un guerriero con tipica armatura oplitica. 600 a. C circa (Roma, Museo di Villa Giulia).

sempre piuttosto animate e le conclusioni non sempre concordi: il dibattito è tanto più vivace per l'Etruria ove — contro ogni evidenza archeologica e letteraria antica — si è perfino messo in dubbio l'esistenza stessa di città. In realtà (sempre evitando di formulare definizioni generalizzanti) non si può negare che i caratteri della città etrusca e latina appaiono sufficientemente unitari: si tratta di centri, con notevole concentrazione di popolazione, destinati al consumo piuttosto che alla produzione (non sappiamo molto sulla dislocazione delle attività artigianali in Etruria, se si svolgessero in parte o tutte all'interno o all'esterno delle città), caratterizzati da luoghi di culto e da difese comuni, centri in cui è sancita la divisione sociale del lavoro e finalizzati ad una riproduzione complessiva di una società dalle forti esigenze di cooperazione. Non conosciamo purtroppo complessi edilizi urbani con destinazione politica: ma d'altro canto per l'Italia preromana non greca — ivi compreso l'intero Lazio — e con l'eccezione (privilegiata dalle fonti e dalla sua stessa storia) della sola Roma, non siamo in grado di indicare con certezza un sol luogo di riunione di organismi politici, senato o assemblea popolare o altro.

L'Etruria conobbe dunque la città, sorta attraverso un processo durato almeno cento o centocinquanta anni nelle aree di maggiore sviluppo, non dissimile da quella del Lazio e da Roma, ma con storie sociali e politiche diversissime fra un'area e l'altra, e fra centro e centro, in relazione sia ai precedenti dell'urbanizzazione sia alla composizione e alle sorti delle classi dirigenti. La sua genesi riposa nel momento iniziale dell'età del Ferro, quando la società villanoviana realizza il passo fondamentale dell'appropriazione privata del mezzo di produzione primario, la terra; il momento finale, conclusivo, del processo è diverso nelle singole aree, ma nel Sud coincide con il momento finale dell'orientalizzante.

2. *La genesi*

I villaggi della prima fase villanoviana appaiono, lo si è visto, tutti uguali fra loro, piccole comunità a poca distanza l'una dall'altra, in una rete di popolamento dalle maglie fittissime. Ma già nel corso della seconda fase, alcuni centri emergono nettamente sugli altri, finché a metà dell'VIII secolo a. C. queste emergenze assumono un evidente carattere di superiorità demografica ed economica su aree di territorio sufficientemente ampie. Gli abitati meno importanti decadono o scompaiono del tutto: l'originaria omologia tra gli insediamenti è perduta per sempre e al suo posto si vanno delineando i con-

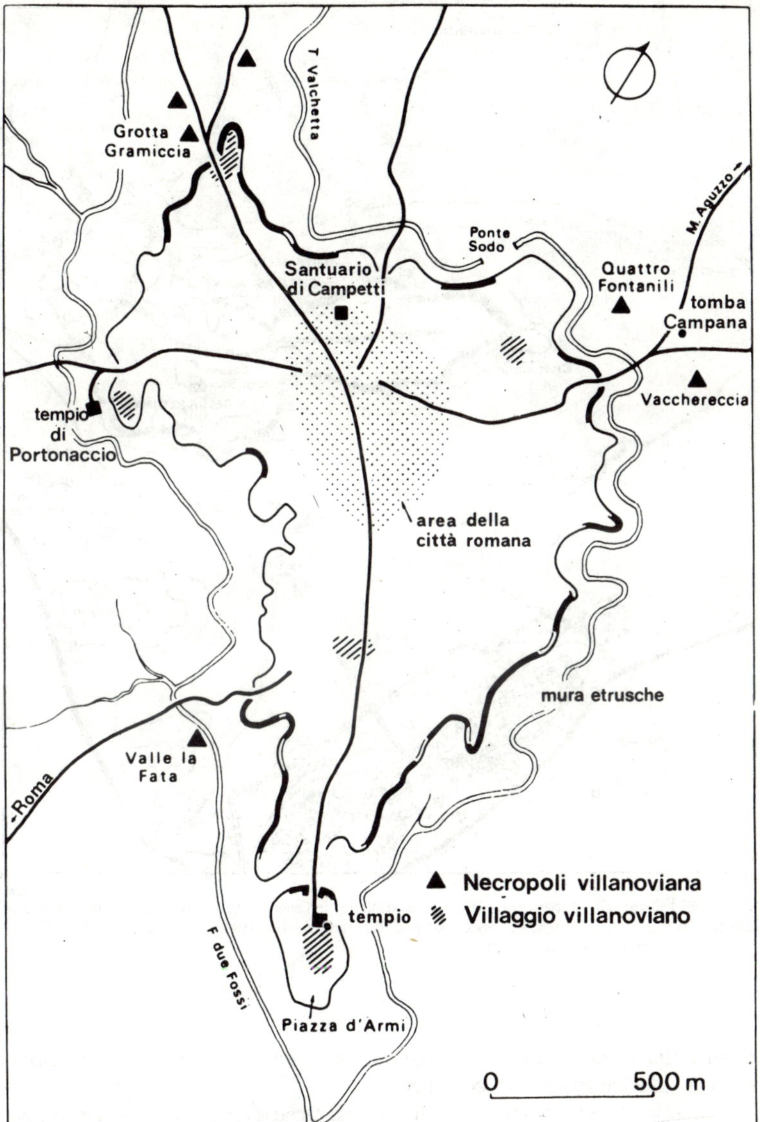

Fig. 38. Pianta di Veio, con le necropoli e i probabili villaggi villanoviani, le mura e i santuari etruschi (da Perkins).

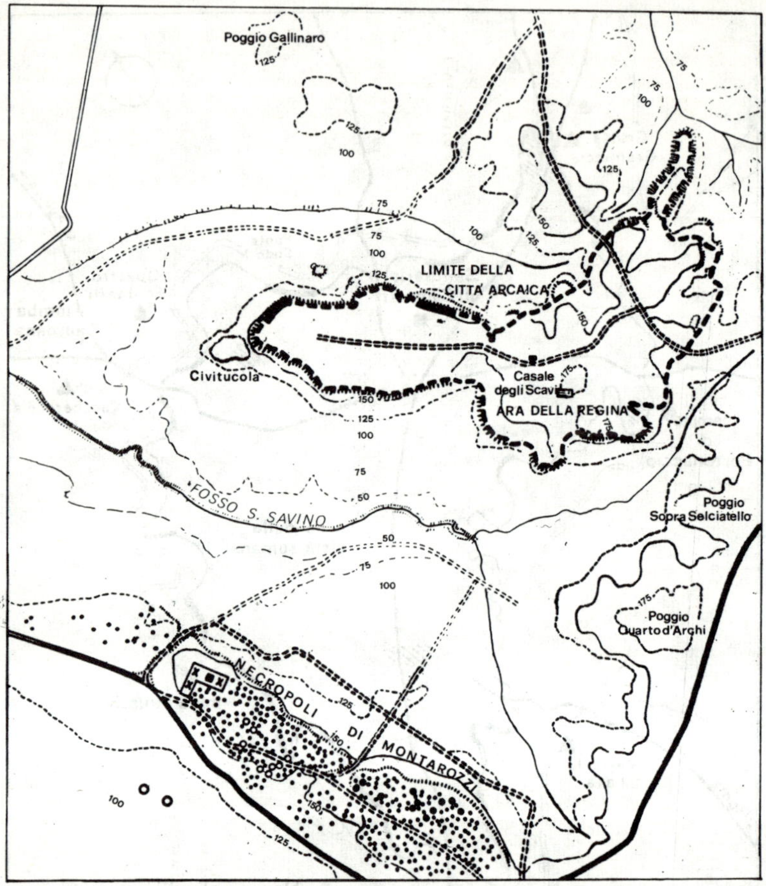

Fig. 39. Pianta di Tarquinia. In minuscolo, le necropoli villanoviane; non sono segnate quella dei Monterozzi, occupata dalla necropoli etrusca, e quella delle Rose, fuori della carta (da Mansuelli).

torni della città etrusca dell'epoca storica, con la peculiare sua opposizione alla campagna circostante.

Alcuni insediamenti sembrano quasi predestinati a questa trasformazione ed alla assunzione del ruolo urbano sin dai momenti più antichi, altri invece raggiungono la condizione di città attraverso processi tutt'altro che unilineari. La casistica in questo senso è multiforme e l'indagine ancora agli inizi, sì da indurci ad esporre solo qualche esempio che faccia immediatamente percepire l'estrema varietà e difformità del processo, dimostrando come l'opposizione, così diffusa nelle visioni correnti degli studiosi, tra sinecismo o accrescimento nucleare dell'insediamento urbano etrusco e latino rappresenti piuttosto un'astrazione che una realtà storiografica necessaria.

Uno dei casi più noti e discussi è quello di Veio. Le tre necropoli villanoviane di « Grotta Gramiccia », « Quattro Fontanili » e « Valle La Fata » si dispongono attorno ad un vastissimo altopiano detto di « Campetti » e di « Comunità », con un'appendice costituita dall'adiacente piccolo altopiano isolato detto di « Piazza d'Armi »: tracce di villaggi villanoviani sono state individuate in genere ai margini dei pianori, apparentemente in stretta relazione con ognuna di queste necropoli, così che è stato facile concludere che la città di Veio sarebbe nata con un processo sinecistico di federazione fra queste singole comunità di villaggio. Ne sarebbe così risultata una città estesa sul grande altopiano di « Campetti » e di « Comunità », con l'altopiano minore di « Piazza d'Armi » in funzione di acropoli, conseguentemente cinti da mura nel VI o al più tardi nel V secolo a. C. Tale ricostruzione appare in linea di massima verisimile, ma alcune precisazioni recenti hanno in parte incrinato la cristallina lucidità del modello interpretativo. Non solo la necropoli di « Valle La Fata » appare meno ricca e importante e, a quanto sappiamo, priva dell'omogeneità di sviluppo delle altre due, ma si conoscono anche tracce di un contiguo abitato villanoviano fuori del perimetro dei due altopiani (a Monte Campanile, a circa 500 m a SO dall'altopiano maggiore); l'area di « Piazza d'Armi », fortificata in epoca diversa e, sembra, anteriore rispetto a quella del grande altopiano adiacente, è abitata fino a tutto il VI secolo a. C. e quindi abbandonata per non essere mai più rioccupata. L'unilinearità del processo sinecistico è in forse: non soltanto la comunità che seppelliva i suoi morti a « Valle La Fata » appare se non soccombente, certo non su di un piano di parità con le altre due, ma anche l'insediamento « autonomo » o di « acropoli » di « Piazza d'Armi » ha subíto una drastica sorte, a dispetto del culto che veniva praticato nel piccolo santuario al centro della collina, coinvolto nell'abbandono dell'area non meno del circostante abitato.

Anche il caso di Tarquinia mostra caratteri affini a quelli di Veio: un grande altopiano, quello della « Civita » (assai meno unitario e organico di quello veiente, in verità), e nuclei di necropoli dislocate tutto intorno ad esso, dalla punta della « Civitucola » a Ovest alla lunga collina dei « Monterozzi » a Sud, alle alture di « Poggio dell'Impiccato », « Poggio Selciatello » e « Quarto degli Archi » a Est, e al « Poggio Gallinaro » a Nord. La recentissima scoperta di un esteso villaggio villanoviano composto di una cinquantina di capanne sul

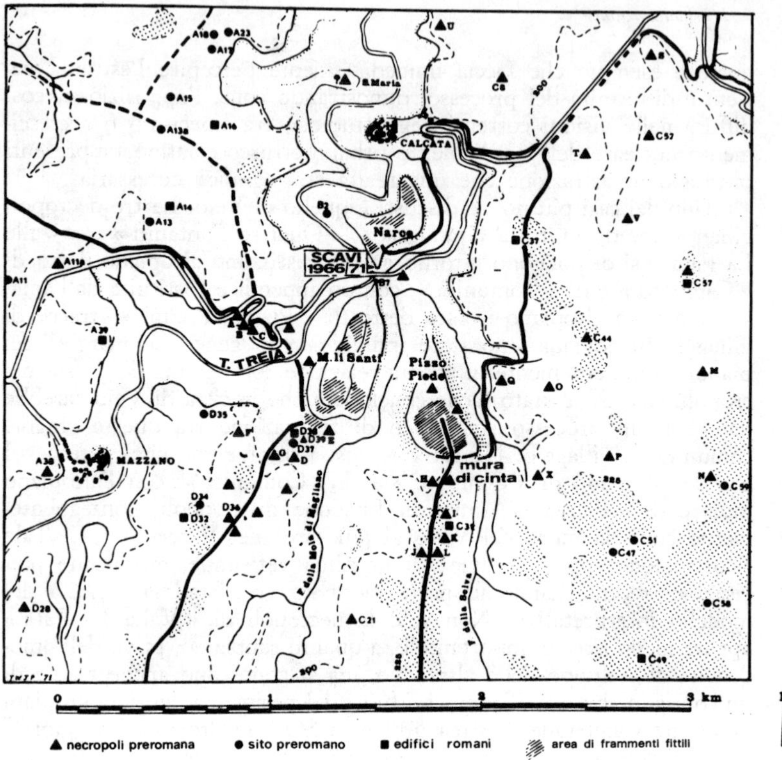

Fig. 40. Pianta di Narce, con i tre distinti insediamenti (da Potter).

colle dei « Monterozzi » ha demolito l'idea corrente — e ovvia — che tutte queste necropoli gravitassero fin da principio sull'altopiano della Civita e ripropone il processo sinecistico in termini abbastanza nuovi. A questo si può aggiungere il fatto che l'abitato più arcaico sembra limitato, mediante un fossato e un semplice sbarramento di mura N-S, alla sola porzione occidentale della « Civita » più difendibile e che questo fu forse esteso a tutto l'altopiano fino alla cima della « Castellina » non prima della fine del V secolo a. C.

Altri due casi dell'area falisca, culturalmente ed economicamente del tutto inserita nell'Etruria meridionale, dimostrano uguali fenomeni. La stessa città di Falerii ha una storia tutt'altro che lineare. La necropoli più antica, di IX secolo a. C., è situata a NE, prospiciente il pianoro isolato di « Vignale », dove conosciamo frequentazione arcaica e, in età storica, due templi affiancati; ma anche in questo caso, quando nel V (o al più tardi nel IV secolo a.C.) fu costruita una cinta di mura, questa non guarnì « Vignale », ma il vicino — e pur separato — colle dell'attuale Civita Castellana, dove si era fissato almeno dall'iniziale VII secolo a. C. il centro dell'abitato, ben indiziato anche dalle adiacenti necropoli orientalizzanti e arcaiche di « Penna » e « Valsiarosa ». Anche l'anonimo centro di Narce, a Sud di Falerii, ha una storia tormentata, con un insediamento nato nella collina di Narce ed esteso nel VII-VI secolo a. C. alla vicina, ma separata altura di Monte Li Santi; alla fine del VI secolo a. C. nasce un'ulteriore estensione, nella pure separata altura di « Pizzo Piede », con una propria cinta di mura, che attira verso di sé ogni residua importanza del vicino complesso « Narce-Monte Li Santi ».

Riassumendo, potremo dire che siamo in presenza di processi non unilineari, che generano settori « morti » o « non produttivi » della città, con sinecismi in cui alcune comunità appaiono prevalere su altre, su archi di tempo lunghissimi, a volte conclusi appena nel V secolo a. C. grazie alla sanzione definitiva dell'estensione dello sviluppo segnata dal circuito di mura. Così Tarquinia conosce forse villaggi protostorici dislocati su alture ben separate fra loro e si estende progressivamente in epoca storica partendo dalla punta ben difesa della « Civita »; anche Veio presenta comunità di villaggio non tutte sullo stesso colle e soprattutto a diverso livello di sviluppo economico, che si integrano fra loro rapidamente nel sistema di altopiani di « Comunità », « Campetti » e « Piazza d'Armi », l'ultimo dei quali verrà però abbandonato ancora in epoca arcaica; a Falerii, lo spostamento verso Ovest del centro di gravitazione lascia indifeso il colle di « Vignale », sede forse dell'insediamento più antico; a Narce, l'ingrandimento non comporta omogeneità di difese né continuità territoriale.

Da tutti questi casi risulta evidente che la genesi della città è sinecistica e nucleare al tempo stesso e che le aree coinvolte dal processo genetico, fino alla definitiva fissazione del perimetro urbano nel V-IV secolo a. C., possono mutare in relazione alle esigenze della comunità, nella logica di tappe evolutive che riflettono da vicino l'andamento dello sviluppo delle forze produttive, della lotta fra le classi, dei conflitti interni ed esterni alla comunità. In questo senso, pur senza identificarsi con la nascita delle classi in quanto tali, la città in Etruria (e nel Lazio) è il riflesso diretto della dialettica tra le classi, della necessità di cooperazione sociale: il solo ricordo della leggendaria prima secessione plebea di Roma sul Monte Sacro nel 494 a. C. — il rifiuto dell'insediamento come rifiuto della « cooperazione », in realtà della subordinazione — e dell'apologo trasparente sulla cooperazione tra le varie parti del corpo pronunciato in quell'occasione dal console Menenio Agrippa Lanato sarà sufficiente per illustrare come questo aspetto fosse ben presente già alla mentalità antica.

3. *La città e le differenze areali*

I casi che abbiamo esaminato poc'anzi si collocano significativamente tutti nell'Etruria del Sud, che, non occorre ripetere, rappresentava il punto più alto dello sviluppo delle forze produttive nell'intera Etruria: gli squilibri areali individuati nei precedenti capitoli giuocano un ruolo ancor più accentuato che in passato nella fase di evoluzione delle strutture cittadine.

Nel Sud, le aristocrazie muovono presto in direzione della città. L'intero VII secolo a. C. vede un'accelerazione verso le strutture urbane ed un precisarsi della qualificazione e dell'importanza dei diversi insediamenti. Il fattore più importante è costituito dall'emergere di un centro di straordinaria grandezza, che per tutto il periodo protostorico era apparso fortemente subalterno rispetto a quelli vicini di Tarquinia o di Veio: Cere. Le origini di questa ascesa sono in gran parte oscure. Possiamo congetturare che essa avvenne a spese delle due potenti vicine e soprattutto di Veio, anche se il relativo declino di entrambe le città, Tarquinia e Veio, è abbastanza evidente. Cere rappresenterà sempre un cuneo poderoso tra i due centri più importanti dell'estremo Sud, contendendo a Veio il controllo dell'approdo più antico d'Etruria, la foce del Tevere, e le vaste e fertili terre ad occidente del lago di Bracciano, e a Tarquinia la zona dei Monti della Tolfa — che diventeranno per sempre i « Monti Ceriti » — di indubbia importanza economica, per le sue risorse minerarie e non, e militare, per il controllo che di qui si esercitava sulle strade di accesso verso il Sud. La ricchezza dei *principes* di Cere è enorme. I tumuli principeschi di VII secolo a. C. nelle sue necropoli si contano a decine ed hanno attorno una vera e propria corona di tumuli minori sorti lungo tutto il secolo: la loro ricchezza, dalle punte di tombe celebri come quella Regolini-Galassi fino a corredi « medii » di sepolture entro un tumulo dall'unica tomba, restituiscono l'immagine vivida di una complessa stratificazione sociale con scarsi confronti altrove. Attorno a Cere è poi una corona di abitati minori, lungo la costa (Alsium, Pyrgi, S. Marinella) e nell'interno, sulla valle del Mignone (La Scaglia, Tolfa, Rota) ai confini con Tarquinia e nell'area di frontiera orientale (Blera, S. Giuliano, Canale Monterano, Tragliatella), dove per ogni singolo abitato si notano in genere una o due tombe (ma spesso anche più d'una) di tipo ceretano e con

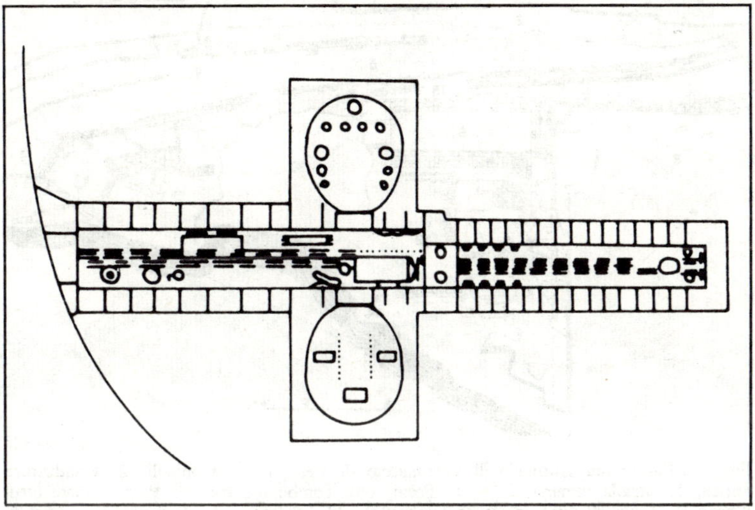

Fig. 41. Pianta schematica della tomba Regolini-Galassi. L'anticamera e la camera erano occupate da due distinte sepolture principesche a inumazione; nella nicchia circolare di destra era deposto un incinerato con sepoltura più modesta (da Torelli).

materiali anch'essi ceretani, che dimostrano l'esistenza di rapporti non solo culturali, ma anche « politici »: si ha quasi l'impressione che i locali *reguli*, i piccoli principi di queste zone, fossero inseriti in un sistema di alleanze — stipulate, è facile pensare, su basi matrimoniali — con le famiglie dei *principes* di Cere.

Altro è quanto ci appare testimoniato per le città di Veio e di Tarquinia. Veio, dopo i fasti di epoca villanoviana, mostra segni di evidenti difficoltà. Rispetto a Cere, i grandi tumuli sono poco numerosi e tardivi, con un apparato di corredo meno vistoso e abbondante. Anche il territorio circostante non è fittamente popolato di insediamenti satelliti simili a quelli presenti nel territorio di influenza cerite: di fronte all'unico centro sicuro di influenza veiente, Trevignano Romano, forse l'antica Sabatia (ad esso può aggiungersi probabilmente l'abitato di Testa di Lepre presso Maccarese e quello di Colle S. Agata a Monte Mario), abbiamo la « morte » precoce di molti insediamenti, come quello di Monte S. Angelo tra il lago di Bracciano e quello di Martignano, fiorente in epoca villanoviana, e la tendenza « centrifuga » di molte attestazioni di ricchezza aristocratica, dal tumulo Chigi sulla cima di Monte Aguzzo presso Formello, al tumulo di Quaranta Rubbie sulla via Cassia e alla tomba « principesca » sco-

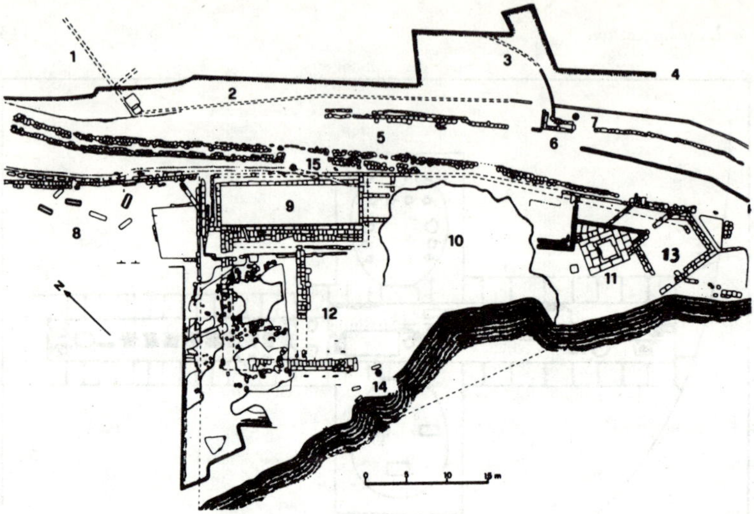

Fig. 42. Pianta del santuario di Portonaccio di Veio. 1.3.4: Cunicoli; 2: Conduttura antica; 5: Strada romana; 7.14.15: Pozzi; 68: Tombe romane; 9: Piscine sacre etrusche; 10: Cava di tufo moderna (riempita); 11: Altare; 12: Tempio; 13: *Thesaurós* (?).

perta recentissimamente da F. Boitani alle spalle di Monte Michele. Un modello di sviluppo urbano diverso da quello cerite, dunque, nel quale la ricchezza e il peso politico dell'aristocrazia giuoca in maniera minore e il rapporto con la campagna, a differenza di Cere, si articola piuttosto attraverso fattorie e piccolissimi abitati sparsi, saldamente controllati dalla città. I rapporti internazionali sono non per questo meno rilevanti, ma in essi è determinante sin dal tardo VII secolo a. C. il ruolo svolto da elementi « politici », come il santuario di Portonaccio, dedicato alla dea oracolare *Menerva*: la dea, molto importante per la vicina area falisca (a Falerii è forse divinità poliadica), protegge con il suo oracolo *principes* veienti come i Tolumnii (*TLE*[2] 36, 838), aristocratici e « condottieri » stranieri, come *Avile Vipiiennas* (*TLE*[2] 35), certo il celebre Aulo Vibenna della leggenda romana di Servio Tullio, o *Avile Acvilnas*, noto da una dedica a Veio e da due doni in una tomba di Ischia di Castro nel territorio vulcente (*TLE*[2] 915, 916). Anche gli antichi rapporti con l'area falisca passano attraverso una « autonomizzazione » di parte di quell'*ethnos*; se le fortune di una Falerii verosimilmente « autonoma » compiono un poderoso salto di qualità alla metà del VII secolo a. C., a Narce la presenza di un controllo veiente è accertata attraverso le molte iscrizioni etrusche — le uniche note in quel centro — su oggetti donati a individui locali (*TLE*[2] 26-30).

La situazione del territorio tarquiniese è ancora diversa. La città sembra vivere il momento culminante dei suoi fasti protostorici a metà dell'VIII secolo a. C. con sepolcri come la tomba « del Guerriero » e con la presenza di una fiorente industria metallurgica e di fabbriche italogeometriche di ascendenza euboico-cicladica; dall'iniziale VII secolo a. C. il numero delle necropoli tende progressivamente a diminuire, finché allo scadere del secolo l'unico grande sepolcreto resta quello dei Monterozzi. Gli elementi già analizzati nel precedente paragrafo sembrano indicare una svolta nella genesi urbana proprio in pieno VIII secolo a. C. o al più tardi nel cinquantennio successivo: conseguenza di questo è forse la minor ricchezza e vivacità dell'orientalizzante tarquiniese. Le tombe a tumulo, con l'eccezione dei giganteschi tumuli della Doganaccia o della periferica tomba di Poggio del Forno, sono poco eminenti e non sembrano voler sottolineare quell'elemento di continuità gentilizia notato a Cere, fatto questo confermato sistematicamente dalla sequenza delle piccole tombe a camera, dipinte e non, dei secoli VI e V. È difficile da questa situazione trarre delle conclusioni sicure sulla successione e sulle spinte e conseguenze sociali dell'urbanizzazione: il rapporto con il territorio appare diverso da quello esistente a Cere, ancora un altro modello di struttura urbana, che alla fine del VII secolo a. C. — come dimostrano le scoperte di Gravisca di cui diremo appresso — è certamente costituita in maniera organica. Il vasto retroterra tarquiniese, centrato su Tuscania, è costellato di insediamenti basati su piccoli potentati di cui Tuscania stessa e Acquarossa sono una testimonianza eloquente: come ha messo in luce G. Colonna, quest'area, vero quadrivio tra Etruria costiera ed Etruria interna, tra Tarquinia, Vulci, Cere, Veio e Volsinii, è al centro di un conflitto di influenze che ha per protagonisti Cere e Tarquinia e che per l'età arcaica si direbbe risolto in linea di massima a favore della città più meridionale. Quanto questo fatto abbia influenzato il certo minore fulgore delle aristocrazie tarquiniesi e quanto invece tale « declino » dei *principes* di Tarquinia non sia dovuto alle tendenze isonomiche implicite nel processo di urbanizzazione stesso è difficile dire. Certo è che la situazione di Tarquinia adombra un'articolazione sociale particolare, forse non troppo dissimile da quella di Veio, centro cui essa è accomunata dall'alta antichità del prestigio e dell'importanza economica, ma da cui differisce per gli sviluppi ulteriori del VI secolo a. C.

Più a Nord Vulci presenta un declino abbastanza simile a quello di Tarquinia per la fase orientalizzante antica e media, caratterizzata da una cultura più conservativa, fortemente legata alle forme splendide della seconda metà dell'VIII secolo a. C. Le tombe a camera principesche sono ancor meno numerose di quelle tarquiniesi e non troviamo tracce di articolazioni sociali pronunciate, fino alla nuova poderosa esplosione della potenza economica e produttiva di Vulci del tardo VII secolo a. C. In questo caso è assai più probabile una perdita di influenza su vaste aree (e forse sulle fonti di approvvigionamento del metallo) rispetto al passato, cui fa riscontro invece l'emergere prepotente di Vetulonia e dell'anonimo centro di Marsiliana d'Albegna (forse dal nome etrusco di Caletra), sede di ricchissime tombe gentilizie a circolo e di importanti attività artigianali nel campo tanto della metallurgia quanto dell'oreficeria e della ceramica. Il baricentro della zona saldamente fissato nell'VIII secolo sul binomio Tarquinia-Vulci si è dunque polverizzato a favore di nuovi assi di equilibrio centrati più a Sud, a Cere, e più a Nord, a Vetulonia. Significativo al riguardo è il tono più contenuto dello sviluppo, fino all'ultimo quarto del VII secolo a. C. di centri come Populonia e Roselle, destinati ad emergere, assieme a Vulci, con prepotenza nel corso del VI secolo a. C., evidentemente a danno di Vetulonia.

Rispetto a questi poli marittimi, il resto dell'Etruria appare ancora dominato dalla struttura sociale aristocratica basata sull'insediamento sparso, con le sole eccezioni di Volterra, dalle cui necropoli forse è possibile leggere un accenno all'urbanizzazione già nel tardo VII secolo a. C., e di Chiusi, ove pure il concentrarsi dell'insediamento sparso può datare già alla metà del VII secolo a. C. Poco o nulla sappiamo di Volsinii (anche se è verosimile uno sviluppo urbano già bene avviato in pieno VII secolo a. C.), mentre Arezzo e Perugia — pure poco conosciute in verità — non hanno certamente ancora avviato un deciso processo di urbanizzazione. Tutta la vasta area tra Populonia e l'Arno e l'alta valle del Tevere tra VII e VI secolo a. C. è il regno incontrastato del « palazzo » e delle grandi *thóloi*, da Quinto Fiorentino a Cortona, da Casaglia a Casal Marittimo, dei sepolcri di *dynatótatoi* con ricchi corredi di bronzi e di chincaglierie orientali. La situazione non è dissimile a Bologna nella val Padana, dove le non frequenti testimonianze dell'orientalizzante rappresentano timidi prodromi di un impetuoso sviluppo urbano di pieno VI secolo a. C., ai danni degli antichi villaggi di origine villanoviana.

Nella Campania, i dati purtroppo assai parziali in nostro possesso attestano una netta importanza di Capua su tutto il vasto territorio, ove gli altri centri, come Suessula o Nola, sono assai mal conosciuti. L'urbanizzazione di Capua è certo di data assai antica: tuttavia né Capua né altri centri etruschi dell'area campana settentrionale restituiscono monumenti od oggetti somiglianti a quelli delle tombe principesche sud-etrusche. Questi invece compaiono nella necropoli del centro principale del Salernitano, Pontecagnano, forse l'antica Marcina (Strab. V, 4, 13), quasi a riaffermare e la vocazione costiera e la

Fig. 43. Cupola a *tholos* della tomba della Montagnola a Quinto Fiorentino, esemplificazione della tipologia delle tombe orientalizzanti tarde dell'Etruria settentrionale. 600 a. C.

diversa origine dell'insediamento in collegamento con l'Etruria meridionale marittima.

Da questo rapido quadro affiora una realtà socio-economica fortemente frazionata, nella quale i comportamenti sociali e le stesse basi economiche delle classi egemoni della « grande Etruria » muovono su direzioni diverse. Al Sud marittimo e in Campania i *principes* operano scelte decise verso le strutture urbane, ma con diversi risultati strettamente rapportati all'entità dello sviluppo delle forze produttive, alle esigenze d'isonomia ed alla nascente dialettica tra città e campagna.

Altrove al Nord, e nelle vaste aree dell'entroterra meridionale, dominano condizioni della produzione in cui le spinte socio-economiche verso l'urbanizzazione sono assai più contenute o non esistono affatto, in virtù del controllo totale o quasi totale che i *principes* tanto materialmente quanto ideologicamente esercitano sulla produzione e sullo scambio. Maturano, come vedremo più avanti, condizioni evidenti per un conflitto che opporrà la *polis* al « palazzo », così come già nelle pagine precedenti sono impliciti conflitti e spostamenti di egemonia fra varie *poleis* già largamente costituite, Veio, Tarquinia, Cere, Vulci, Vetulonia. L'ampliamento dell'orizzonte economico, delle basi sociali e della coesione ideologica delle entità urbane ne sarà l'elemento determinante.

4. *Lo scambio e la produzione artigianale*

La continuità nel pieno VII secolo a. C. fra il modello dello scambio elaborato nel corso del secolo precedente sembra largamente assicurata dalla documentazione archeologica. Interlocutori principali tra l'Etruria e l'Oriente sono ancora indiscutibilmente gli Euboici. Ma il dilagare delle fondazioni coloniali greche tra lo scorcio dell'VIII e la metà del VII secolo a. C. e il prepotente, coevo ingresso del commercio corinzio nel Mediterraneo introducono fattori di novità, che non si limitano soltanto all'ampliamento dello spettro etnico dei gruppi ellenici coinvolti nei sempre più complessi livelli e strutture dello scambio, Corinzi, Achei, Spartani, Ioni, oltre agli onnipresenti Euboici, ma comprendono anche e soprattutto un'intensificazione delle relazioni a vario livello economico e sociale.

Pithekousa, con la fondazione di Cuma, vede rapidamente eclissare le proprie fortune. Il fatto è lungi dall'essere casuale, e corrisponde assai bene al salto di qualità nello sviluppo del mondo ellenico sul piano sia della produzione che dello scambio che delle realtà sociali. Parallelamente l'apertura di nuovi punti di contatto tra Greci ed Etruschi in tutta la costa tirrenica e lungo la valle del Tevere in conseguenza dell'ampliarsi dello scambio e dello sviluppo urbano delle principali *poleis* etrusche costiere diversifica le correnti commerciali e sollecita lo scambio interno nell'area della « grande Etruria » fino a raggiungere intensità a quel momento ancora sconosciute. Gli *atýrmata* e gli *agálmata* orientali, o greci fabbricati a somiglianza di lussuosi prototipi orientali, divengono oggetti ambitissimi degli *áristoi* etruschi dell'età orientalizzante: calderoni di bronzo, coppe e monili d'oro, d'argento e d'avorio, flabelli, cofanetti di lusso, ceramiche, sigilli, scarabei e « curiosità » di indubbio significato ideologico, come

Fig. 44. Uovo di struzzo decorato a rilievo dalla tomba di Iside di Vulci. Tecnica (abbassamento della superficie mediante corrosione con acidi lievi) e stile ne fanno un prodotto di artista greco-orientale degli inizi del VI sec. a. C. (Londra, British Museum).

Fig. 45 (*a p. 120*). Uovo di struzzo dipinto di provenienza vulcente (?) con motivi subgeometrici e orientalizzanti di origine composita, orientale, cipriota, fenicia e greca. Metà circa del VII sec. a. C. (Roma, Museo di Villa Giulia).
Fig. 46 (*a p. 121*). Situla di bucchero da Cere. La forma, non standardizzata, e l'insolita decorazione a rilievo, nonché lo stile, ne fanno uno dei prodotti più significativi della fase « sperimentale » della produzione di bucchero, localizzata a Cere. Terzo venticinquennio del VII sec. a. C. (Roma, Museo di Villa Giulia).

le singolari uova di struzzo, soddisfano l'avidità e le esigenze di prestigio di aristocratici delle città costiere, che richiamano mercanti greci e forse fenici (come attesterebbero le numerose anfore cipriote importate dal tardo VIII secolo e poi imitate da quelle vinarie etrusche, e due coppe, una da Preneste e l'altra da Pontecagnano, recanti iscrizioni fenicie) alle loro piccole « corti », esigendone pedaggi e « doni » in cambio dell'accesso alle merci etrusche richieste. Un esempio molto caratteristico tramandatoci — attraverso il riassunto di Giustino (Iust. in XLIII, 3, 4) — dallo storico della focea Marsiglia, Pompeo Trogo, è quello dei mercanti di Focea, i quali sarebbero sbarcati alle foci del Tevere ed « avrebbero stretto amicizia con il re Tarquinio Prisco ».

Lo scambio non comporta solo l'acquisizione di merci e di beni, ma anche, come per il passato, di artigiani e di tecnologia. Vasai euboici forse cumani, dopo quelli pitecusani che avevano prodotto nel secolo VIII vasi geometrici a Veio prima e poi a Tarquinia e a Vulci, si installano all'inizio del VII secolo a. C. a Cere e a Tarquinia per fabbricare ceramiche di tradizione subgeometrica euboica e corinzia, dando anche qualche prodotto più impegnato, vasi figurati con creature mostruose. A partire dalla metà circa del VII secolo a. C. nasce a Cere un prodotto destinato ad essere la caratteristica ceramica fine da mensa etrusca, il bucchero, prima con caratteristiche sperimentali e a produzione limitata, poi, dal tardo VII e fino a tutto il V secolo a. C., virtualmente in ogni centro d'Etruria su basi fortemente standardizzate con caratteri vieppiù tipici di produzione di massa. Episodi isolati poco dopo la metà del VII secolo a. C. di ceramisti greci di origini diverse e dalla complessa formazione culturale, quali quelli di Aristonothos e del « pittore delle Rondini » attivi a Çere e a Vulci rappresentano solo i battistrada della grande ondata di immigrazione di pittori corinzi (forse non senza mediazioni dalle colonie greche, *in primis* Siracusa) che a partire dal 620 a. C. travolgono definitivamente il rapporto privilegiato fino ad allora esistito con l'area coloniale euboica e restano elemento dominante del panorama figurativo etrusco fino a metà circa del VI secolo a. C. Le fabbriche etrusco-corinzie si installano a Vulci in primo luogo e contemporaneamente a Veio (ma con produzione limitata), quindi a Cere e già in pieno VI secolo a. C. a Tarquinia, anche se solo a Vulci hanno carattere definito di produzione di massa. La produzione metallurgica è bene

Fig. 47 (*a fronte*). Oinochoe di bucchero orvietana decorata a rilievo. È la produzione tipica del bucchero di qualità dell'Etruria centrale con uso di stampi, ad imitazione di lussuosi prototipi metallici. Prima metà del VI sec. a. C. circa (Orvieto, Museo dell'Opera del Duomo).

Fig. 48. Grande coppa cratere del « pittore delle Rondini » da Vulci, opera di un pittore greco-orientale emigrato a Vulci. 630 a. C. circa (Roma, Museo di Villa Giulia).

attestata a Vetulonia e a Vulci, quella toreutica anche a Cere e a Tarquinia; dalla fine del VII secolo, a Vulci si concentra soprattutto la fabbricazione di oggetti di lusso, che richiama artigiani dalle città greche coloniali e non.

Poco dopo la metà del VII secolo a. C., dall'area greca propria non senza mediazioni coloniali, si introduce in Etruria la tecnica della copertura fittile dei tetti e della decorazione architettonica in terracotta. Di questo evento ci conserva la semileggendaria memoria Plinio, che menziona come autori dell'innovazione (*N.H.* XXXV, 151) tre *plastae* dal nome « trasparente », il plasticatore Eucheir (« quello dalla buona mano »), il pittore Eugrammos (« quello dal buon disegno ») e l'architetto Diopos (« quello che traguarda »). Questa *équipe*, erroneamente dai moderni messa in relazione con Demarato, il nobile corinzio profugo in Italia e padre di Tarquinio Prisco, funziona esattamente come bottega unitaria, che confeziona e mette in opera il tetto e la decorazione fittile dipinta, di cui gli esempi più antichi dei « palazzi » di Acquarossa e Murlo sono eloquente testimonianza. La stretta relazione tecnica e stilistica fra questa attività artigianale e quella della fabbricazione di grandi contenitori di impasto rosso sovradipinto in stile subgeometrico, dolii ed anfore, dimostra che la produzione vascolare tendeva a frazionarsi — in ragione delle diverse esigenze di cottura — tra quella dei grandi contenitori, cui si aggiunge la manifattura delle tegole, e quella del vasellame da mensa o minore, appannaggio di figure artigianali distinte. Il passaggio è di grande importanza per i secoli a venire (e in effetti per tutta l'età antica la manifattura delle tegole tenderà ad essere unita a quella delle anfore e dei dolii) e configura per gli anni centrali del secolo VII un'accelerazione del processo di divisione del lavoro che è una delle condizioni — abbiamo visto — per lo sviluppo della civiltà urbana. Ma l'avvento di questa nuova tecnologia ha anche un ulteriore rilievo per lo sviluppo urbano. A metà del VII secolo a. C. le grandi tombe gentilizie di Cere, che rispecchiano fedelmente l'articolazione interna delle case, mostrano che nelle abitazioni è avvenuto per sempre l'abbandono della struttura provvisoria a capanna (ripetuto fedelmente in forme monumentali ancora pochi decenni prima da sepolcri gentilizi come la tomba Regolini-Galassi e la tomba della Capanna), con l'adozione di murature durevoli, zoccolo in pietra ed alzato in mattoni crudi, e soprattutto di coperture con tegole ed opere complesse di carpenteria. Attorno all'edilizia urbana si vanno così creando nuove tecnologie e nuove figure professionali, così come intorno all'estendersi dei consumi si moltiplicano le attività artigianali. Che questo fosse un elemento caratteristico del più avanzato meridione, lo dimostrano il perdurare nel settentrione della tomba a *thólos*, monumentalizzazione della capanna, e il fatto che in « palazzi » come quelli di Murlo, esempi isolati di architetture progredite, sia necessario ipotizzare l'intervento di *équipes* girovaghe, formula che troviamo ancora viva nel cuore del VI secolo a. C. e in pieno Sud con l'esempio di matrici identiche di terrecotte architettoniche impiegate a Veio, a Roma e a Velletri, e con la tradizione dei *fabri undique ex Etruria acciti*, degli artefici chiamati da ogni parte d'Etruria da Tarquinio Prisco per la costruzione del tempio di Giove Capitolino (Liv. I, 56).

Ma anche altri contributi tecnologici del mondo greco all'Etruria hanno un'importanza se non decisiva, certamente grandissima per l'economia e le forme ideali della nascente civiltà urbana: l'olivicoltura, la scrittura, la tattica oplitica. L'introduzione della coltura del-

Fig. 49. Interno della tomba della Nave di Cere, esempio caratteristico di tomba della fase dell'orientalizzante medio, ove compaiono coperture di tipo tradizionale, stramineo, e coperture del nuovo tipo con capriate lignee e tegole. Terzo venticinquennio del VII sec. a. C.

l'olivo, testimonia l'antiquario d'età augustea Fenestella (fr. 7 P), si daterebbe all'epoca di Tarquinio Prisco e di essa fa fede lo sviluppo impetuoso della produzione anforaria etrusca nella prima metà del VI secolo a. C., in gran parte per vino, ma in qualche caso documentatamente per olio; dalla metà circa del VII secolo invece data, se non la produzione, almeno l'imbottigliamento in Etruria degli olii profumati, come provano i sempre più numerosi *arýballoi* e *alábastra* di fabbricazione locale.

La scrittura, derivata certamente dal modello calcidese di Cuma, entra in Etruria (e nel Lazio) agli inizi del VII secolo a. C. Anche questo « bene » è fatto oggetto di appropriazione da parte dei *principes*, nelle cui tombe sontuose compare sotto forma di dedica di

Fig. 50. Interno della tomba dei Capitelli di Cere, esempio caratteristico del tipo di tomba della fine dell'orientalizzante recente e della prima metà del VI sec. a. C., in cui il tetto è ormai completamente ligneo con controsoffittatura e copertura di tegole. Il tipo si lega alle strutture tripartite dell'abitazione presenti a Murlo e ad Acquarossa, a loro volta imitate nel tipico tempio etrusco a tre celle. Fine del VII - inizi del VI sec. a. C.

oggetti o appartenenti al corredo funebre (nella formula « io sono di X ») o donati al defunto da altro aristocratico (nella formula « mi ha donato X ad Y »). Il valore ideologico, magico-religioso e anche di controllo sociale della tecnica scrittoria, è sottolineato dal fatto che in molte tombe principesche si depongono oggetti per la scrittura — tavolette, calamai — o anche distintivi di ruolo del possessore — la fusaiola —, incisi con alfabetari e sillabari.

L'uso della scrittura è ristretto alle cerchie aristocratiche, per tutto il VII secolo a. C., ma più tardi diventerà appannaggio di gruppi molto più vasti e certo non classificabili come aristocratici. Sempre la scrittura infine sancisce la progressiva differenziazione tra Nord e Sud, non solo come estensione di uso, ma anche come tipo di alfabeto adottato: nel Sud infatti diventerà canonico per il valore fonetico di gutturale sorda il *gamma* greco (il nostro *c*), contro il *kappa* del Nord, così come a Sud per il suono della sibilante si preferirà il *sigma* a tre tratti (il fenicio *šin*) e a Nord quello a quattro tratti (il fenicio *ṣādê*). A metà circa del VI secolo (secondo M. Cristofani) le zone con diversità alfabetiche saranno tre, una più meridionale con le città di Cere e Veio, una centrale con Tarquinia, Vulci e Orvieto ed una settentrionale con il resto dell'Etruria e la val Padana; per la Campania ritroviamo una volta ancora la distinzione fra area costiera ed interna, i cui alfabeti, coerentemente con le lontane origini delle due colonizzazioni della Campania, dipendono rispettivamente da quelli di Tarquinia e di Veio.

La tattica oplitica, come ogni tattica militare, non è altro che una espressione della struttura sociale. La guerra di età villanoviana è combattuta in « duelli eroici » attuati con armi di origine in gran parte centro-europea; ma già a metà dell'VIII secolo a. C., pur nella continuità degli usi bellici precedenti, la c.d. tomba « del Guerriero » di Tarquinia attesta novità sostanziali nell'armamento, quali la spada corta, la corazza di lino con pettorale metallico e la lancia con *sauroter*, che mostrano il progressivo introdursi di elementi della panoplia oplitica. Il cammino procede dalla prima metà del VII secolo a. C., come dimostra fra gli altri l'esempio della tomba Avvolta di Tarquinia, finché a partire dal 650 a. C. numerosi documenti figurati etruschi, dal vaso di Aristonothos al cratere del « pittore delle Rondini », dalla situla della Pania ad un uovo di struzzo da Vulci, rivelano l'esistenza in Etruria della falange oplitica completamente costituita. Ma in questi documenti è significativa l'insistenza con la quale, in testa alla falange, compare il carro trainato da cavalli e montato da auriga ed oplita e che intende celebrare esplicitamente la versione gentilizia del combattimento oplitico: le schiere dei fanti armati in maniera pesante, la *classis* della tradizione romana, non combattono affrontate fra loro, secondo il modello greco, come illustra il celebre vaso protocorinzio Chigi, ma sono al seguito di un personaggio armato in uguale maniera, il *princeps*, che tuttavia procede, come gli eroi della tradizione omerica, su carro guidato da auriga. Non sappiamo fino a che punto questo modo di combattere rispecchi la realtà o non piuttosto l'ambizione dei *principes* etruschi. Abbiamo visto come nelle tombe orientalizzanti le armi si riducano progressivamente a simboli: tuttavia la presenza di carri in tombe orientalizzanti sud-etrusche e poi ancora nel tardo VI secolo a. C. in sepolture di *principes-reguli* di comunità ancora non compiutamente urbanizzate, come quelle di Ischia di Castro, di Castel S. Mariano o, in aree vicine all'Etruria,

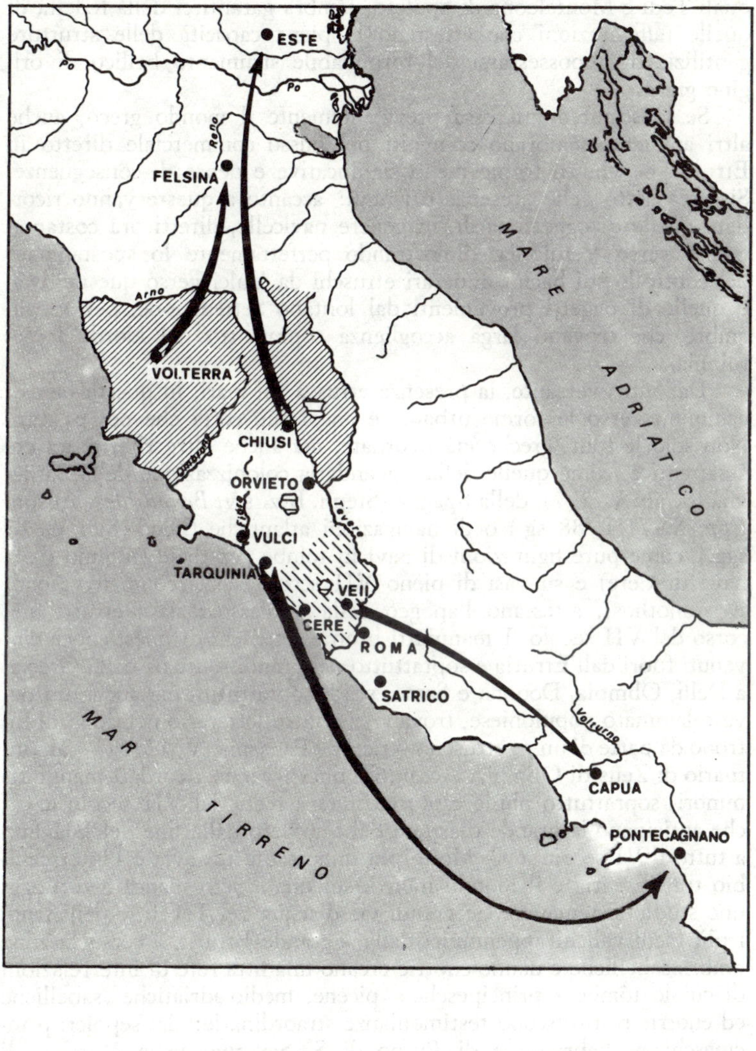

Fig. 51. Carta di diffusione dei tre tipi fondamentali di alfabeto etrusco, settentrionale (Chiusi-Volterra), centrale (Orvieto-Vulci-Tarquinia) e meridionale (Cere-Veio) (da Cristofani).

quali Todi e Monteleone di Spoleto, sembra garantirci della fedeltà di quelle raffigurazioni che attestano la piena capacità delle strutture gentilizie di impossessarsi del formidabile strumento bellico di origine greca.

Se lo scambio interessa prevalentemente il mondo greco, anche altri ambienti sembrano coinvolti nel flusso commerciale diretto in Etruria, benché in forme meno significative e dense di conseguenze. Si è già detto delle presenze orientali: accanto a queste vanno ricordate quelle di oggetti sardi, in genere navicelle, diretti ora costantemente verso Vetulonia, dimostrando perfettamente lo spostamento del controllo sui bacini minerari etruschi da Vulci verso questa città, e quelle di oggetti provenienti dal lontano Settentrione, per lo più ambre, che trovano larga accoglienza soprattutto nel Nord, a Vetulonia.

Dall'altro versante, la presenza etrusca sui mari, in questa fase di cammino verso le forme urbane, è ancor più certa che nel passato. Non solo le fonti greche già ricordate, ma anche altre riferite ad età assai antica, come quelle della leggendaria colonizzazione della Sardegna (Strab. V, 2, 7), della Spagna (Steph. Byz. s.v. *Banaurides*, Auson. *Epp.* XXVIII, 88 sg.) o di navigazioni atlantiche (Diod. Sic. V, 19 sgg.), come pure figurazioni di navi in tombe gentilizie (tumulo della nave di Cere) e su vasi di pieno VII secolo a. C. (come il vaso di Aristonothos), attestano l'apogeo della « talassocrazia » etrusca nel corso del VII secolo. I manufatti bronzei etruschi di quest'epoca rinvenuti fuori dall'Etruria e soprattutto nei grandi santuari della Grecia, a Delfi, Olimpia, Dodona e Samo, scudi soprattutto, ma anche un bel vaso laminato populoniese, trovano riscontro letterario nel dono di un trono da parte di un re etrusco — ricorda Pausania (V, 12, 3) — al santuario di Zeus di Olimpia. Accanto a questi vanno ricordati manufatti minori, soprattutto fibule esportate fino a metà del VII secolo a. C., che anticipano la grande diaspora del bucchero dalla fine del VII fino a tutto il VI secolo a. C. Molto più importante tuttavia è l'interscambio tra l'Etruria e il mondo italico, sul quale però manca a tutt'oggi uno studio sistematico. Le grandi vie d'acqua del Tevere e dell'Arno, i più facili valichi appenninici dalla « grande Etruria » verso le zone umbro-sabelliche e dauno-enotrie creano una fitta rete di interrelazioni di cui le tombe « principesche » picene, medio-adriatiche, sabelliche ed enotrie restituiscono testimonianze straordinarie: dai sepolcri principeschi di Fabriano e di Pitino di S. Severino nelle Marche, di Campovalano, di Capestrano e di Alfedena nell'Abruzzo, fino ad Armento in Lucania per citare solo i maggiori, materiali etruschi di lusso di VII e VI secolo a. C., bronzi, argenti, ceramiche greche ed etrusche, uova di struzzo, costituiscono un insieme ricchissimo ed articolato che attende di essere analizzato in maniera minuta, per individuare centri di produzione e andamenti diacronici dello scambio, e per stabilire di conseguenza il contributo delle varie aree dell'Etruria a questo processo di straordinaria rilevanza economica e sociale per entrambe le parti in contatto.

L'immagine, che da questa complessissima struttura dello scambio da e con l'Etruria e della circolazione delle merci all'interno dell'Etruria si è voluta ricostruire, è quella, tratta da modelli etnoantropologici, del « dono » tra aristocratici e del « chieftain's-trade », del commercio fra capi. Indubbiamente l'aspetto superficiale, si direbbe quasi voluto dagli stessi protagonisti del fenomeno che hanno accuratamente inciso i loro nomi di donatori e quelli dei recipienti del dono stesso, coincide abbastanza bene con quei modelli. Ma la realtà che tutto questo sottintende è verosimilmente ben altra. Intanto lo scambio con l'esterno, pur basato sul prelievo e la disponibilità del *surplus* da parte dei ceti dominanti, non avviene direttamente o indirettamente soltanto con altri ceti dominanti, di ambienti, come quello greco, in cui la stratificazione sociale è non solo più articolata, ma anche diversa da quella etrusca: distorsioni e « modernismi » delle fonti a parte, il caso del corinzio Demarato, che avrebbe a lungo e fortunatamente commerciato con l'Etruria (Dion. Hal. III, 46) prima di stabilirvisi (si presume a metà circa del VII secolo a. C. o poco dopo), non è necessariamente un modello univoco, così come l'interferenza fra i diversi livelli sociali a contatto mediante lo scambio crea situazioni socio-economiche le più disparate. Parimenti, il modello del « dono », per quanto attivo lungo tutto il VII secolo a. C., non si inserisce più in una società interamente basata su strutture di parentela, ma in una struttura della circolazione dalle caratteristiche ormai quasi urbane ed in una società dominata dalla *fides* ove la redistribuzione segue leggi e canali propri, con meccanismi di reciprocità ben più complessi di quelli presupposti dal « dono ». In sostanza, siamo in presenza di una struttura sociale che vuole atteggiarsi ai modelli della reciprocità preistorica e connota l'oggetto dello scambio come « dono », arcaizzando di proposito, mentre la realtà stessa dei processi tutti dello scambio contribuisce a mutare progressivamente i rapporti sociali di produzione con l'introduzione di nuova forza-lavoro non necessariamente o facilmente inserita in quegli stessi rapporti di produzione, di nuove tecnologie e di nuove forme ideali. Se dello scambio e della circolazione non ci restano materialmente che quei beni di prestigio che l'aristocrazia ci ha voluto lasciare, vere e proprie punte di un iceberg profondissimo, non dobbiamo con questo commettere l'errore di lasciarci condizionare dall'ideologia eternizzata proprio in quei *keimélia*, gli oggetti « destinati a giacere », pena l'incomprensione dello stesso fenomeno urbano, che altrimenti ci apparirebbe nato dal nulla in un sol giorno. Ricadendo così nelle ingenuità stesse del modello, impostoci dall'antichità, dalla *ktísis*.

5. *Integrazione e mobilità sociale*

Le forme della circolazione e dello scambio così ricostruite prevedono un intenso movimento non solo di cose, ma anche di persone, tra l'Etruria e l'esterno, e tra i singoli centri etruschi stessi. Sin dall'epoca villanoviana, individui e gruppi si spostano largamente entro e fuori i confini dell'Etruria, sollecitati a questo dal rigoglio economico del paese o dalle spinte esercitate dalle singole formazioni economiche e sociali sulle società nel loro complesso o sugli individui in particolare: i casi arcaicissimi che tra IX e VIII secolo a. C. coinvolgono personaggi eminenti della Sardegna, mercanti fenici e greci o ceramisti euboici, fino a portare cinturoni villanoviani nell'Eubea ed elmi villanoviani a Delfi e a Olimpia, nel secolo VII si moltiplicano e si estendono su tutta l'area etrusca più progredita, coinvolgendo persone e gruppi dalle origini le più svariate e del rango più diverso. Le mete preferite sono, come si è detto, le città a più elevato sviluppo. A Tarquinia una delle rare tombe principesche di questo secolo, il tumulo « del Re », ha restituito un elegante vaso del 630 a. C., che reca dipinta l'iscrizione (*TLE*[2] 155) « *achapri rutile hipucrates* »: il valore della parola *achapri* è sconosciuto, anche se si tratta, come ha dimostrato C. de Simone, di un appellativo, ma le due parole successive sono certamente un nome, quello di un greco *Hippokrátes* (*hipucrates*), che funge da gentilizio, preceduto dal prenome *rutile*, il latino *Rutilus* (« il Rosso »). È difficile pensare ad una firma di artigiano: si deve pensare piuttosto alla dedica al titolare etrusco della tomba da parte di un aristocratico greco, originariamente dal nome ellenico di *Hippokrátes*, integratosi ad un certo punto nella struttura della società tarquiniese — ad altissimo livello, tanto da poter donare un oggetto al *princeps* sepolto nel tumulo — e perciò stesso etruschizzato onomasticamente mediante l'aggiunta del nome di origine latina *Rutilus* in funzione di prenome. Il parallelo con il più volte ricordato Demarato di Corinto non potrebbe essere più stretto: di nobile famiglia, Demarato si sarebbe stabilito a Tarquinia sposando una nobile tarquiniese e avrebbe colà generato dei figli (che avrebbero preso come gentilizio *Tarquinius*, ossia « quello di Tarquinia »), uno dei quali, spostatosi a Roma, sarebbe diventato il primo dei re etruschi di Roma. Analogamente *Hippokrátes*, che con il suo nome rivela origini nobiliari, stabilitosi a Tarquinia in posizione eminente, avrebbe

Fig. 52. Oinochoe di bucchero graffita da Ischia di Castro, in territorio vulcente. Combattimento fra guerrieri in armamento oplitico ed « eroe » su carro. Ultimo quarto del VII sec. a. C. (Roma, Museo di Villa Giulia).

aggiunto al proprio il nome latino di *Rutilus*, quasi a testimoniare legami anche con l'ambiente latino. Non mancano altri casi, forse di livello non così elevato, come il *Larth Telicles* che si proclama proprietario di una *lechtumuza*, una piccola *lékythos* (*TLE*² 761), come egli chiama un *arýballos* di bucchero databile a metà del VII secolo a. C.: si tratta di un greco dal nome *Teleklês*, che ha trasformato il suo antico nome ellenico in gentilizio etrusco e vi ha aggiunto il prenome etruschissimo di *Larth*. Decisamente di origini modestissime invece il pittore greco di origini calcidesi (ma di formazione culturale assai complessa) attivo a Cere a metà del VII secolo a. C. che firma il suo capolavoro in greco con il nome di *Aristonothos*, dunque ironizzando crudamente — se crediamo ad una possibile interpretazione del nome — sulle proprie origini, il « migliore dei mezzo-sangue ».

La documentazione epigrafica di epoca orientalizzante, soprattutto di Cere, è ricchissima, con altre iscrizioni di Greci sia in greco che in etrusco. Tuttavia non soltanto Greci sono nel giuoco, ma anche persone di altra origine. E così a Cere, tra il 630 e il 600 a. C., è stabilita una donna — certo sposata ad un etrusco — di indubbia origine italica (*TLE*² 868), *Ramutha Vestiricina* (nome da confrontare con l'osco-umbro *Vestrikis*), che fa il paio con un altro italico degli stessi anni pure attivo a Cere, *Ates Peticinas*; più tardi ad Orvieto nella necropoli di Crocifisso del Tufo e di Cannicella del VI secolo a. C., l'onomastica straniera abbonda negli oltre 90 gentilizi attestati, e tra i vari nomi di origine non etrusca si ricordano, accanto a greci come un *Achilena* (gentilizio etrusco dal nome individuale greco *Achilleús*), anche italici come un *Flusena* (dall'osco-umbro *Flusa*, latino *Flora*) e finanche un celta, un *Catacus*, divenuto etrusco con il gentilizio *Katacina*.

L'ambiente latino a Cere emerge poco dopo la metà del VII secolo a. C. con un *Kalaturus Phapenas* (*TLE*² 65), trasparentemente un latinissimo *Calator Fabius*, membro di una delle *gentes* più antiche e importanti di Roma, da antichissima data in stretto contatto con l'Etruria, come del resto più tardi a metà del secolo successivo a Roma compare il nome di un *Arath Spuriana* sulla dedica di una pantera d'avorio nel santuario di S. Omobono, forse la stessa persona dell'*Aranth Spuriana* — *TLE*² 78 — proprietario della coeva tomba tarquiniese dei Tori. A Veio, verso il 630 a. C. è presente un *Tite Latine*, palesemente un *Titus Latinius*; ancor più significativa è l'iscrizione di Vulci di una *Hustileia* degli inizi del VII secolo a. C., negli stessi anni in cui a Roma regna quello che è forse la prima figura storica della città, *Tullus Hostilius*.

E i casi si potrebbero moltiplicare, se non fosse del tutto inutile un'elencazione di esempi senza un'indicazione delle tendenze generali della mobilità e del suo significato sociale. Le città della più sviluppata Etruria attraggono dunque genti di ogni provenienza e rango: ma il fenomeno non è casuale né è privo di indicazioni storiche generali per la comprensione dello sviluppo dell'urbanizzazione nel corso del VII secolo a. C. Gli elementi in nostro possesso dimostrano che a Vulci, Tarquinia, Cere e Veio convergono tra la metà e la fine del VII secolo a. C. aristocratici greci, come Demarato e *Rutile Hipucrates*, *gentes* latine di altissimo rango, come gli *Hostilii* e i *Fabii*, o personalità eminenti del mondo italico, come i *Vestiricina* e i *Peticina*: è questo un fenomeno di mobilità orizzontale all'interno di classi dirigenti pronte a integrarsi a vicenda, che tuttavia nasconde una dinamica più profonda e complessa che emerge solo marginalmente nella nostra documentazione scritta dominata dagli indirizzi ideali dei gruppi egemoni. Quando l'artigiano Aristonothos si autodefinisce come abbiamo visto e soprattutto quando si firma in greco, quando leggiamo che « al seguito di Demarato » è il pittore corinzio Ekphantos (Plin. *N.H.* XXXV, 16), comprendiamo come ai livelli artigiani le cose non fossero altrettanto semplici quanto ai livelli aristocratici. Ed il caso degli artigiani, in possesso di un sapere tecnologico e di una manualità a loro esclusiva, si presenta certo già privilegiato rispetto a quello di ceti subalterni in possesso unicamente di forza-lavoro poco o nulla qualificata. Eppure siffatti spostamenti di individui in posizione subordinata, o comunque a livelli sociali ed economici non dominanti, debbono essere avvenuti sulla scia stessa delle merci: il trasferimento di ricchezza dalle città etrusche (e latine) più sviluppate verso l'interno etrusco ed italico della penisola meno sviluppato, quale è messo in evidenza — con intensità sempre maggiore quanto più ci si avvicina all'area urbanizzata — dalle necropoli dell'Etruria interna, dell'Umbria, della Sabina e del Sannio, lascia intravedere la possibilità che tale trasferimento si accompagnasse, come risposta alla pressione demografica delle meno fortunate zone dell'hinterland, anche a spostamenti di persone e di gruppi, al seguito e non di quegli italici che si andavano ad integrare nei ceti dominanti delle *poleis* emergenti. Di questi spostamenti esistono ricordi più o meno precisi nelle fonti e nella documentazione epigrafica. Il più noto di tutti è quello peraltro assai tardo, dell'ingresso a Roma, nel 495 a. C., della *gens* sabina dei Claudii, al seguito del *princeps gentis* Atta Clauso; accanto a questo possiamo ricordare quello, di assai complessa storia, dei Veturii. L'iscrizione *vetusia* su coppa emisferica di argento della tomba principesca Bernardini della latina Preneste, iscrizione che fino a prova contraria è da ritenere etrusca, attesta o il matrimonio tra il dinasta locale di Preneste — non sappiamo se etrusco o latino — con una donna etrusca dal nome *Vetusia* oppure l'origine etrusca del dinasta stesso, qualora il testo dell'iscrizione sia da interpretare come genitivo dell'antico nome individuale etrusco *Vetus*. Nell'uno e nell'altro caso siamo in presenza di un trasferimento a Preneste nel secondo venticinquennio del VII secolo a. C., di una persona di alto rango dall'Etruria, forse da Veio, se colleghiamo il nome al gentilizio di *Mamurius Veturius*, il leggendario bronziere di Veio che avrebbe confezionato le copie degli *ancilia*, lo scudo miracoloso fatto piovere dal cielo da Marte e agitato dai sacerdoti Salii di Roma nella loro danza sacra. Ora, tra le tribù rustiche gentilizie di Roma, anteriori alla caduta della monarchia, noi troviamo la tribù *Voturia* (o *Veturia*), documento evidente del trasferimento della *gens* o di un ramo di essa nell'Urbe. Si ricostruisce così un possibile itinerario di un gruppo gentilizio da Veio a Preneste e quindi a Roma, tra gli inizi del VII e il corso del VI secolo a. C.

Questa mobilità, in prevalenza (ma non esclusivamente) orizzontale, nella sua complessa dinamica, è un fenomeno per noi in gran parte oscuro. Eppure esso è stato certamente di notevole portata per vari rispetti. Da un lato, i suoi effetti, uniti a quelli delle guerre di conquista e di sottomissione tra villaggi e formazioni protourbane, debbono aver influito profondamente nel favorire sempre maggiori concentrazioni di popolazione all'interno delle città, che come conseguenza nel corso del VII secolo a. C. aumentano enormemente di estensione. La classica ricostruzione di A. Alföldi dell'*ager Romanus antiquus*, del territorio più antico di Roma, *intra quintum lapidem*, per l'estensione di un raggio di cinque miglia, è l'immagine di una città di pieno VII secolo a. C. con un territorio di circa 150 km^2, con possibilità di sussistenza di una notevole popolazione, in larga misura residente nel centro.

D'altro canto questa mobilità ha provocato contraccolpi anche negli ambienti periferici italici, da lungo tempo ormai economicamente subalterni rispetto alle più fertili pianure tirreniche, terreno privilegiato dell'urbanizzazione più antica. Le tradizioni « sabine » (e cioè umbre, sabine e sannitiche) del *ver sacrum*, delle migrazioni della parte eccedente della popolazione al seguito di un animale totemico per la ricerca di nuove terre, adombrano questo drammatico problema delle genti italiche, cui stanno di fronte invece l'ammassarsi di ricchezze nelle mani di pochissimi « capi », l'inurbamento nelle regioni tiberine da Veio (e Roma) a Orvieto e fino a Cere di alcuni personaggi eminenti, l'insistente menzione dell'« oro sabino », delle origini « spartane » delle genti sabelliche, in breve il costituirsi di ristrettissime oligarchie locali guerriere sovrapposte ad una base sociale semiservile, luminosamente rivelataci dalle necropoli sannitiche di Alfedena. Il contraccolpo dell'emergenza aristocratica delle forme urbane tirreniche sulla struttura sociale italica è non solo di grande rilevanza per il mondo italico, ma lascia soprattutto presagire futuri scontri di portata peninsulare, destinati a riverberarsi in maniera determinante sulle stesse società urbane d'Etruria e del Lazio.

VI
LE TENSIONI

1. *Le città arcaiche*

Alla fine del VII secolo a. C. i principali centri del Sud, pur con le peculiarità derivanti dalle differenze di sviluppo delle forze produttive, sono costituiti come città e rappresentano le avanguardie dell'intera « grande Etruria », i cui centri in maniera più o meno rapida completano il processo di urbanizzazione entro il VI secolo a. C.

Il caso privilegiato di Roma, ricco di documentazione letteraria e archeologica, dimostra che tra il tardo VII e l'iniziale VI secolo a. C. nell'area della città si costituiscono i principali centri politico-religiosi, il comizio per le assemblee del *populus*, la curia per le riunioni del senato, la « regia », la piazza del Foro, santuari come quello di Vesta, del Campidoglio, di Fortuna e Mater Matuta nel Foro Boario, che danno una veste « urbana », monumentale e istituzionale, alle esigenze poste dall'organismo cittadino per il proprio funzionamento. L'indubbia eccezionalità della situazione di Roma, dovuta alla qualità e quantità di informazioni disponibili, non va certo interpretata come unicità del suo sviluppo: nessun'altra città latina od etrusca è conosciuta al punto da consentirci di individuare monumenti, funzioni e istituzioni con ugual grado di completezza e precisione. Per l'Etruria — come per il resto del Lazio — dobbiamo accontentarci di quei pochi dati di storia monumentale urbana raccolti nei rari scavi di abitato, e dagli elementi della tipologia monumentale e di corredo delle necropoli.

A Veio, tra la fine del VII e la metà del VI secolo a. C., si sviluppano i principali santuari della città, quello extraurbano di Portonaccio dedicato a *Menerva* e quello urbano di Campetti dedicato a

Fig. 53 (*a fronte*). Oinochoe « pontica » da Vulci, con raffigurazione di teorie di cavalieri fra due fasce con animali. 550-40 a. C. (Roma, Museo di Villa Giulia).

Vei-Demetra; mancano purtroppo dati precisi sulla cronologia del tempio di Giunone Regina, il culto poliadico della città, posto all'estremità meridionale dell'altopiano. Le necropoli mutano interamente aspetto, con l'apparizione di semplici buche e soprattutto di tombe a cielo aperto con loculi per cinerari, dei corredi ridotti alla sola urna per le ceneri, in genere un vaso attico, di bucchero o di ceramica comune. Le somiglianze con Roma, ove si riscontra una simile contrazione di apparato monumentale e di corredo nelle deposizioni funebri, lascia supporre forti analogie strutturali, desumibili dal contenimento del lusso funerario, espressione delle tendenze del corpo civico verso l'isonomia. D'altro canto la stessa collocazione centrale del santuario tesmoforico di *Vei*-Demetra — che a Roma è invece situato nel periferico e plebeo Aventino — lascia intravedere l'esistenza di importanti fasce di un *dêmos* capace di iniziativa politica. Nel contempo il già ricordato abbandono dell'abitato e del tempio di Piazza d'Armi, tra la fine del VI e gli inizi del V secolo a. C., sembra dimostrare come la situazione fosse ancora urbanisticamente (e politicamente) fluida, situazione che l'erezione della cinta difensiva negli stessi anni direbbe consolidata.

A Cere, in luogo dei tumuli grandi e piccoli di tutto il VII secolo a. C., il secolo VI è invariabilmente caratterizzato (con pochissime eccezioni, come il c.d. tumulo Policromo) da un numero assai elevato di tombe a dado e a facciata, organizzate secondo veri e propri piani urbanistici e non più fornite di articolazione interna complessa e di corredi ricchissimi: se le offerte funebri non sono completamente eliminate, purtuttavia l'impianto urbanistico, la mancanza di enfasi nella figura del capofamiglia deposto in passato nella cella centrale ed ora sepolto accanto agli altri membri della famiglia, lo stesso più contenuto corredo dimostrano che anche a Cere le spinte isonomiche dovevano essere altrettanto forti che a Veio. D'altro canto le terrecotte architettoniche dei numerosi templi della città concorrono a mettere in risalto il forte impulso urbano a partire dalla prima metà del VI secolo a. C.

Una grandiosa sistemazione urbanistica delle necropoli di Orvieto con tombe a dado di uguali tipo e misure, a partire dagli inizi del VI secolo a. C., mostra l'esistenza di uguali tendenze nella società volsiniese, dove il dato della costituzione di una base sociale assimilabile al *dêmos* greco sembra assicurato dal fatto che le iscrizioni poste sull'architrave delle tombe fanno assommare le famiglie del VI secolo a. C. ad oltre novanta. È impensabile infatti che, alla luce anche della spiccata tendenza all'integrazione sociale discussa nel capitolo precedente, questa isonomia si estendesse alla sola aristocrazia, visto il numero delle *gentes* coinvolte nel processo. A Tarquinia non si conoscono invece tombe a dado, ma piccoli tumuli

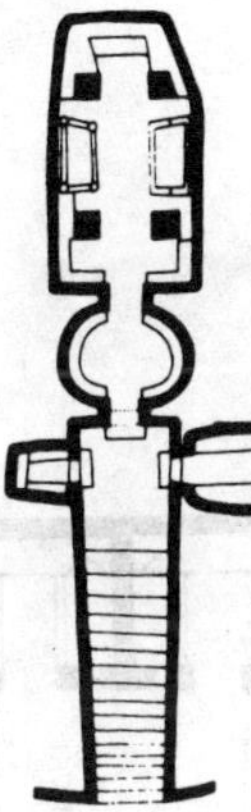

A

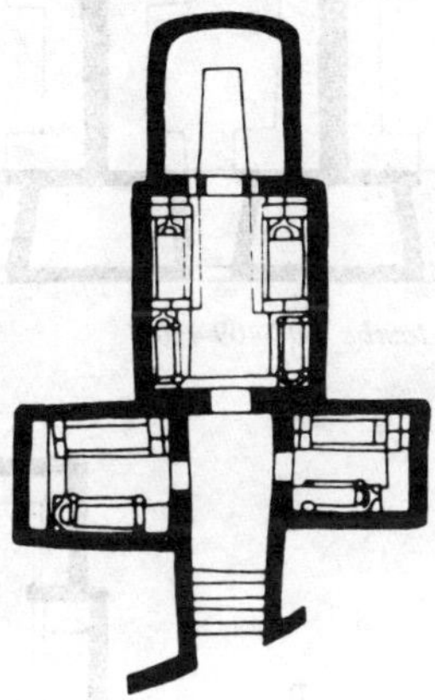

B

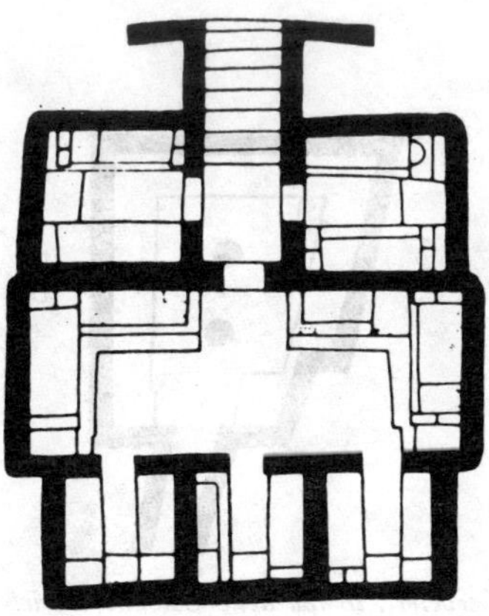

C

Fig. 54. Tipologia delle tombe di Cere. Le grandi tombe aristocratiche orientalizzanti e arcaiche: A) tomba degli Animali dipinti, con grande sala a pilastri, e tetto a capriata con copertura di tegole, preceduta da anticamera circolare (terzo venticinquennio del VII sec. a. C.); B) tomba dei Letti e dei Sarcofagi, con sala e cella nel fondo munite di letti funebri (ultimo quarto del VII sec. a. C.); C) tomba dei Vasi Greci, con sala e triplice cella nel fondo, munite di letti funebri (prima metà del VI sec. a. C.).

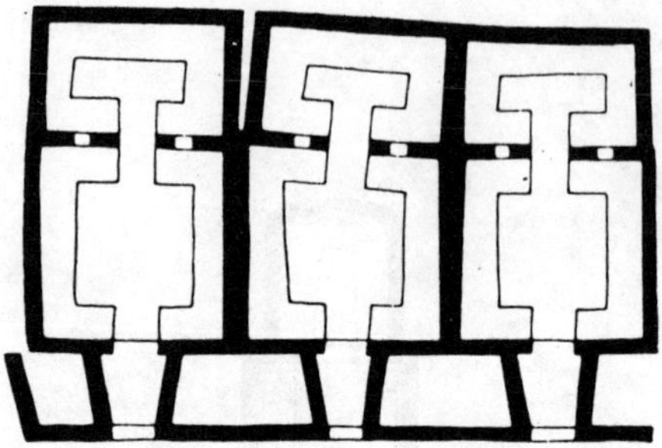

A

Cerveteri, tombe 408-409-410.

B

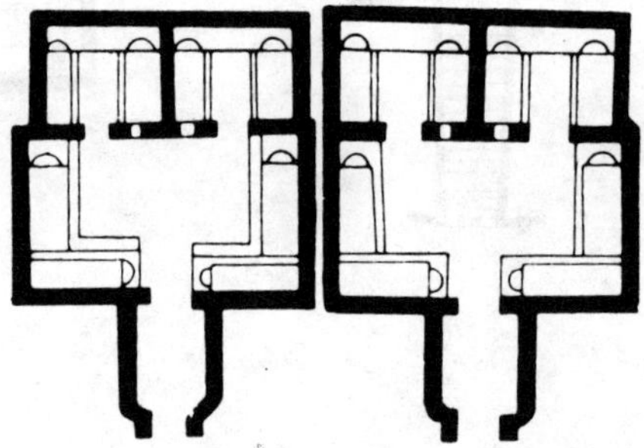

Cerveteri, tombe 335-336 di Marce Ursus.

C

D

Cerveteri, tombe 412-413 di Munise. *Cerveteri, tomba delle Colonne Doriche.*

Fig. 55. Tombe standardizzate arcaiche: A-B) tombe con sala e cella unica o duplice e semplici banchine, scavate o costruite su pianta standardizzata (metà VI - prima metà V sec. a. C.); C-D tombe a sala unica con pilastri o colonne (V sec. a. C.). Dalla tipologia risalta la tendenza a semplificare e standardizzare le piante dei sepolcri a partire dalla metà del VI sec. a. C.

con camere in genere uniche per deposizione di una coppia maritale: ma anche in questo caso, il tipo e il numero delle tombe di VI secolo a. C. dipinte e non, con corredi di tipo « medio », sembrano assicurarci dell'esistenza di tendenze comuni del Sud dell'Etruria anche all'antica metropoli. Le tombe a cassone di Vulci, spesso con deposizione singola, indicano sempre nella stessa direzione, ma alcuni fenomeni, come il gigantesco tumulo della Cuccumella, con l'ampio spazio centrale a cielo aperto con gradinate per cerimonie e giuochi funebri, o la tomba di Iside con ricchissimo corredo datato tra il 600 e il 560 a. C., lasciano intendere che le emergenze aristocratiche almeno per la prima parte del VI secolo non si lasciassero facilmente coinvolgere nel processo di trasformazione isonomica della società.

Vetulonia con il tardo VII secolo a. C. non sembra fornire resti archeologici rilevanti; la stessa datazione al VI secolo a. C. della cinta di mura non è ancora archeologicamente dimostrata. Al suo posto emerge invece la più meridionale Roselle, ove gli scavi della città hanno fornito indizi assai interessanti, da un singolare edificio rotondo sotto la piazza forense d'età romana alla presenza di terrecotte architettoniche di pieno VI secolo a. C. e fino alla prima cinta di mura a

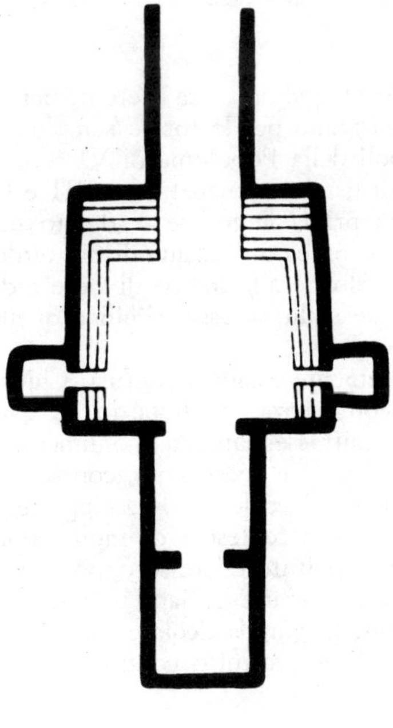

Fig. 56. Pianta della « Cuccumella » di Vulci. Nel centro dell'area sepolcrale, ove si aprono le tombe a camera, è sistemato un piazzale con gradinate ai lati per l'esecuzione delle cerimonie funebri (prima metà del VI sec. a. C.).

Fig. 57. Veduta del « Tumulo Policromo » di Cere, esempio assai raro di tumulo circolare tondo (seconda metà del VI sec. a. C.), modellato sulle coeve tombe rettangolari costruite.

mattoni crudi della fine del VII secolo a. C.; abbastanza coerentemente i sepolcri di VI secolo a. C. si caratterizzano per le forme semplici e i corredi poco abbondanti. La necropoli della Populonia di VI secolo a. C. — dopo i fasti dei grandi tumuli usati tra la metà del VII e la metà del VI secolo a. C. — presenta prima le tombe « ad alto tumulo » analoghe ai tumuli ceretani con tomba unica, quindi dal tardo VI secolo a. C., tombe « a edicola » analoghe alle tombe di Cere e di Volsinii a dado: la città mostra dunque sviluppi assai simili a quelli delle grandi metropoli del Sud.

Nell'interno, i dati sono disperantemente esigui o confusi. Chiusi è, si direbbe, sede di una singolare convivenza, tra il tardo VI e il pieno IV secolo a. C., di sepolture contrassegnate da monumentali cinerari configurati, eredi dei canopi della fase precedente, con sepolture indicate tra la metà del VI e il pieno V secolo a. C. da cippi figurati e alto segnacolo a pigna. Gli scavi ottocenteschi di rapina non consentono di dire se tra i due tipi di sepolture esistesse opposizione o coincidenza, anche se le grandi sculture cinerarie lasciano intravedere l'esistenza di ristretti gruppi aristocratici, con particolare enfasi sul rango della coppia maritale capostipite e soprattutto continuata fino

Fig. 58. Strada sepolcrale di Cere, con tombe rettangolari costruite su modulo standardizzato.

alla piena epoca classica, cosa tanto più significativa se si considera la distribuzione di queste sepolture, non urbana, ma nel suburbio chiusino, a Chianciano, Città della Pieve, Sarteano e così via. Questa dislocazione di gruppi emergenti nella campagna ritorna anche per il territorio fiesolano, ove compaiono stele e cippi entro una vasta zona sulle due sponde dell'Arno, mentre Volterra con la prima fase dei suoi templi dell'acropoli nel tardo VI secolo a. C., e le sue piccole tombe a camera della stessa epoca sembrerebbe orientata più decisamente verso il modello urbano. Nulla o quasi sappiamo, tranne pochi materiali votivi, dell'Arezzo arcaica, laddove Perugia, a giudicare dalle tombe di recente scoperta, appare urbanizzata già nel VI secolo a. C., ma con forti emergenze aristocratiche nella città, documentate dalla tomba del sarcofago dello Sperandio, e nella campagna, attestate da complessi come quelli di Castel S. Mariano e Marsciano. Cortona mostrerebbe una situazione non dissimile, con i grandi tumuli presso la città, e con complessi nella campagna come quello di Trestina.

I dati per la Campania sono ancor più magri, ma nulla ci autorizza a leggere nel poco materiale superstite incrinature sostanziali nella compagine urbana costituitasi nel secolo precedente; per l'Emilia il

Fig. 59. Cippo chiusino con cerimonie funebri, appartenente alla diffusissima classe di segnacoli di sepolture « medie » di Chiusi e del territorio. Fine del VI sec. a. C. (Firenze, Museo Archeologico).

VI secolo a. C. coincide con la definitiva urbanizzazione di Felsina e con la fondazione di vere e proprie città coloniali, come Marzabotto.

Da questo panorama, peraltro assai rapido e sommario, risulta che nel Sud e nelle città costiere, la conclusione del processo di urbanizzazione si accompagna a spinte « egualitarie » che si protraggono lungo tutto il secolo VI e fino ai primi decenni del V secolo a. C.: queste spinte coinvolgono le grandi famiglie dell'antica aristocrazia e gruppi emergenti abbastanza vasti, tali da configurare l'esistenza di ampie fasce di popolazione urbana non inserite nella logica produttiva delle orgogliose famiglie principesche del secolo precedente, anche se l'egemonia di queste non appare scossa dal processo in atto. Il dominio dell'ideologia aristocratica si direbbe infatti ancora in larga misura intatto: uno sguardo soltanto alle tombe dipinte tarquiniesi, ove si celebrano i fasti dell'*oîkos* e della mentalità aristocratici, basterebbe a dimostrarlo. Se questo dominio è in realtà non più assoluto, lo stesso processo conclusivo delle strutture urbane non è senza ombre: il silenzio di Vetulonia e di Marsiliana, con l'apparizione prepotente di Roselle e soprattutto di Vulci, è indizio di forti conflitti fra *poleis* più o meno compiutamente costituite, che tuttavia comportano proprio il definitivo assetto urbano delle vincitrici. Tra queste, Vulci ostenta, nella prima parte del secolo, aristocrazie principesche che hanno temporaneamente ragione delle dilaganti tendenze isonomiche.

Nel Nord alcune città appaiono costituite con sicurezza almeno nella seconda metà del VI secolo a. C., come Volterra, Chiusi e Perugia, ma il rapporto tra città e campagna non è risolto interamente a favore della città come nel Meridione; su altri centri ancora, come Cortona, Arezzo e Fiesole, gravano le più grandi incertezze sull'entità, i modi e i tempi dello sviluppo urbano.

2. *Scambio, strutture sociali e artigianato*

Le orgogliose aristocrazie del VII secolo a. C. sembrano progressivamente piegarsi alle tendenze isonomiche imposte dalla realtà urbana che traspaiono soprattutto dalle trasformazioni del costume funerario. Se e in che misura ciò sia volontario o piuttosto il prodotto di un conflitto sociale di portata più ampia dello stesso orizzonte cittadino, lo vedremo più avanti. Per ora occorre sottolineare come nel complesso della stratificazione sociale entrano in giuoco assieme all'inurbamento di gruppi sempre più consistenti di persone ed al mutare del rapporto tra città e campagna, anche altri fattori connessi con la lenta trasformazione delle strutture dello scambio.

Fino a questo momento, le strutture dello scambio sono cresciute in rapporto diretto con lo sviluppo delle forze produttive. Stranieri, mercanti e artigiani hanno avuto accesso relativamente libero nella compagine sociale, frutto sia dell'elasticità delle istituzioni della *polis* sia del controllo esercitato dai gruppi gentilizi sul processo di inurbamento implicito in questa ampia mobilità sociale. Ma ora la « protezione » garantita un tempo dal *princeps* allo straniero non è più sufficiente e chi giunge alle soglie della *polis* etrusca dall'esterno (ed è sovente in condizioni di subalternità) non può più invocarla agli ormai meno potenti *principes*, ma deve ricercarla nella divinità. Lo sviluppo delle forze produttive implicito nel fissarsi delle strutture urbane intorno a istituzioni politico-religiose comporta così un parallelo salto

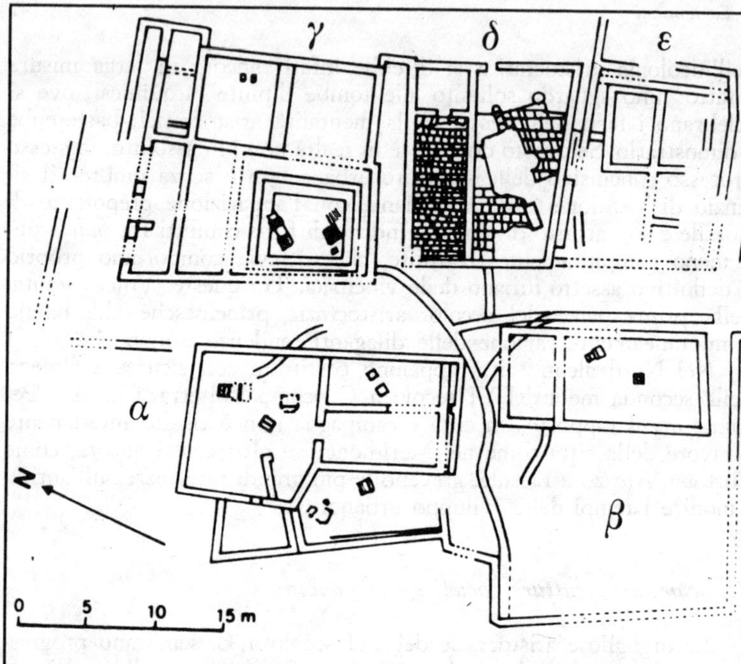

Fig. 60. Pianta del santuario di Gravisca nella sua fase finale (IV-III sec. a. C.). α) tempio di Hera-*Uni* con altare nel centro del grande cortile quadrato; β) tempio di Demetra-*Vei* e Kore-*Phersipinai* con altare interno; γ) tempio di Afrodite-*Turan* con numerosi altari nel cortile sovrapposti al sacello greco della prima metà del VI sec.; δ) grande recinto per la celebrazione delle feste di Adone, con lastricato recante lo spazio per il « giardino » e la cassa per la « sepoltura » del dio (l'identificazione del recinto è resa certa da una recentissima scoperta epigrafica); ε) edificio di servizio.

di qualità anche nell'organizzazione dello scambio provocato anche dalla progressiva crescita di intensità dei flussi commerciali. Protagonisti delle grandi correnti commerciali sono ormai dal 630 a. C. in poi, non più i Calcidesi dell'Eubea e delle colonie d'Italia e di Sicilia o i Corinzi, ma i Greci della Ionia asiatica, intermediari verso Occidente delle proverbiali ricchezze della Lidia e dell'Oriente e dei prodotti del vivacissimo artigianato (ceramiche, bronzi, avori, gemme) e della manifattura (in prevalenza vini e tessuti) di Corinto, di Sparta, di Atene, della Ionia. A loro viene ora destinato uno spazio extraurbano, dove già da secoli probabilmente era l'approdo e il primo contatto con l'ambiente ospitante, e dove adesso si costituisce un luogo di culto di divinità che, con la loro presenza e in virtù del sacrificio prestato dai protagonisti dello scambio, « garantiscono » la certezza del mercato e l'incolumità del mercante. Di questi veri e propri *empória*, simili a quello costituito da Ioni ed Egineti in Egitto a Naucrati su di un ramo del delta del Nilo, l'Etruria ha restituito un esempio interessantissimo a Gravisca, porto di Tarquinia. Lì dagli inizi del VI secolo a. C. vediamo arrivare mercanti ionici, attivi per proprio conto e nell'interesse e al servizio di grandi famiglie della Grecia asiatica, per scambiare i loro prodotti con Etruschi. Le divinità da loro venerate sono grandi dee femminili, che con la propria presenza evocano l'immagine stessa dello scambio, adombrato dal rapporto di reciprocità insito nel ruolo stesso della donna: Afrodite, Hera, Demetra. Ognuna di queste dee ha tuttavia una connotazione particolare ed esprime esigenze economiche, sociali e psicologiche diverse, pur nel generale significato insito nella figura stessa di grande divinità femminile.

Il modello recato da questi mercanti è certamente calcato su quello orientale in generale e fenicio in particolare e cioè dei tradizionali grandi mercanti. Afrodite infatti è originariamente presente con i connotati della Ishtar fenicia, dea armata e talora equestre, con un suo corteggio di ierodule, di sacre prostitute che con il commercio del loro corpo assicurano al tempio le rendite e costituiscono per se stesse la dote, ovvio strumento per il loro riscatto. Il costume, ben noto nell'economia degli imperi orientali, in Lidia (Herodot. I, 93) o a Babilonia (Herodot. I, 199) e presto penetrato anche in Occidente, nelle grandi città mercantili, come Corinto (Pind., fr. 122 Sn.; Strab. VIII, 378, e XII, 599), o in città fondate su forme di dipendenza semi-servile, come a Locri (Pind., *Pyth.*, II, 15 sgg.; Athen. XII, 515 E; Iustin. XXI, 3, 2), si deve essere introdotto in Etruria attraverso questi *empória*. Secoli più tardi, infatti, Lucilio (fr. 1271 Marx) potrà scherzare ancora sugli *scorta Pyrgensia*, le prostitute dell'*empórion* di Cere, Pyrgi, e Plauto, in un passo sempre trascurato (*Cist.*, 561 sg.), parlando di una cortigiana in un bordello, potrà far dire al suo personaggio « non qui, dove tu ti vai in modo infame guadagnando la dote con il corpo alla maniera degli Etruschi ». L'importanza di questa struttura come strumento di « liberazione » di classi servili, messo bene in evidenza da D. Musti per Locri, può aver giocato un ruolo importante anche nei centri mercantili d'Etruria, dove il santuario di Pyrgi resterà celebre per le sue ricchezze al punto di diven-

Fig. 61 (*a p. 150*). « Idria ceretana » da Cere con scena dionisiaca. 530 a. C. circa (Roma, Museo di Villa Giulia).
Fig. 62 (*a p. 151*). *Hydria* del pittore del Vaticano 238, della scuola del pittore di Micali, di provenienza sconosciuta. Vi è forse raffigurata la rituale vestizione dell'oplita. Inizi del V sec. a. C. (Roma, Museo di Villa Giulia).

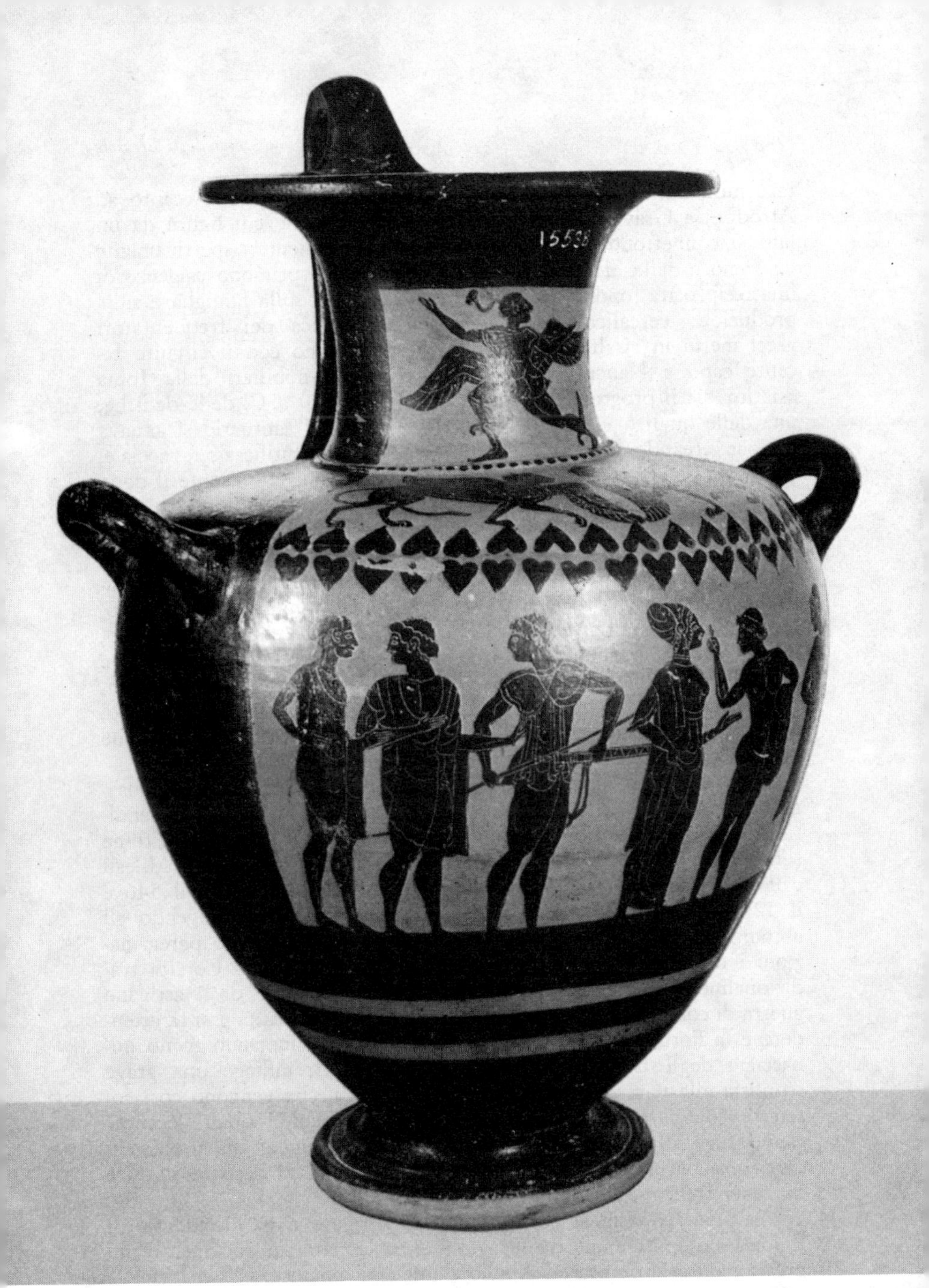

tare mira di saccheggi da parte di Dionigi di Siracusa. Accanto ad Afrodite, a Gravisca troviamo Hera e Demetra, le cui figure da un lato si connettono ai flussi commerciali provenienti rispettivamente da Samo e dalla Sicilia e dall'altro localmente esprimono esigenze di una reciprocità fondata sui vincoli matrimoniali, sulla famiglia e sulla produzione cerealicola. L'analisi dell'onomastica dei frequentatori greci mette in risalto sia il rapporto strettissimo con il circuito facente capo a Naucrati e ai grandi potentati nobiliari della Ionia asiatica, sia il progressivo aumento tra 530 e 500 a. C. delle dediche, una delle quali è « fatta dal servo ». Attorno al santuario si andava dunque creando una significativa parte della stratificazione sociale, composta da stranieri, mercanti, artigiani (vi è anche presente il dono votivo di pigmenti per colori usati nella pittura), « servi » ed ex « servi »: in altre parole una classe che corrisponde in qualche modo alla *plebs* di Roma, marginale socialmente e politicamente rispetto alla *polis*, ma pur sempre integrata attraverso il santuario e i suoi meccanismi di guarentigia sociale. La *servitus* dello straniero e del profugo, un tempo imposta dal *princeps*, ora trova un altro centro di controllo, ma anche di liberazione: la « protezione » delle dee è ben più benigna di quella del *princeps*. Non a caso, come ha osservato D. Van Berchem, i grandi santuari extraurbani dell'Oriente, come Naucrati ed Efeso, largheggiano nel diritto d'asilo e questo diritto si estende subito alle fondazioni templari della plebe romana sull'Aventino.

Impostato su queste strutture, lo scambio cresce vertiginosamente lungo tutto il VI secolo fino a raggiungere l'apice tra il penultimo e l'ultimo venticinquennio del VI secolo a. C. Protagonisti ne sono, abbiamo detto, gli Ioni d'Asia, e segnatamente Samii, Milesii e Focei. La conquista persiana della Ionia e dell'Egitto, tra il 546 e il 525 a. C. farà crollare questo commercio ionico, costringendo gli abitanti di Focea ad emigrare verso Occidente. Nelle loro peregrinazioni i profughi focei si stanziano ad Alalia (Aleria) in Corsica tradizionalmente nella stessa sfera d'influenza etrusca e di lì attivano guerra di corsa sulle coste etrusche: la risposta etrusca non si fa attendere e la flotta di Cere alleata a quella di Cartagine, non meno minacciata degli Etruschi nei suoi possessi sardi, infligge una grave sconfitta alle navi dei Focei (Herodot. I, 167), che vengono così costretti a lasciare Alalia nelle mani degli Etruschi, i quali l'occuperanno fino alla conquista romana con una singolarissima colonia-*empórion* dai tratti culturali assai misti, messa di recente in luce da scavi francesi.

Ai Greci d'Asia si sostituiscono in Oriente e in Occidente gli Egineti, del cui commercio Gravisca ci ha lasciato un documento impressionante, la dedica ad Apollo Egineta di un'ancora di marmo da parte di un tal Sostrato, che è certamente lo stesso Sostrato celebrato da Erodoto come il più grande mercante di tutti i tempi, « con ii quale nessuno può contendere » (Herodot. IV, 152). Ma Egina apre ora anche sull'Adriatico, sulla scia forse degli stessi Focei (Herodot. I, 163), un'altra serie di *empória*, destinati ben più di quelli tirrenici ad avere fortuna nel secolo successivo pur se sotto controllo attico: Adria, dove si conoscono dediche greche attribuibili ad Egineti già nel VI secolo a. C., e Spina, che comincia ad essere frequentata dalla fine del VI secolo a. C. Questi *empória* di nuova apertura testimoniano la crescente importanza dei mercati settentrionali, etruschi, celtici e venetici, che in questa stessa epoca si aprono anche ad intensissimo commercio etrusco proveniente sia dall'Etruria padana, sia dai centri dell'area etrusca settentrionale, ora in rapida ascesa.

Lo scambio si accompagna come sempre all'arrivo di artigiani greci. Al flusso di tradizione culturale corinzia, attivo tra la fine del VII e la prima metà del VI secolo a. C., si sostituisce un'ondata di artigiani di origine greco-orientale, la stessa dei protagonisti dello scambio: è tuttavia significativo come i prestiti linguistici greci in etrusco mostrino una matrice dorica pressoché univoca (evidentemente attribuibile alla precedente fase « etrusco-corinzia »), mentre i prestiti linguistici ionici risultano trascurabili, se non virtualmente inesistenti. L'ambiente etrusco-meridionale, nel tumultuario periodo tra la metà e la fine del VII secolo a. C., era stato particolarmente ricettivo ed aveva assorbito con facilità l'arrivo *en masse* di elementi culturali recati evidentemente nell'ondata etrusco-corinzia da ambienti dorici: gran parte della terminologia etrusca relativa ai vasi e al banchetto o a strumenti (come la *groma*), così come i nomi di eroi e di divinità, ha origini doriche. L'assenza di imprestiti linguistici ionici è rivelatrice di quella marginalità sociale degli stranieri che si è venuta creando in questa fase e di cui si è detto poc'anzi.

Ceramografi ionici sono attestati in varie città del Sud. A Vulci conosciamo la scuola cosiddetta « pontica », attiva a partire dalla metà circa del VI secolo a. C., e un pittore minore coevo, autore delle cosiddette anfore del « gruppo di Northampton »; verso la fine del secolo vi opera la prolifica scuola del « pittore di Micali », cui fa seguito poco dopo il meteco di origine calcidese, etruschizzato con il nome di *Arnth Praxias*, che produce vasi a figure rosse sovradipinte. A Cere, intanto, dipingono il raffinato pittore delle « idrie ceretane » e la sua scuola, e il pittore (o i pittori) « dei *dinoi* Campana ». Ad alcuni di questi ceramografi e ad artisti ionici verosimilmente girovaghi sono da attribuire lastre monumentali dipinte di Cere e una buona parte delle tombe dipinte di Tarquinia della seconda metà del VI secolo a. C., data dopo la quale si riconosce l'esistenza di uno o più *ateliers*

Fig. 63. Antefissa da Cere a testa di menade. È il tipo più comune di terminazione di embrice della fase iconica della seconda metà del VI sec. a. C., associata alle lastre di rivestimento con scene a rilievo. 540 a. C. (Roma, Museo di Villa Giulia).

Fig. 64. *Stamnos* a figure rosse sopradipinte da Campagnano, affine al gruppo di Praxias, raffigurante scene di palestra. Primo quarto del V sec. a. C. (Roma, Museo di Villa Giulia).

Fig. 65 (*a p. 158, in alto*). Parete di fondo della tomba dei Tori di Tarquinia, la più antica tomba dipinta tarquiniese con figurazioni umane (agguato di Achille a Troilo, scene apotropaiche e simboliche), opera di un pittore della cerchia « pontica ». 540 a. C.
Fig. 66 (*a p. 158, in basso*). Particolare della tomba degli Auguri di Tarquinia. A destra, sacerdote in atto di porgere omaggio alla porta chiusa, simbolo del sepolcro; a sinistra, *phersu* (gr. *prósopon*, lat. *persona*), gladiatore mascherato in fuga. Opera di pittore ionico del 530 a. C.
Fig. 67 (*a p. 159*). Particolare della tomba dei Giocolieri di Tarquinia, con personaggio di età avanzata che si sorregge ad uno schiavo. Dalla stessa scuola del pittore della tomba degli Auguri. 520 a. C.

di affrescanti locali. Tra questi spicca l'*Aranth*, servo di *Heracanas*, che firma la tomba « dei Giocolieri ». Va comunque osservato che a partire dagli inizi del VI secolo a. C. esiste, accanto a questa produzione di immigrati ed alle importazioni corinzie prima (fino a metà del secolo) e attiche poi, una produzione di massa di vasellame fine da mensa in bucchero e in ceramica comune che sopperisce ad una richiesta quotidiana poco esigente, ma quantitativamente vastissima. Questo dato è di estrema importanza per confermare lo sviluppo dei nuovi, cospicui ceti urbani emergenti già rilevato sopra.

Questa richiesta di consumo privato diffuso trova un riscontro preciso nell'intensificarsi di un consumo collettivo a partire dal terzo quarto del VI secolo a. C. e fino al primo venticinquennio del secolo successivo, consumo rivolto quasi esclusivamente all'edilizia sacra. Provvedono a questo scuole di *plastae*, dediti alla confezione di terrecotte architettoniche, con centro a Cere e a Veio, ma attivi su commissione anche in altre città, come abbiamo ricordato nel precedente capitolo. Essi sono però tecnicamente e culturalmente legati alla lavorazione del bronzo, fuso e laminato, un'industria artistica certamente ben insediata a Vulci e a Cere. Tale legame stretto tra coroplastica e bronzo ci autorizza a ritenere probabile l'esistenza di una tradizione di metallurgia d'arte anche a Veio; qui infatti allo scadere del VI secolo a. C. è attiva una scuola di grandissimi coroplasti autori della decorazione del tempio di Portonaccio, giustamente ricollegata al nome di Vulca, l'unico a noi noto di artisti etruschi, che avrebbe decorato il tempio di Giove Capitolino di Roma, secondo la tradizione dedicato nel 509 a. C. Questa scuola e quella — o quelle — di Cere sono responsabili della trasformazione della tecnica e dello stile della decorazione architettonica fittile, ispirata a modelli greco-coloniali: non è un caso che a Roma, nel 496 a. C., la decorazione del grande santuario plebeo di Cerere, Libero e Libera sia dovuta a due artisti greci, Damofilo e Gorgaso (Plin. *N.H.* XXXV, 154), i cui nomi li rivelano con ogni probabilità sicelioti. L'importanza dell'occidente greco, dopo il collasso della Ionia, si fa ben presto sentire in area tirrenica; d'altro canto, le innovazioni tecnologiche nella coroplastica etrusca rappresentano anche un ulteriore passo in direzione di una più accentuata divisione del lavoro.

L'industria etrusca del vasellame e dell'utensileria metallica, sicuramente attestata a Populonia e a Vulci, ci consente di affrontare gli aspetti più propriamente etruschi dello scambio. Ricordiamo in primo luogo che, come i Greci, gli Etruschi avevano i propri *empória*: il *vicus Tuscus* era il fondaco etrusco di Roma. E così, se i carichi di anfore vinarie e di ceramiche etrusco-corinzie di due navi naufragate durante il loro viaggio verso la Gallia e la probabile costituzione di un emporio etrusco sulle coste provenzali a Saint-Blaise ci illustrano la spietata concorrenza con la focea Marsiglia e gli indirizzi dello scambio marittimo verso gli *oppida* indigeni della Gallia meridionale e della Catalogna, la produzione metallurgica di consumo si indirizza piuttosto verso il cuore della penisola italiana e nella val Padana, donde raggiunge attraverso i valichi alpini l'Europa centrale. L'importanza di tutto questo mercato, sottolineata anche dall'apertura dell'emporio di Spina, è notevolissima per tutta l'Etruria interna. Esso spiega da un lato il prosperare nel VI e V secolo a. C. della metallurgia populoniese e vulcente e dall'altro l'« esplosione » dell'Etruria padana con i ricchissimi corredi di Spina e di Felsina e con la « seconda colonizzazione » della Padania così ben esemplificata dall'anonima città presso Marzabotto, le cui matrici etrusco-settentrionali, nel triangolo Chiusi-Volterra-Perugia, sono evidenti dalla *facies* archeologica e financo ricordate da miti come quello dell'eroe perugino Aucnus, fondatore di Felsina e di Mantova (Verg. *Aen.* X, 198 sg.; Interpr. Verg. *ap. Serv. Aen.* X, 198; cfr. Sil. It. V, 7).

3. *Le istituzioni politiche della città arcaica*

Il quadro fin qui delineato della società etrusca dimostra come il grande progresso delle città meridionali e la loro compiuta urbanizzazione siano avvenuti grazie alla progressiva erosione dell'egemonia economica e sociale dei gruppi aristocratici. L'esigenza complessiva di un più alto grado di cooperazione, frutto della divisione del lavoro e della mobilità sociale, trovava l'espressione sua più chiara nell'adozione della tattica oplitica. La capacità di schierare in campo masse numerose e ben armate veniva a cozzare radicalmente con la capacità di controllo limitata della struttura semi-servile alla base del potere aristocratico: le forti rivalità tra i diversi nuclei gentilizi, solo in parte bilanciate da alleanze di tipo dinastico contratte con matrimoni e reciproci scambi di doni, se in un primo tempo hanno favorito i gruppi più ricchi, i *dynatótatoi*, hanno finito per sviluppare un esercito di tipo cittadino, con largo spazio per quei ceti urbani non inseriti nel meccanismo produttivo aristocratico e non assoggettati al vincolo economico e socio-politico della subordinazione dei *penéstai*. Se è vero, ripetendo ancora una volta la frase di Marx, che l'organizzazione militare è « una delle condizioni dell'... esistenza come proprietaria della società antica », la *classis* della riforma di Servio Tullio — così come è stata ricostruita da A. Momigliano — è la rappresentazione migliore del momento storico di cui si sta parlando; del pari, sempre per restare nella Roma della monarchia etrusca, nell'ammissione in senato

di *conscripti* e *minores gentes* (con il relativo conflitto adombrato dal celebre episodio dell'augure Atto Navio), nel raddoppiamento delle centurie della cavalleria, e nell'aumento da quattro a sei vergini vestali, tutti dovuti, secondo la tradizione, a Tarquinio Prisco, si possono riconoscere le conseguenze politiche dell'ampliamento del corpo civico con le relative istanze di isonomia che le necropoli dell'Etruria meridionale in vario grado ci rivelano, tra la fine del VII e la metà del VI secolo a. C. La riforma dell'esercito di Servio, che organizza il reclutamento sulla base delle centurie censitarie, viene così a sancire, unitamente ai provvedimenti attribuiti ai Tarquinii, la nuova realtà di classe organica alla forma urbana sul piano politico-militare, superando — ma non distruggendo — l'impostazione « federativa » delle antiche unità pagano-vicaniche presupposta dal precedente ordinamento curiato, così come la città serviana delle quattro regioni supera — e ingloba — le entità preistoriche dei *pagi* e dei *montes* preesistenti.

Le altre istituzioni che le fonti riferiscono alla monarchia etrusca di Roma sono altrettanto significative per la comprensione dei fenomeni economico-sociali dell'Etruria fin qui descritti. Innanzi tutto l'« invenzione » dell'*aes signatum*, ossia di barre bronzee impresse con un simbolo, attribuita a Servio Tullio da Timeo (*ap.* Plin. *N.H.* XXXIII, 43) trova conferma nella scoperta di un frammento di una di queste barre in un deposito sacro di un santuario di Gela databile al secondo quarto del VI secolo a. C., epoca in cui sarebbe vissuto appunto il re romano; questo *aes signatum*, di un tipo arcaicissimo, dal simbolo sovrimpresso detto del « ramo secco », non è certamente una moneta nel senso classico del termine, bensì uno strumento premonetale, il cui peso è garantito dall'impressione in esso sigillata. In ogni caso esso costituisce un segnale indubbio sia dell'esistenza di un'autorità « politica » che garantisce la barra, sia delle esigenze di un'economia che tende a rompere gli involucri dello scambio preistorico. Purtroppo ignoriamo dove questo tipo di *aes signatum* fosse realmente battuto: le provenienze sembrano indicare, significativamente, l'area etrusca meridionale, confermando l'alto grado di sviluppo raggiunto dalle *poleis* etrusche del Sud in senso tanto economico quanto politico. Non meno indicativi di questo sviluppo sono altri fatti attribuiti dalle fonti ai re etruschi di Roma: a Tarquinio Prisco, tradizionalmente regnante tra la fine del VII e gli inizi del VI secolo a. C., sono attribuiti i già ricordati ampliamenti del corpo civico, e la sistemazione urbanistica della città con colossali imprese edilizie, da una prima cinta di mura alla canalizzazione delle acque interne (la *cloaca maxima*), al circo massimo, alla fondazione del culto poliadico di Giove Capitolino; oltre a varie fondazioni sacre su cui si dirà, si

Fig. 68. Lastra di rivestimento da Tarquinia con combattimento di cavalleria. A questo tipo di lastre a rilievo si riferiscono le antefisse del tipo a fig. 64 (Tarquinia, Museo).
Fig. 69 (*a p. 162*). Piccola *kore* di bronzo di provenienza sconosciuta. È opera di un bronzista di formazione ionica, eseguita forse a Vulci. 520 a. C. (Roma, Museo di Villa Giulia).
Fig. 70 (*a p. 163*). Elmo bronzeo con paragnatidi decorate. Classico elmo etrusco del VI sec. a. C., proviene dalla sepoltura singola di un oplita di Vulci, deposto con scudo e schinieri di bronzo, spada e lance di ferro. 520 a. C. (Roma, Museo di Villa Giulia).

attribuiscono a Servio Tullio le capitali riforme politico-militari dei comizi centuriati a struttura timocratica sopra descritte e conseguentemente la distribuzione dello spazio civico in quattro tribù urbane, dal nome tratto da luoghi, e di quello del territorio in tribù rustiche, dal nome derivato in parte da luoghi e in parte da *gentes*. Il quadro tramandatoci dalle fonti è molto omogeneo: prima, tra la fine del VII e gli inizi del VI secolo a. C. (Tarquinio Prisco), gli ampliamenti del corpo civico e le opere urbanistiche, indi, tra il secondo e il terzo venticinquennio del VI secolo a. C. (Servio Tullio), il completamento delle mura — le mura serviane —, l'organizzazione politico-militare del corpo civico, con una definizione del rapporto tra città e campagna (le tribù) e la creazione di un rudimentale strumento di misura del valore (l'*aes signatum*). La successione degli eventi non solo è plausibile, ma riflette bene quanto si è veduto nelle pagine precedenti attraverso la documentazione archeologica. Che questi processi siano avve-

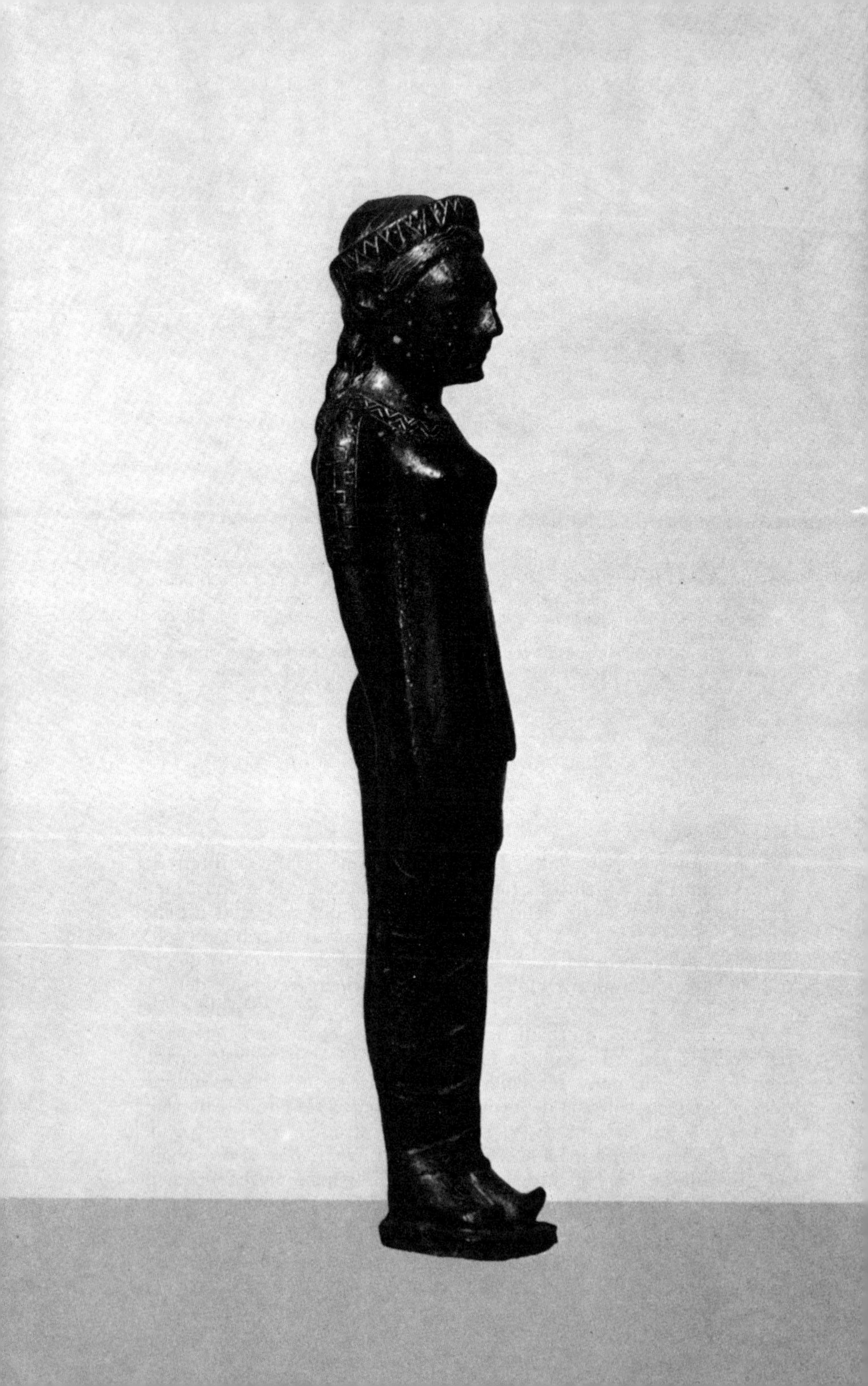

nuti organicamente e compiutamente nelle città etrusche più avanzate non sappiamo e forse non sapremo mai: quel che conta è che la maturazione dei processi avviati con l'urbanizzazione difficilmente poteva concludersi altrimenti, a Roma come nell'Etruria meridionale.

4. *L'ideologia religiosa*

Se tutta questa maturazione non poteva passare in maniera, per così dire, indolore sul piano delle forme materiali e delle istituzioni, anche l'ideologia religiosa veniva a subire radicali trasformazioni con gli ovvi contraccolpi sul piano istituzionale. Fra tutte queste trasformazioni spicca l'enfasi che viene progressivamente attribuita nell'ideologia religiosa alle forme pubbliche, a spese delle forme private, dominanti nel « palazzo » e centrali per la struttura gentilizia della società. Ogni società preistorica conosce culti collettivi che esprimono la concezione del mondo, il rapporto con la natura, i bisogni, le speranze e le angosce dell'uomo primitivo, e la società villanoviana non fa certo eccezione. Rari segni di queste concezioni religiose sono nelle figure mostruose su alcuni vasi e urne cinerarie — fra tutti il più significativo è quello bronzeo di Bisenzio con una danza di armati attorno ad uno di tali mostri — forse da confrontare con le *larvae* e i *manes* del culto funerario romano. Se esistono luoghi sacri, non è dato all'archeologo di ritrovarli, giacché in questa fase, per ripetere una frase altrove già detta, il sacro non è « segnato ». I primi tenui indizi di « segni » del sacro in Etruria non risalgono oltre l'ultimo venticinquennio del VII secolo a. C., epoca alla quale possiamo attribuire i più antichi materiali sicuramente votivi da depositi sacri come quello del tempio di Portonaccio a Veio, stessa epoca dei più antichi depositi del Lazio, quello di Satrico e quelli romani del Campidoglio e di S. Maria della Vittoria al Quirinale. Fino al 620 a. C. i santuari sono esclusi dalla nuova circolazione della ricchezza e continuano evidentemente a vivere l'esistenza arcaica dei secoli precedenti con modeste fiere e con riti, come quello latino del Monte Albano della distribuzione della carne del sacrificio fra i *populi Latini*, che difficilmente lasciano tracce archeologiche. Dopo quella data e poi via via lungo il VI secolo a. C., cominciamo a trovare resti sempre più cospicui di santuari extraurbani ed urbani, di aree sacre antiche e nuove, di edifici, di terrecotte architettoniche, di altari, di muri di recinzione degli spazi sacri, di doni votivi preziosi e poveri, di depositi di sacrifici. Il sacro, come è logico attendersi, emerge parallelamente al politico. È interessante al riguardo notare che in alcuni casi gli stessi personaggi di cui si posseggono dediche in santuari compaiono anche come donatori di oggetti deposti in tombe: è questo il caso di *Laris Velchaina*, un aristocratico ceretano che dedica uno o più vasi di bucchero di forma singolarissima nel santuario latino di Satrico e un vaso simile ad un personaggio sepolto in una tomba probabilmente di Cere (*TLE*[2] 23: circa 600 a. C.; cfr. *TLE*[2] 866), o di *Avile Acvilnas*, il già ricordato dedicante di due vasi gemelli di bucchero ad un *áristos* di Ischia di Castro e di un simile vaso nel tempio di Portonaccio di Veio (*TLE*[2] 915-6: circa 580 a. C.) o ancora — altro caso pure ricordato — di *Ara(n)th Spuriana*, donatore di una bella pantera d'avorio nel santuario di Fortuna e Mater Matuta a Roma e forse identico al proprietario della tomba dei Tori di Tarquinia (*TLE*[2] 78: circa 550 a. C.). Santuari e tombe gentilizie appartengono ora allo stesso circuito ed allo stesso sistema di dominio economico-sociale.

In questo quadro si colloca innanzi tutto la « rivalutazione » dei grandi centri di culto tribali di epoca preistorica. Il caso del santuario extraurbano « dei tredici altari » di Lavinio è esemplare. Presso una tomba a tumulo dell'iniziale VII secolo a. C., riaperta a metà circa del VI secolo a. C. e fatta segno di un sacrificio (lo provano un'anfora rovesciata ed una brocca di bucchero accuratamente risepolte nel tumulo), si viene formando un vasto e ricco santuario con dodici altari, destinato a vivere fino alla piena età repubblicana come luogo di culto panlatino: la tomba, piamente venerata e nel tardo IV secolo a. C. trasformata in *herôon*, è certamente da identificare con quella che ancora Dionigi di Alicarnasso in età augustea vide e riconobbe come tomba di Enea (I, 64, 4-5). Nel clima del difficile processo di integrazione sociale nella compagine urbana, si tende perciò a valorizzare, quale ovvio strumento di coesione psicologica collettiva, il più antico cemento religioso disponibile, così come si cerca di riportare nella struttura urbana i valori collettivi dell'*ethnos*, quasi la poleogenesi ricapitoli l'etnogenesi: forse proprio per questo, ad esempio a Roma, le curie assommano a trenta come gli antichi *populi Latini*, o la tomba di Romolo diventa il centro della assemblea del *populus Romanus* come la tomba di Enea lo è per tutti i *populi* del Lazio, o i templi — centrali in questa fase — di Giove Capitolino e di Diana Aventinense reduplicano nel culto o nel rito i due santuari panlatini di Giove Laziare del Monte Albano e di Diana Nemorense di Nemi.

Fig. 71 (*a p. 166*). Latona recante in braccio il piccolo Apollo, scultura acroteriale del tempio di Portonaccio di Veio. Appartiene allo stesso *atelier* autore del celebre « Apollo di Veio», associato al nome di Vulca. 500 a. C. circa (Roma, Museo di Villa Giulia).
Fig. 72 (*a p. 167*). Testa di guerriero dalla decorazione fittile del tempio di Mater Matuta di Satrico, nel Lazio, eseguita da coroplasti etruschi forse di Cere. 490 a. C. (Roma, Museo di Villa Giulia).

42

Nel caso dell'Etruria siamo purtroppo assai meno informati che a proposito del Lazio. Tuttavia, qualche indicazione preziosa esiste. In primo luogo abbiamo il celebre e purtroppo non ancora ritrovato *Fanum Voltumnae* di Volsinii. Qui in epoca storica la tradizione, sia annalistica che antiquaria, ricorda feste annuali panetrusche con giuochi (e verosimilmente mercato), che, dopo un silenzio di oltre due secoli conseguenti alla distruzione e al saccheggio romani di Volsinii nel 265 a. C., verranno quasi archeologicamente restaurati in epoca augustea. Le nostre fonti parlano di riunioni di *lucumones* o di *principes*, che, in rappresentanza dei « dodici popoli » (*duodecim populi*; *dódeka hegemoníai*), eleggevano un re (Liv. I, 8, 1-3; Serv. *Aen.* VIII, 475), al quale i rappresentanti degli altri *populi* cedevano il proprio littore: di qui — sempre le nostre fonti — i dodici littori dei consoli romani, successori dei re nell'*imperium*, uno dei molti prestiti etruschi all'immagine del potere regio e magistratuale romano insieme alla *sella curulis*, alla *toga purpurea* e al *triumphus*.

Si è molto discusso sull'attendibilità di queste fonti e sul valore di questo *imperium* federale etrusco e, nelle incertezze, si è finito con l'accettare la soluzione più comoda, ovvero la negazione di ogni tradizione, contro il concorde ritorno di queste memorie nei racconti annalistici, contro il significato stesso della restaurazione augustea, certo meglio di noi informata sulla storia etrusca, e contro la strettissima analogia offerta dall'esistenza della lega latina. Pur nell'impossibilità di precisare meglio tutti gli elementi religiosi e giuridici, si può osservare che, mentre il ricordo della « elezione » del re ritorna nelle stesse fonti o in contesti di epoca regia o in ricostruzioni antiquarie (che è poi virtualmente la stessa cosa), in epoca storica si accenna a *coniurationes*, a « giuramenti solenni », dei *populi*, ad un'« egemonia » di una città sulle altre — come è il caso di Tarquinia nelle guerre contro Roma del 358-1 a. C. — e ad un *sacerdos* eletto (Liv. V, 3-8). In altre parole alla primitiva investitura regia di origine tribale si sarebbe sostituito un re-sacerdote, il *sacerdos*, eletto fra i *principes*-sommi magistrati delle dodici repubbliche etrusche, il quale forte dell'egemonia politica e religiosa sugli altri, avrebbe ottenuto decisioni collettive politico-militari attraverso impegni formali di *coniuratio* sotto vincolo religioso: alle antiche solidarietà tribali si sostituiva una solidarietà politica, frutto dell'egemonia economica, sociale e militare detenuta (e come tale da tutti di fatto riconosciuta) in quel momento da una singola *polis*, il tutto sotto giuramento prestato dinanzi a *Voltumna*, *deus Etruriae princeps*, il « dio-*princeps* d'Etruria » (Varr. *l.L.* V, 46).

All'interno di questo santuario si forma così la lega della dodecapoli d'Etruria, forse ispirata — visto il numero delle città partecipi — alla dodecapoli della Ionia asiatica secondo F. Altheim, certo collegata ad una delle culle del popolo etrusco, in quell'angolo dell'Etruria tiberina dove vengono a saldarsi gli interessi (e i territori) dei più antichi centri del paese, Veio gravitante sul Tevere, e Tarquinia, affacciata su Volsinii attraverso il *Lacus Tarquiniensis*, il lago di Bolsena. Non c'è dunque da stupirsi se il fondaco etrusco di Roma sul porto fluviale, il *vicus Tuscus*, avesse come referente religioso quel *signum Vortumni*, quella statua di *Vortumnus-Voltumna*, dio proteiforme ed ambiguo (Prop. IV, 2, 1 sgg.), che attraverso il Tevere riconduceva idealmente in Etruria i frequentatori del fondaco.

Un altro centro panetrusco importante era a Tarquinia. Presso questa grande metropoli la leggenda voleva fosse nato dalla terra il fanciullo canuto Tagete, maestro di Tarconte nell'arte dell'aruspicina, raffinata tecnica divinatoria cui sarebbero stati educati per secoli fin da bambini i rampolli dei *principes*, in numero di quattro o cinque per ogni città, per costituire l'*ordo haruspicum*, il potentissimo collegio sacerdotale d'Etruria guidato da un *summus haruspex*. Il prestigio e l'importanza di quest'*ordo* saranno grandissimi, chiamato com'era per legge da Roma a dare il proprio parere sul significato dei prodigi e i rimedi da proporre: come vedremo, questo sarà uno strumento fondamentale delle classi dirigenti etrusche per stabilire contatti con quella romana e per informare discretamente, attraverso i canali dei responsi, la città dominante circa gli umori dei *principes*. Il santuario della nascita miracolosa, forse dedicato a *Tinia*-Giove o allo stesso *Voltumna* che compare accanto al fanciullo Tagete in un celebre specchio da Tuscania, è stato con buona probabilità identificato con il grande tempio tarquiniese detto dell'Ara della Regina che, impostato su strati villanoviani, ha una prima fase come edificio templare formale — a giudicare dalle terrecotte architettoniche superstiti — proprio in quest'epoca, a metà del VI secolo a. C.

Ancora un altro santuario ha forse importanza panetrusca o almeno un prestigio notevolissimo in Etruria, il tempio del Portonaccio di Veio, cui si è già più volte accennato. Dedicato a *Menerva* nella sua veste di dea oracolare (a tali capacità, oltre che ad un reale o preteso prestigio panetrusco, alludono i soggetti delfici delle statue acroteriali attribuite a Vulca), il santuario è al centro dell'attenzione della dinastia regale di Veio dei Tolumnii e di grandi personaggi dell'età arcaica, ma avrà ancora importanza capitale immediatamente all'indomani della conquista romana, come avremo modo di osservare. La divinità venerata nel santuario, si è già accennato, è la dea principe di Falerii e la collocazione extramuranea del tempio parla in favore del significato della istituzione come antichissimo *foyer* di quell'egemonia veiente sull'area falisco-capenate, attiva già in età villanoviana e viva fino alla caduta di Veio romana. Anche in questo caso gli scavi nel santuario hanno rivelato capanne villanoviane al di sotto di un primo edificio templare della prima metà del VI secolo a. C., sostituito alla fine dello stesso secolo da un nuovo tempio o semplicemente decorato con le sculture della scuola di Vulca.

Tutte queste fondazioni templari sono extramuranee (quella di Tarquinia lo sarà fino alla costruzione della nuova cinta di mura forse nel tardo V secolo a. C.) e sembrano corrispondere ad altrettanti punti nodali della più antica storia d'Etruria: il santuario di *Voltumna* è all'epicentro del controllo etrusco sulla media e alta valle del Tevere, proiettata verso l'interno del paese, in direzione di Perugia e della valle umbra, dove avrà direttamente o indirettamente la sua filiale a Spello fino all'età costantiniana; il tempio di Tarquinia, santuario della scienza religiosa nazionale, rievoca con il binomio Tagete-Tarconte l'antichissima supremazia della città sull'Etruria di cui avrebbe fondato tutte le *poleis*, fino a colonizzare con un'altra dodecapoli anche la val Padana; il tempio di Veio ricorda l'egemonia sull'infimo corso del Tevere, sull'*ethnos* falisco, e i relativi fasti dell'età villanoviana. Il significato politico e ideologico di questi santuari è stato certamente enorme in età storica, divenendo in pari tempo punto di riferimento non solo cerimoniale per il convegno di genti e persone da ogni dove, in occasione delle feste e dei connessi mercati. Tenacemente attorno ad essi si svolgeranno le fiere, anche dopo la loro distruzione, come rammenta Strabone (V, 3, 10) parlando della scomparsa *Fregellae* nel Lazio meridionale: se è vera la localizzazione del *Fanum Voltumnae* alle porte di Orvieto nella località « Campo della Fiera », la tenacia della tradizione andrebbe ben oltre l'evo antico. Feste, fiere e mercati panetruschi: ma anche centri di ingenti depositi di valore per le comunità urbane, se i Romani poterono rapinare a Volsinii (certo al *Fanum Voltumnae*) duemila statue di bronzo.

Queste funzioni spiegano perché tali antichissimi centri di culto furono largamente imitati o duplicati nel VI secolo a. C. in Etruria e nel Lazio, con santuari extraurbani di proporzioni e importanza notevolissime, sovente là dove erano già attivi luoghi di culto preistorici di carattere etnico. Quelli laziali, da Diana Nemorense a Iuno Sospita Lanuvina, sono numerosi; quelli etruschi, meno conosciuti, non sembrano inferiori per numero; anche se il loro carattere panetrusco, preteso o reale che fosse, non è in egual misura documentato. Parallelamente alla « rivitalizzazione » di questi antichi luoghi di culto, si vanno sviluppando i santuari emporici descritti nelle pagine precedenti. La loro origine è tuttavia diversa, in quanto le forme del culto non sono quelle tradizionali, ma di origine orientale filtrata attraverso l'esperienza religiosa e culturale greca. Ambedue le tradizioni sembrano comunque conoscere in varia forma e misura l'istituto dell'*asylía*, del

Fig. 73. Testa barbuta dalla decorazione fittile del tempio di Mater Matuta di Satrico, opera di artista etrusco forse raffigurante Zeus. 490 a. C. (Roma, Museo di Villa Giulia).

Fig. 74. *Hydria* a figure nere, di provenienza sconosciuta, con scena di combattimento mitico, opera del pittore di Micali, vicinissimo al vaso del Vaticano G91 con gigantomachia. 510-500 a. C. (Trieste, Museo).

diritto di asilo. Il caso più significativo è quello del santuario di Feronia, antichissima dea ctonia italica (per i Greci è sinonimo di Persefone) presso Terracina, presumibilmente una filiale dell'importante bosco sacro nel territorio di Capena, *Lucus Feroniae*, sede di incontro tra Veienti, Capenati, Falisci, Latini e Sabini sin dalla prima età storica (Liv. I, 30, 5; Dion. Hal. III, 32, 1): nel santuario tarracinense di Feronia è attestata la pratica della liberazione degli schiavi attraverso il rito particolare costituito dal « sedersi schiavo e levarsi libero » (Serv. *Aen.* VIII, 564, e Serv. *Auct. Aen.* VIII, 564). Analogamente il culto emporico romano di Ercole dell'Ara Massima, di origine greco-fenicia era amministrato fino al 312 a. C. dai *potiti*, che, secondo la documentata ipotesi di E. Ferenczy, non sono una *gens*, come la tradizione antica, non più intendendo, ha cercato di spiegare, bensì « gli schiavi catturati in guerra », verosimilmente frutto di catture marittime e « votati » (o supplici) ad Ercole.

L'altro elemento che accomuna questi due diversi tipi di fondazioni templari è la vernice ellenica del culto e della *imagerie* religiosa. La religione, base e cemento dell'ideologia dominante, ha fatto a lungo — e motivatamente — resistenza alla penetrazione culturale greca e all'assimilazione formale alla tradizione ellenica. Fino alla fine del VII secolo a. C., gli unici elementi del mito greco che vediamo penetrare in profondo nella cultura etrusca sono le figure mostruose, sfingi, chimere, gorgoni, centauri, pegasi, che vengono accolte isolatamente nelle rappresentazioni locali perché ben si adattano alla fantasia teratomorfa preistorica profondamente radicata nella coscienza religiosa collettiva. Per questo accanto alle figure degli antenati sui tetti del « palazzo » di Murlo vediamo comparire mostri simili, mentre le rappresentazioni figurate dei fregi insistono sul rito, accogliendo tra le scene ciò che del repertorio mitico greco (le assemblee divine) è funzionale al messaggio cerimoniale che si intende sottolineare. Tuttavia già agli inizi del VI secolo a. C. l'elemento mitico è presente nella cultura etrusca e latina, ma all'aspetto narrativo (che compare in opere di Greci immigrati, da Aristonothos al pittore delle « idrie ceretane ») si preferisce l'astrazione simbolica, come il Minotauro delle terrecotte architettoniche della Curia e della Regia di Roma, che unisce le predilette forme mostruose al messaggio simbolico del mito del Labirinto, archetipo — fra i molti — anche della città.

In ogni modo, gradualmente, il mito penetra nella mentalità collettiva, e nelle decorazioni architettoniche a partire dalla seconda metà del VI secolo a. C. trionfa incontrastato. Quasi mai però il mito, prevalentemente greco rispetto ai più rari e isolati miti locali, acquisterà il valore di norma e di paradigma collettivo di comportamento, ma tenderà sempre, fino all'ellenismo, a restare allusivo e simbolico di pratiche cultuali, di realtà cerimoniali, genealogiche e sociali. La struttura gentilizia non poteva altrimenti; ma, a giudicare dall'esempio romano, amerà — come l'aristocrazia greca arcaica — costruire genealogie fittizie, facendo risalire le proprie origini a eroi o figure mitiche della Grecia, soprattutto quelli dalla tradizione collegati all'Italia. Con ciò dando prova di quanto fosse venuta scemando la capacità di penetrazione psicologica e di egemonia delle immagini degli antenati e perciò stesso il controllo sociale ed il relativo insieme dei rapporti sociali di produzione vigenti all'epoca dell'apogeo aristocratico.

5. « *Polis* » *e* « *palazzo* », « *týrannoi* » *e repubbliche*

Il quadro del VI secolo a. C. si presenta particolarmente complesso nelle sue articolazioni economico-sociali, istituzionali, ideologiche. La struttura urbana respinge nel privato ciò che prima, ancorché privato, mirava ad essere pubblico e collettivo: la cerimonialità aristocratica viene ora confinata alla sfera familiare del rito domestico o funerario e le pratiche cultuali del santuario si fanno centro di ricchezza e di circolazione delle merci. Il controllo delle istituzioni cittadine e di quelle sacre diventa così centrale per i gruppi gentilizi, che debbono tuttavia fare i conti con una stratificazione sociale in forte movimento e con un conflitto di classe di vaste proporzioni, nel quale gli elementi in giuoco sono interni ed esterni alla tradizionale organizzazione dominante della produzione. Piccoli e medi proprietari, servi e clienti, stranieri e meteci si affollano nelle città arcaiche con interessi e culture conflittuali e contradditorie rispetto a quelli dei *principes* della città e della campagna. I pochi esempi conosciuti di « palazzi » sono per noi molto istruttivi per delineare fasi salienti di questo scontro. L'edificio palatino di Murlo, nel poco o per nulla urbanizzato settentrione, se non è isolato (e di certo non lo sarà stato), sicuramente giganteggia sull'altopiano di Pian Tesoro per tutto il VI secolo a. C. Il « palazzo » di Acquarossa, nel cuore del *hinterland* meridionale circondato di grandi e potenti città, Vulci, Tarquinia, Volsinii, è solo la dimora gentilizia più fastosa fra molte altre dell'abitato; già il suo predecessore di VII secolo a. C. aveva almeno un rivale nell'edificio della zona G, decorato con uguale fasto. Ma alcuni dati appaiono di particolare interesse. Primo fra tutti il soggetto della serie più recente di lastre a rilievo (circa 540 a. C.), che non mostra più le feste gentilizie del banchetto e della danza della serie precedente (circa 560 a. C.), ma due soggetti mitici, Eracle e il leone nemeo, ed Eracle e il toro di Creta, fra un corteggio di opliti a piedi e su carro. Al rito si è sostituito il mito, sia pure un mito di carattere particolare,

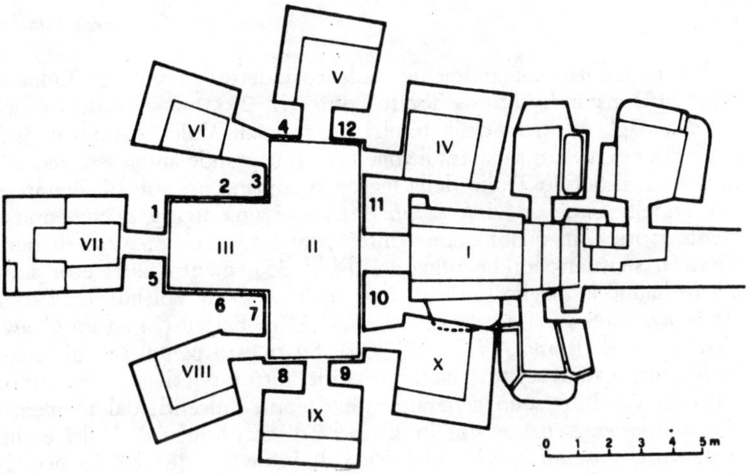

Fig. 75. Pianta della tomba François a Vulci. I numeri arabi indicano la posizione degli affreschi: 1-2. Combattimento degli eroi vulcenti; 3. Uccisione di Gneo Tarquinio Romano da parte di *Marce Camitlnas*; 4. *Vel Saties*; 5-6. Sacrificio dei prigionieri troiani; 7. Eteocle e Polinice; 8. Nestore; 9. Fenice; 10. Aiace e Cassandra; 11. Sisifo e Anfiarao; 12. *Thanchvil Verati.*

le imprese benefiche di un eroe caro — sappiamo — al più grande tiranno di quegli anni, Pisistrato di Atene. Parimenti, se al centro del cortile è la fossa per i resti dei tradizionali sacrifici agli antenati, all'esterno del « palazzo », sull'altro lato della strada posta a lambire l'edificio e virtualmente in asse con l'ingresso di questo, è una costruzione rettangolare che, per pianta, misure e tecnica costruttiva, non può essere altro che un piccolo tempio. Il *princeps* del « palazzo » di Acquarossa non può più, come il signore di Murlo, abbracciare il culto collettivo con il suo imponente cortile, ma deve collocarlo all'esterno, vicino, ma non coincidente con il « palazzo ». Le differenze tra le due situazioni sono dunque grandi: il *princeps* di Murlo è signore assoluto, è *kýrios* e *basileús*, re nel senso compiuto del termine; il *princeps* di Acquarossa avrà forse avuto lo stesso titolo regale, ma di fatto il suo potere era limitato dal fatto che il carisma religioso non è più interno al « palazzo », ma esterno e collettivo, come dimostra anche l'insistenza su eroi salvatori ed opliti delle lastre architettoniche. Di fatto, anche se certo non di nome, egli non è più *basileús*, ma *týrannos*.

I pochi dati certi sulle vicende politiche dell'Etruria meridionale e di Roma nel VI secolo a. C. sono quelli della tradizione letteraria romana sulla monarchia etrusca e quelli della tradizione etrusca su Mastarna e i fratelli Vibenna, accennata dall'etruscologo imperatore Claudio nel suo discorso sulla cooptazione in senato dei *primores* delle

Gallie riprodotto integralmente nelle cosiddette « tavole di Lione » (*ILS* 212) e parafrasato da Tacito (*Ann.* XI, 23), ma soprattutto raccontata dagli affreschi della tomba François di Vulci, datata al 340 a. C. circa. Quest'ultima tradizione, del più grande interesse, mostra *Macstrna*, il Servio Tullio della leggenda romana, in atto di liberare i due fratelli *Caile* ed *Avle Vipinas* (questi una figura documentatamente storica, in quanto dona, intorno al 580 a. C. un vaso di bucchero al santuario di Portonaccio, *TLE*[2] 35), mentre altri eroi suoi alleati hanno la meglio su di un *Laris Papathnas* di Volsinii, un *Pesna Arcmsnas* di Sovana, un *Venthi Caules* (?) di Falerii (?) ed un *Cneve Tarchunies* di Roma (*TLE*[2] 297-300). Su questo complesso di scene moltissimo è stato scritto, ma il nucleo dei fatti è relativamente scarno. Gli eroi vincitori sono generalmente ritenuti vulcenti, dal momento che compaiono senza etnico in affreschi di una tomba di Vulci e che nella voce *Tuscum vicum* del lessico di Festo (p. 486 L) l'etnico di Vibenna è integrato in [*Volci*]*entes*; l'identificazione di *Macstrna* con Servio Tullio è data da Claudio che confronta specificatamente le due versioni etrusca e romana; l'uccisione di *Cneve Tarchunies*, sia pure per mano di un altrimenti ignoto eroe etrusco *Marce Camitlnas*, rappresenterebbe dunque il momento in cui Servio si sostituisce al re Tarquinio, il *Tarchunies* degli affreschi, ma qui con altro prenome, *Cneve* in luogo di *Lucius*; la tradizione etrusca conservava il ricordo di conflitti tra Vulci e alcune città etrusche collegate a Roma, Volsinii e Falerii (?) sulla valle del Tevere e Sovana nell'entroterra di Vulci, ricordo del tutto scomparso dai filoni principali della tradizione romana, che faceva invece di Servio il figlio di una schiava nato in maniera miracolosa e cooptato al regno per matrimonio con la vedova di Tarquinio Tanaquilla. Ma la leggenda romana registra tratti ancora più interessanti per il nostro discorso, il rapporto privilegiato tra Servio e la dea Fortuna, con la quale egli si univa nottetempo, e l'apparizione « alla finestra » di Tanaquilla per annunciare il nuovo re: fatti questi che, assieme alle origini miracolose del protagonista, descrivono molto bene il carisma orientale, dalla ierogamia — le nozze « divine » — all'immagine alla finestra della donna che « fa il re », simile all'Afrodite « alla finestra » della tradizione regale cipriota. L'istituzione monarchica tradizionale è ormai fatalmente indebolita dai conflitti politico-sociali collegati all'urbanizzazione (l'ingresso stesso di una monarchia etrusca a Roma ne è un segno evidente) ed il re ha ora bisogno di un carisma divino che ne legittimi il potere. Tale carisma non gli giunge più dalle tradizioni patrie della divinazione attraverso il volo degli uccelli, l'*augurium* e l'*auspicium*, ma dal lontano mondo orientale, dall'Afrodite di Cipro, la « più vecchia delle Parche », identificata con Fortuna, dea della *Fors*, del fato e del caso. Portatori di queste ideologie erano, abbiamo visto, i mercanti e gli stranieri greci, e in particolare greco-orientali, ora marginalizzati intorno ai culti dell'*empórion*. A Roma, in sincronia con la data tradizionale di Servio Tullio tra il primo e il secondo quarto del VI secolo a. C., viene sontuosamente costruito fuori la *porta Carmentalis* e presso il porto tiberino, un santuario dedicato a Fortuna e Mater Matuta, che le fonti concordemente attribuiscono al re Servio Tullio, con una statua di legno dorato velata, simile alla greca Afrodite *Morphó*; sul tetto della seconda fase del tempio (540 a. C.) una dea armata ed Eracle simboleggiano la ierogamia e al tempo stesso riecheggiano l'ingresso dell'eroe nell'Olimpo, mito caro a Pisistrato che si era impadronito del potere con il singolare stratagemma dell'ingresso sull'Acropoli di Atene guidato da un'attrice — una schiava! — travestita da Atena per una « sacra rappresentazione ». Il paradigma del tiranno non potrebbe essere più esplicito ma, cosa del più alto interesse, questo non viene propagandato sull'Acropoli — come fa Pisistrato con il suo ingresso trionfale e il trapianto del culto del suo demo di Artemide Brauronia — bensì vicino al *portus* e nelle forme di tradizione fenicio-cipriota mediata attraverso l'ambiente mercantile greco-orientale. Se è esplicito il paradigma, non meno esplicito appare il messaggio politico rivolto verso l'esterno della città, in un santuario che si pone come punto di incontro di stranieri e di cittadini e come riferimento ideale di ceti plebei: e Servio, oltre a questo santuario, ne fa erigere un altro non meno importante sul colle sacro alla plebe, quello di Diana Aventinense, con rapporti con Nemi e Marsiglia e dotato di diritto di asilo.

Non dissimile appare quanto ci testimonia Cere, dove lungo tutto il VI secolo le necropoli rivelano un ben preciso movimento in direzione di un'isonomia cittadina. Nel porto della città a 13 km dal centro urbano, a Pyrgi, dove forse già esisteva un luogo di culto della prima metà del VI secolo a. C. — a giudicare da scarsi resti di terrecotte architettoniche e dalla costruzione di una grande strada di collegamento — intorno al 510 a. C. viene costruito un grande tempio dalla singolare pianta periptera di tipo greco: è questo il santuario di Ilizia, dea delle nascite, e di Ino-Leukothea, dea del mare e della navigazione, come traducono fonti greche la figura divina etrusca dalle molte valenze, signora della nascita e della luce e protettrice della navigazione, incarnata da *Uni*, in latino *Iuno*, Giunone. Il confronto con il santuario romano di Mater Matuta e di Fortuna si im-

Fig. 76 (*a p. 178*). Candelabro di bronzo con figurina di Eracle reggistelo, prodotto « medio » delle officine vulcenti del primo periodo classico. Secondo quarto del V sec. a. C. (Roma, Museo di Villa Giulia).
Fig. 77 (*a p. 179*). Testa « Malavolta » da Veio, estremo capolavoro della coroplastica veiente. Poco dopo la metà del V sec. a. C. (Roma, Museo di Villa Giulia).

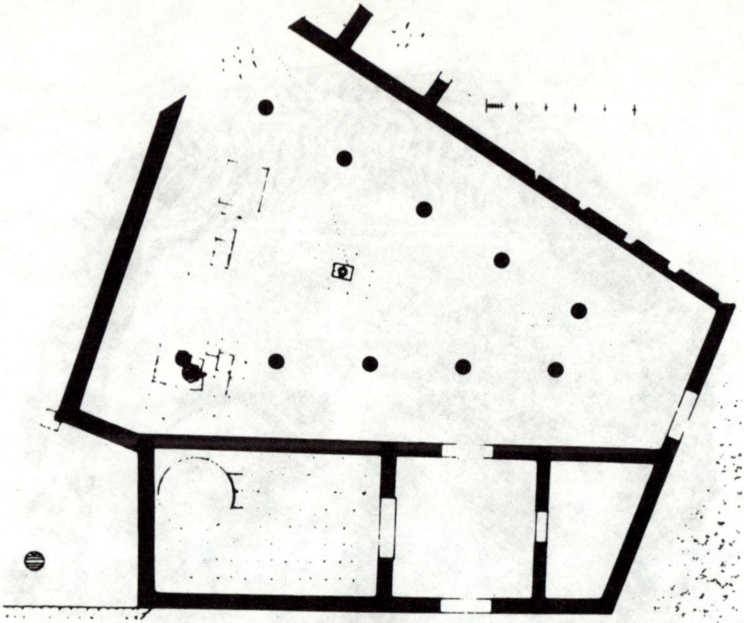

Fig. 78. Pianta della *regia* di Roma nella sua fase della fine del VI sec. a. C. Si notino la grande corte colonnata e l'ala tripartita, tipiche dei « palazzi ». Nella sala di sinistra è il grande focolare; qui e nella stanza di destra si debbono riconoscere i *sacraria*, rispettivamente di Ops e di Marte (da Brown).

pone e la costruzione di un altro tempio accanto al primo, forse un ventennio più tardi (vi ritorneremo a suo tempo), sigilla l'analogia con il culto romano. Poco prima, però, un'altra realizzazione urbanistica nel territorio ceretano illustra ancora meglio le tendenze politico-religiose di quella società. A poca distanza da Cere in località Montetosto, presso una gigantesca tomba a tumulo gentilizia dell'iniziale VII secolo a. C. viene realizzata, intorno al 530 a. C., una gigantesca costruzione dalla pianta simile a quella dei « palazzi » di Murlo e di Acquarossa. È merito grande dello scopritore G. Colonna avere identificato in questo complesso il luogo del culto eroico prestato ai prigionieri focei uccisi dai Ceriti dopo la battaglia di Alalia, di cui si è detto sopra. Narra infatti Erodoto (I, 167) che i prigionieri greci catturati nella battaglia sarebbero stati assassinati dagli abitanti di Cere: l'insorgere di una pestilenza avrebbe fatto ricorrere i Ceriti all'oracolo di Delfi che avrebbe indicato come espiazione la istituzione di giuochi in onore dei Focei uccisi. Occorre spiegare un momento il significato della lapidazione di questi prigionieri che si iscrive nella pratica arcaicissima di stampo gentilizio dell'uccisione dei nemici catturati per placare i mani dei defunti aristocratici, pratica ben nota agli Etruschi, come dimostrano gli affreschi della tomba François, messi come *pendant* del racconto di *Macstrna* e raffiguranti, con un simbolico rinvio mitico, l'uccisione dei prigionieri troiani da parte di Achille alla presenza dell'ombra di Patroclo. È facile pensare che la lapidazione dei Focei sia avvenuta presso il grande tumulo gentilizio forse appartenente alla *gens* di uno dei protagonisti della battaglia di Alalia; vero contrappasso, l'espiazione si sarebbe realizzata adottando o conservando (se prima qui sorgeva il « palazzo » dei *principes* sepolti nel tumulo) la pianta di tipo palatino, con l'evidente volontà di sostituire alle gare, ai giuochi e alle cerimonie dei *maiores* degli aristocratici responsabili del « delitto religioso », gare e giuochi in onore delle vittime eroizzate focee. Non è difficile leggere in questo fatto come nella monumentale costruzione del tempio di Pyrgi, la volontà di affermazione antiaristocratica e la capacità economica, politica e ideologica del *dêmos*, della « plebe » cerite. L'antica marginalità di questi gruppi nella tutt'altro che casualmente più ellenizzata metropoli d'Etruria viene, tra il 530 e il 520 a. C., eliminata. Il margine si fa centro, riadoperando in forma nuova i vecchi segni del potere incarnati dal palazzo per un culto eroico tutto greco e assegnando ai culti emporici greci dignità pari e financo superiore a quella degli antichi culti locali. Negli stessi anni a Roma si preparava la fine della monarchia. Tradizionalmente fissata al 509 a. C., l'evento venne sanzionato, fra l'altro, dalla sostituzione del *rex* con un *rex ad sacra*, un « re » per le cerimonie religiose, assegnandogli come dimora la *regia*. Gli scavi americani hanno dimostrato che effettivamente alla fine del VI secolo a. C., sul luogo ove per secoli si sono succeduti capanne ed edifici con connotazioni sacrali (forse abitazioni-« palazzi » dei re etruschi), viene costruito un edificio dalla pianta del già noto tipo palatino, sede del *rex sacrificulus*, degli antichissimi culti regali di Marte ed Ops (l'« abbondanza ») e del grande focolare. Il tipo del « palazzo » viene anche a Roma definitivamente imbalsamato, con il trionfo del pubblico sul privato; ma che i conflitti sociali di Roma fossero in qualche misura diversi da quelli di Cere ci viene dimostrato dal fatto che mentre a Pyrgi, intorno al 470 a. C. (o secondo altri verso il 450 a. C.), si costruisce un altro tempio nel santuario emporico di *Uni*, a Roma il parallelo culto di Fortuna e Mater Matuta contemporaneamente alla istituzione della repubblica viene abbandonato. Diversi erano i destini del *dêmos* tra le due città e tra Cere e le altre *poleis* dell'Etruria meridionale, non meno che tra Sud e Nord e tra le varie parti della « grande Etruria ».

VII

IL CONFLITTO

1. *La « crisi » del V secolo a. C.*

Tra i luoghi comuni più diffusi nelle ricostruzioni della storia etrusca vi è quello dell'esistenza di una « crisi » del V secolo a. C. Non si tratta certo di sfatare questo mito, ma piuttosto di precisare di quale crisi si tratta ed eventualmente che senso ha parlare di crisi per questo periodo. L'idea di « crisi » nasce in primo luogo dalla documentazione archeologica, che complessivamente appare meno abbondante, ricca e culturalmente vivace di quella del secolo precedente. A partire dal secondo quarto del V secolo a. C. infatti in Etruria, non c'è dubbio, si costruiscono meno templi, meno tombe, le importazioni delle già popolarissime ceramiche attiche diminuiscono vertiginosamente, le produzioni locali di oggetti d'arte si rarefanno e si impoveriscono quanto a livello formale. Ma il fenomeno intanto non riguarda tutta la « grande Etruria », bensì le aree più sviluppate dell'Etruria propria, laddove nell'Etruria padana l'evoluzione avviata nel secolo precedente prosegue con immutata intensità e nell'area campana, all'apparente eclisse delle città costiere del Sud avvenuta già a metà del VI secolo a. C., fa riscontro una continuità di benessere nelle città interne di Capua, di Cales e di Nola; ma anche nelle zone colpite dalla « crisi », una lettura più attenta della documentazione archeologica consente di precisare che questa « crisi » non è stata generale ed indiscriminata, ma si è diretta soprattutto verso quei ceti emergenti che nel corso del VI secolo a. C. avevano affiancato gli antichi ceppi aristocratici. Troviamo infatti a Cere o a Tarquinia ancora molti sepolcri — in genere costruiti tra la

Fig. 79 (*a fronte*). Particolare dell'altorilievo fittile decorante la parte posteriore del trave di colmo del tempio A di Pyrgi, raffigurante Atena alata con il vaso del balsamo dell'immortalità, che si ritrae inorridita di fronte al gesto sacrilego di Tideo su Melanippo. 480-70 (o 450) a. C. (Roma, Museo di Villa Giulia).

fine del VI e i primi decenni del V secolo a. C. — contenenti deposizioni con grandi ed importanti vasi attici a figure rosse di pieno V secolo a. C.; a Vulci e a Volsinii (a quest'epoca costituenti un vero e proprio « asse », a giudicare dalle importazioni di vasi attici) l'afflusso di ricchezza è continuo, anche se non conosciamo più tombe monumentali come quelle del secolo precedente, ma solo piccole sepolture aggregate agli antichi sepolcri, quasi a segnalare una continuità gentilizia, o un riuso di questi, come è costume soprattutto nella metropoli del territorio falisco.

La contrazione della domanda privata in queste zone è indubbia, ma, a parte il caso di Veio (ove, al pari della vicina, grande rivale latina, le necropoli virtualmente scompaiono), essa riguarda la domanda di massa e non la selezionata richiesta di ristrettissimi gruppi, che, sulla base di quanto attestato da tombe come quella ceretana « dei Vasi Greci » entro il tumulo 2 della Banditaccia (v. sopra, p. 98), è facile identificare con la classe dominante di più o meno antica formazione. Alla contrazione della domanda privata fa riscontro anche una brusca diminuzione della domanda pubblica. La costruzione o la ridecorazione completa di tutti i grandi templi dell'Etruria meridionale sono databili tra gli inizi del VI e il primo venticinquennio del V secolo a. C., epoca dopo la quale anche le semplici ridecorazioni fittili o le mere sostituzioni di terrecotte sono rarissime; bisognerà attendere il IV secolo a. C. (e neanche i momenti iniziali di questo), perché si possa tornare ad assistere ad un fervore edilizio di livello pari a quello di età arcaica.

Si è normalmente voluto collegare questa generale contrazione della domanda, in maniera semplicistica e meccanica, con la nuova situazione mediterranea conseguente alle guerre persiane e con le contemporanee turbolenze etniche della penisola italiana. Naturalmente questi due fenomeni non sono del tutto estranei a tale apparente collasso di un'economia già florida, come avremo modo di vedere; tuttavia essi, da soli, non soltanto non sono sufficienti a determinare tanto calo di domanda, ma risultano non perfettamente concomitanti fra loro e dunque non tali da essere invocati come fattori unitari ed univoci di crisi.

La « crisi » delle grandi *poleis* del Sud ha in realtà un altro nome: il volto e le conseguenze materiali e culturali di un'involuzione oligarchica. Di recente, D. Musti ha illustrato con particolare finezza le forme economiche delle aristocrazie arcaiche della Grecia ed ha messo in risalto come nelle oligarchie estreme domini la tendenza alla « tesaurizzazione nascosta »: un noto passo platonico (*Rep.* VIII, 584a-c), da Musti richiamato, sottolinea l'avidità e l'avarizia delle oligarchie e al tempo stesso il loro « non possedere manifestamente » la ricchezza, « onorata nell'ombra », una condotta ancora ribadita più tardi da Teofrasto nel suo « Carattere dell'oligarca » (*Char.* 26). La tesaurizzazione oligarchica, che, come a Sparta non ha natura né pubblica, né privata, ma solo « sacra » (Thuc. I, 141, 3), è « rimossa » (per usare la terminologia di Musti), non investita, lontana: al pari di quella laconica, la ricchezza, i *chrémata*, saranno forse da ricercare nel deposito dei grandi santuari panetruschi e segnatamente a Volsinii, ciò che spiega la ininterrotta prosperità della città, poc'anzi rilevata, in un asse ora stretto con Vulci e più volte affiorante nella nostra documentazione, fino alla sottomissione a Roma annunciata con il trionfo del 280 a. C. *de Vulsiniensibus et Vulcientibus*.

Questo indirizzo oligarchico del « non possesso manifesto della ricchezza » è dunque *in primis* responsabile del vertiginoso calo della domanda pubblica e privata e del concentrarsi degli scarsi *chrémata* disponibili in pochissime tombe, come quella pure ora ricordata dei Vasi Greci di Cere. In questo quadro non è meno significativo il palese rifiuto dello strumento monetario da parte delle *poleis* etrusche di età arcaica e classica: il timido passo compiuto con l'*aes signatum* (v. sopra p. 160) ancora nei primi decenni del VI secolo a. C. non trova seguito ulteriore fino al IV secolo a. C., con la sola eccezione — peraltro comprensibile — di Populonia. Ugualmente altri fenomeni trovano spiegazione nel quadro della possibile involuzione oligarchica: penso qui alla sensibile diminuzione dell'uso della scrittura o all'assenza di epigrafi dedicatorie con titoli magistratuali, tutti segnali di un'« involuzione » del politico rispetto alla situazione di età arcaica e tardo-arcaica, quasi a voler riaffermare valori privati e gentilizi molto locali e ristretti a confronto del cosmopolitismo precedente e al fasto degli investimenti pubblici e privati consumato tra la metà del VI e gli inizi del V secolo a. C.

Naturalmente tutto questo matura nelle tensioni sociali del periodo immediatamente trascorso e l'involuzione oligarchica, se vi fu, non fu generale; la frantumazione del quadro socio-economico implicita nella situazione precedente esclude ogni generalizzazione. Ma non solo: è dalla combinazione tra le realtà conflittuali fortemente differenziate nei vari ambiti regionali ed i diversi livelli di sviluppo, e tra tutto questo e la dinamica peninsulare e mediterranea, che nasce il più difficile momento della storia etrusca, ricco più di ombre che di luci.

2. *Città e campagna*

Il secolo precedente si era chiuso con un evidente conflitto tra *polis* e « palazzo » e, all'interno delle singole *poleis*, tra gruppi, ceti e classi di un'articolazione sociale assai sviluppata e complessa. Alla fine del VI secolo a. C., quasi contemporaneamente, Murlo ed Acquarossa, ai due estremi di quella parte dell'Etruria propria caratterizzata dal dominio della campagna, vengono distrutti e mai più ricostruiti, mentre a Cere, la città più evoluta di tutto il mondo etrusco, il modello del « palazzo » — a Roma poco più tardi impiegato per il *rex ad sacra* — diviene sede di culto eroico extraurbano e il santuario emporico di Pyrgi riceve un assetto monumentale. Tutto questo è l'immagine fortemente contrastata di un conflitto tra città e campagna risolto interamente a favore della città, dopo un secolo di tensioni che nelle *poleis* più avanzate si era connotata con l'allentamento dell'istituto monarchico, l'apparizione di figure e dinastie tiranniche come quella etrusca di Roma e, sempre a Roma, con la liquidazione della istituzione regia.

Esaminando sull'area più vasta della « grande Etruria » tutta questa fase, emerge con chiarezza che lo scontro tra città e campagna si allarga all'intero territorio etrusco. A Veio, il modello, già affermatosi in passato, dell'occupazione diffusa della campagna si rafforza: fattorie, come quella di Casale Pian Roseto, hanno il loro *floruit* proprio nel secolo V, mentre è adesso che la città viene dotata di una poderosa cinta di mura. Nel territorio falisco, la capitale Falerii ha una supremazia incontrastata e assoluta, con la scomparsa del grande centro forse rivale di Narce, in stretto rapporto con Veio, e con l'abbandono di tutti gli *oppida* minori dell'area. Ancora più evidente il fenomeno nella zona di influenza cerite. Cere con il suo porto grandeggia ora isolata in un vasto territorio, nel VI secolo a. C. fittamente popolato di abitati fiorenti, sede di piccoli potentati: gli abitati dell'area dei Monti della Tolfa non restituiscono più tombe di sorta posteriori al primo venticinquennio del V secolo a. C. e centri un tempo importanti, come Blera, San Giuliano, San Giovenale, sono ora deserti.

Prepotente è anche l'espansione di Tarquinia nel territorio del vasto entroterra fino al lago di Bolsena. La distruzione di Acquarossa rientra nel quadro di questa espansione, al pari della scomparsa della Tuscania arcaica, da collocare verosimilmente nello stesso contesto cronologico; la città viene cinta di mura forse proprio nel V secolo a. C. con un'impressionante allargamento che ingloba l'antico centro della « Civita » triplicandone la superficie, mentre il santuario emporico di Gravisca, tra il primo e secondo quarto del V secolo a. C., si dà un ambizioso riassetto monumentale, che viene a coincidere tuttavia con l'improvviso collasso delle frequentazioni greche. Lo stesso fenomeno si può riscontrare nell'area dominata da Vulci. La città, in fortissima espansione già nel tardo VII secolo a. C., quando di-

Fig. 80. Tomba del pilastro dorico di Cere, capitello. È questa una delle poche tombe monumentali di Cere nel V sec. a. C., la cui decorazione, estremamente sobria peraltro, si limita al poderoso pilastro dorico centrale. Il tipo è imitato nel territorio falisco e a Veio.

strugge la rivale Marsiliana ed elimina, con il presumibile accordo di Roselle, l'altra rivale Vetulonia, prosegue l'ampliamento del suo dominio secondo le linee adombrate dai duelli eroici dipinti nella tomba François, verso l'interno in direzione di Volsinii. La Sovana arcaica, da identificare forse con Pitigliano, è distrutta ancora a metà del VI secolo a. C., all'epoca delle leggendarie imprese di *Macstrna*; alla stessa data si colloca la scomparsa dell'abitato di Poggio Buco, identificato comunemente con la Statonia preromana; alla fine del VI secolo a. C. si datano invece l'abbandono di Bisenzio sul lago di Bolsena e dell'anonima città di Castro che ancora vent'anni prima restituiva una tomba principesca con carro da guerra di bronzo; a metà del V secolo a. C. viene infine abbandonato il centro di Saturnia sull'alta valle dell'Albegna. Si ha l'impressione che, come Tarquinia privilegia le direttrici di espansione lungo la valle del Marta, Vulci indirizzi lo sviluppo del proprio dominio lungo la valle del Fiora; solo più tardi la città sarebbe passata a controllare l'alto corso dell'Albegna, come mostrano chiaramente l'abbandono di Saturnia e la nascita nel tardo V secolo a. C. dell'*oppidum* di Ghiaccio Forte, di sicura pertinenza vulcente.

Più a Nord, dopo il probabile assoggettamento di Vetulonia tra il tardo VII e l'iniziale VI secolo a. C. (solo una pubblicazione integrale delle necropoli vetuloniesi con materiali di VI secolo a. C. potrà stabilire in maniera chiara il senso storico compiuto delle sequenze delle necropoli), la città di Roselle emerge con chiarezza come la *polis* dominante dell'area costiera tra Vulci e Populonia: le necropoli degli abitati minori sull'arco dell'antica laguna del *Lacus Prilis*, rese note da una recente indagine topografica, attestano un abbandono dell'area negli ultimi decenni del VI secolo a. C., quando Roselle conquista in maniera definitiva non solo la fascia costiera, ma anche l'entroterra. È infatti a Roselle, piuttosto che a Chiusi, da attribuire la distruzione del « palazzo » di Murlo (525 a. C. circa), che costituisce un punto estremo di risalita dell'entroterra rosellano imperniato sulla valle dell'Ombrone. D'altro canto, le mura di cinta e i materiali architettonici finora noti da Roselle indicano uno sforzo di organizzazione urbana tra la metà del VI e gli inizi del V secolo a. C., mentre il discreto flusso di importazioni attiche a figure rosse testimonia il perdurare della prosperità della città nel V secolo a. C.

L'inserimento delle valli del Fiora e dell'Albegna a Sud, e dell'Ombrone a Nord, nei sistemi urbani di Vulci e Roselle sottende, oltre al possesso di vaste porzioni di territorio direttamente coltivabile, anche un forte interesse per il controllo delle strade naturali tra la costa e il vasto territorio ora dominato da una metropoli emergente, Chiusi. Il ricordo della leggendaria spedizione del re chiusino

Porsenna contro Roma e della conquista della città latina che alcune fonti gli attribuiscono è sufficiente ad illustrare la capitale importanza che Chiusi era andata assumendo nel corso del VI secolo a. C.; la fiorente industria del bucchero « pesante » e le importazioni di ceramica attica a figure nere di altissima qualità sono l'immagine archeologica delle fasi iniziali di questa crescita. Purtroppo gli scavi predatori del secolo scorso e le scarse edizioni di materiali scientificamente condotte sono uno dei principali limiti per le nostre possibilità di giungere a ricostruzioni attendibili delle vicende storiche di Chiusi come della maggior parte dell'Etruria settentrionale. L'importanza e il primato del centro chiusino su di un amplissimo territorio già alla metà del VI secolo a. C. sono fuori discussione; resta oscuro invece il rapporto tra città e territorio nel quale si registrano presenze importanti (per citare le maggiori, Chianciano, Città della Pieve, Sarteano, Castelluccio di Pienza, Castiglione del Lago) per tutto il periodo tardo-arcaico e per buona parte del V secolo a. C., quasi esistesse un peculiare — e significativo — equilibrio tra città e campagna.

Se dunque Volsinii, in privilegiato rapporto con Vulci, sembra seguire piuttosto il modello meridionale, attestato fino a Roselle e Populonia, con un netto squilibrio del rapporto città-campagna a favore della città, immediatamente più a Nord, a Chiusi, questa delicata bilancia socio-economica tenderebbe a riequilibrarsi, pur nell'indubbia funzione di fulcro della concentrazione urbana. Questo modello, allo stato purtroppo lacunoso delle nostre conoscenze, appare riprodursi negli altri centri settentrionali. A Perugia, ad esempio, emergono tombe importanti di VI e V secolo a. C. nella necropoli cittadina dello Sperandio, ma testimonianze di presenze di rilievo nel territorio non mancano; a Volterra, l'austerità delle rare sepolture di V secolo a. C. fa riscontro a forti impegni nell'attività edilizia pubblica e a testimonianze episodiche, ma importanti nel vastissimo territorio, come ad esempio nel Senese; ad Arezzo, terrecotte architettoniche lasciano intravedere un parallelo sforzo nell'edilizia sacra di V secolo a. C., mentre la sparizione dei cippi e delle stele tardoarcaiche dell'alta valle dell'Arno presuppone un emergere del centro di Fiesole, ma, a quanto pare, senza eliminare presenze della campagna come Artimino.

Questo diverso comportamento dell'Etruria centro-settentrionale sembra da un lato trovare spiegazione nel più tardivo fenomeno di crescita economica e di conseguente concentrazione urbana dell'intera area e dall'altro motivare in maniera storicamente convincente il complesso fenomeno della « seconda colonizzazione » padana. Alla fine del VI secolo a. C., infatti, i pochi abitati a noi noti della

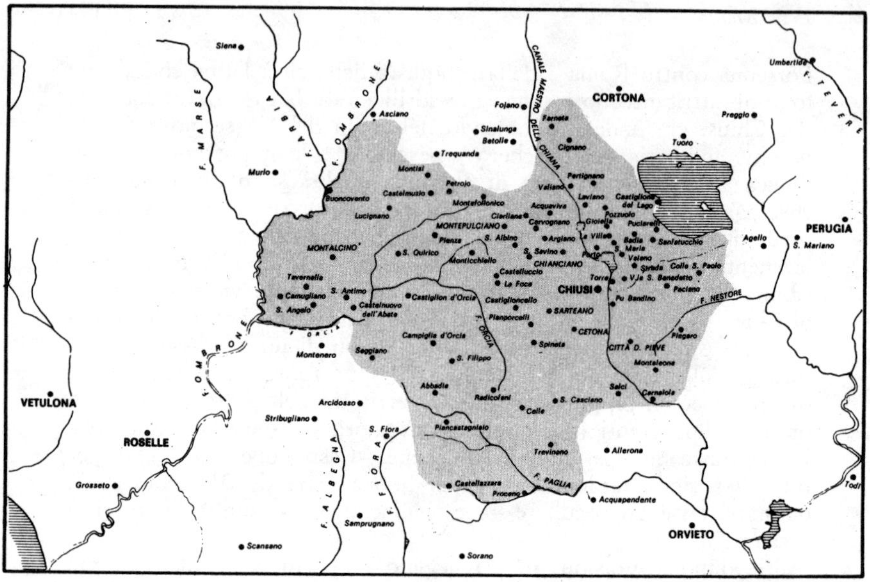

Fig. 81. Carta del territorio di Chiusi (da Mansuelli).

« dodecapoli » etrusca della val Padana vengono ristrutturati, come Bologna, o addirittura fondati *ex novo* come Marzabotto e Spina. Nel successivo V secolo a. C., questi centri, collegati culturalmente in maniera strettissima con i territori etruschi sull'altro versante dell'Appennino, Arezzo, Perugia, Volterra e soprattutto Chiusi, sono in prepotente fioritura. A Bologna-Felsina è insediata un'aristocrazia certo di recenti origini, ma non per questo meno impegnata, con sepolture dai ricchi corredi e dalle sontuose stele scolpite, nella ricerca di quello stesso prestigio perseguito da quella aristocrazia che l'aveva preceduta nell'Etruria propria un secolo e mezzo avanti e dalla quale in qualche modo originava; nell'emporio di Spina una vivacissima « classe media », di origini composite, etrusche e greche, ma anche venetiche ed umbre, culturalmente assai grecizzata, vive a fianco di famiglie o gruppi dalle possibilità economiche impressionanti, come quelle dei proprietari di tombe sontuosissime, quali ad esempio le tombe 136A della necropoli di Valle Pega o 128 della necropoli di Valle Trebba, contenenti bronzi etruschi raffinati, di produzione meridionale, vulcente, e decine di vasi attici di altissima qualità. Questa cultura etrusca padana, che giunge ad esprimere un livello filellenico pari soltanto a quello di Cere (Cere e Spina avevano un proprio *thesaurós* a Delfi, deposito dei doni votivi fatti al grande santuario panellenico), sembra riprodurre in pieno V secolo a. C. lo stesso meccanismo socio-economico e produttivo che aveva caratterizzato

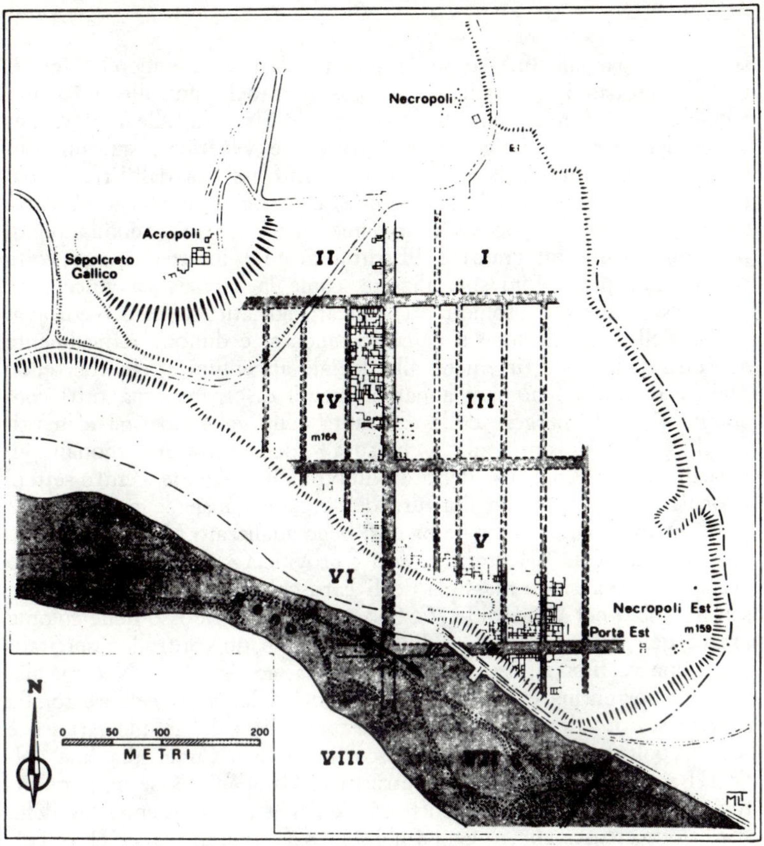

Fig. 82. Pianta di Marzabotto (da Mansuelli).

l'estremo meridione dell'Etruria un secolo prima. Città grandi, quali Marzabotto, contraddistinte come Spina da un'urbanistica regolare e da ceti « medi » dalle abitazioni spaziose, ma poco dediti al fasto, rappresentano il fulcro di una produzione agricola e artigianale assai promettente e ben equilibrata, che consente invece il lusso della capitale Bologna e dell'intraprendente *emporía* spinetica. A Spina, *empórion* dalle ricchezze senza confronti e vero polmone commerciale dell'intera regione nato in parziale sostituzione di Adria, si convogliano ora traffici greci di gran lunga superiori a quelli tuttavia presenti sul versante tirrenico, interessati al contatto con l'immensa riserva granaria della val Padana e all'intermediazione verso l'Europa centrale barbarica, dove la presenza commerciale etrusca lungo le diramazioni della antichissima via dell'ambra si fa ora assai consistente. La parziale, ma sensibile svolta dei flussi commerciali greci, trova spiegazioni molteplici, dal passaggio del controllo in mano ateniese, al fattore nuovo rappresentato da Siracusa, alle mutate esigenze del mercato sia greco che etrusco (e venetico); qui importa piuttosto sottolineare la funzione di perno assunta dall'Etruria padana in un sistema produttivo e di scambio che abbraccia l'Etruria padana stessa (la quale vive, abbiamo visto, di un'economia regionale fortemente integrata) e l'Etruria propria interna, a sua volta tramite per produzioni specializzate, come la bronzistica vulcente e volsiniese, verso i promettenti mercati adriatici e centro-europei. L'asse dell'accumulazione e della domanda si è dunque radicalmente spostato dalle coste tirreniche alla dorsale appenninica, ciò che rende ragione di molti fenomeni apparentemente disorganici ma tutti concomitanti, dall'emergere della centralità della valle tiberina e in primo luogo di Volsinii, alla « chiusura » delle città meridionali, all'aspetto « equilibrato » dello sviluppo della regione centro-settentrionale, alla prepotente fioritura dell'organico insieme padano.

L'Etruria campana, come ha così bene analizzato M. W. Frederiksen, ha una storia sua propria, vera « provincia » separata del popolo etrusco. L'espansione massima degli Etruschi nella regione si realizza senza dubbio nel VI secolo a. C. fino a giungere a ridosso delle colonie greche del golfo di Napoli e di Paestum, con un controllo esercitato su di una vastissima area, da Cales a Nola, ad Acerra, a Nocera, alla penisola sorrentina e alla zona a Nord del Sele. Se la celebre tomba principesca di Cuma conosciuta come tomba 104 del Fondo Artiaco è forse sepoltura di un *áristos* etrusco inurbato a Cuma alla fine dell'VIII secolo a. C., la presenza etrusca in Campania è, se non conflittuale, certo dialettica nei confronti dell'area greca. L'episodio della spedizione etrusca contro Cuma nel 524 a. C. (Dion. Hal. VII, 2-12), sul quale torneremo, sta di fronte all'ospitalità offerta dal tiranno di Cuma Aristodemo all'esule re etrusco di Roma, Tarquinio il Superbo (Liv. II, 21, 5); un'iscrizione bilingue, ancora inedita, di Delfi, una dedica in etrusco e in greco ad Apollo, registra il dono al grande santuario del dio mantico di un tripode « tolto ai Calcidesi di Cuma », presumibilmente proprio nel contesto storico degli avvenimenti del 524 a. C. o degli anni immediatamente precedenti. Le tendenze oligarchiche etrusche, con significative emergenze di una forte cavalleria modellata su quella greca, sono esplicite nella ospitalità concessa agli oligarchi cumani scacciati da Aristodemo e trovano qualche rispondenza nella documentazione archeologica in tombe dal rituale eroico di VI secolo a. C. o ancora in ricche, ma isolate sepolture di V secolo a. C., come la c.d. tomba di Brygos di Capua. Ma il controllo sulla vastissima regione centrata su Capua, ove fiorisce una cultura etrusca

Fig. 83. Cimasa di candelabro bronzeo di fabbrica vulcente dalla necropoli di Valle Pega, raffigurante Hermes e Maia (?). Seconda metà del V sec. a. C. (Ferrara, Museo Archeologico).

particolare con proprie tradizioni architettoniche e artigianali nel bronzo e nella ceramica, è lungi dall'essere definito e stabile. Il caso più conosciuto di Pompei è emblematico: se il patrimonio epigrafico arcaico consiste esclusivamente in iscrizioni etrusche su bucchero, il principale edificio sacro della città, l'*Athenaion* dell'acropoli, è un tempio perfettamente greco, mentre il nome della città è certamente di origine osca. La forte mescolanza culturale ed etnica della dodecapoli campana tradisce una realtà produttiva di fondo assai poco compatta e stabile, con un prevalere di Capua — un prevalere che la farà per secoli ancora città ricchissima, sede di ozi celebri — sul resto della regione controllata e della città rispetto alle campagne, fino all'iniziale VI secolo a. C. densamente popolate di villaggi indigeni, come quelli della valle del Sarno.

3. *Il quadro internazionale*

Con il tardo VI secolo a. C. le nostre informazioni desumibili dalle fonti letterarie si fanno assai più ricche ed articolate: il mondo etrusco non è soltanto un lontano e ricco territorio popolato di pirati, come lo descrivono i testi più antichi o le fonti relative alle fasi storiche più remote, ma una realtà economica e politica complessa inserita in un vasto scacchiere peninsulare e mediterraneo.

La « vittoria cadmea » dei Focei ad Alalia sanziona un accordo, destinato a quanto pare a resistere a lungo, fra Etruschi e Cartaginesi, e del quale fa menzione ancora Aristotele (*Pol.* III, 9, 1280a 38 sgg.), un trattato « sugli affari e gli scambi reciproci », la cui natura non si doveva discostare dal celebre trattato romano-cartaginese datato tradizionalmente pochi anni più tardi, nel 509 a. C. Le vicende dei profughi focei e la contemporanea o poco anteriore conquista cartaginese delle antiche colonie fenicie di Sardegna avevano reso necessario questo accordo, per ricostruire quel circolo di rapporti di scambio tra l'Etruria e le grandi isole tirreniche vivo fin dagli albori dell'età del Ferro e di cui la singolare colonia etrusca di Alalia in Corsica è soltanto il riflesso in uno stadio di più avanzato sviluppo delle forze produttive etrusche e di mutati rapporti di forza internazionali.

La caduta della Lidia e di Focea, l'eliminazione di Policrate a Samo, la conquista dell'Egitto (con il declino conseguente di Naucrati) segnano ad Oriente l'ingresso della Persia sul bacino del Mediterraneo, contemporaneo al riassetto ad Occidente successivo ad Alalia. La reazione greca non si fa attendere a lungo; il breve interludio di talassocrazia egineta sostituisce il predominio greco-orientale, ma la disastrosa rivolta ionica del 494 a. C. e le guerre persiane mettono in crisi definitiva un assetto dei rapporti Est-Ovest durato per secoli. La tradizione voleva che la battaglia greco-persiana a Salamina e lo scontro tra Greci e Cartaginesi a Himera in Sicilia fossero accaduti nello stesso giorno dell'anno 480 a. C.; al di là dell'artificiosità del sincronismo e della esplicita sua ideologia antibarbarica, in esso è da riconoscere la coscienza che gli antichi avevano della profonda interconnessione degli effetti delle due vittorie greche, l'emergere pieno ed evidente della potenza di Atene e di Siracusa, astri che entreranno in fatale collisione poco più di mezzo secolo dopo.

Dopo Cartagine, il tiranno siracusano Ierone si rivolgerà contro gli Etruschi, infliggendo loro una tremenda sconfitta navale nelle acque di Cuma nel 474 a. C. Elmi etruschi, dedicati come spoglie ad Olimpia con l'iscrizione « Ierone di Siracusa dagli Etruschi », ne sono una luminosa testimonianza archeologica. Da quel momento, la presenza di Siracusa nel medio e alto Tirreno si fa incalzante: un presidio viene stabilito a Pithekousa e spedizioni « punitive » di flotte siracusane raggiungono l'Etruria anche dopo la caduta dei Dinomenidi. Atene, dal canto suo, vera erede della Ionia arcaica, inserisce il Tirreno e l'Occidente fra le aree delle sue mire di espansione d'influenza. Non mancano i segni tangibili, soprattutto nei decenni immediatamente anteriori alla guerra del Peloponneso, di una intensa opera di propaganda (e non solo di propaganda) da parte di Atene verso la penisola, dalla partecipazione alla fondazione di Neapolis dopo la battaglia di Cuma, alla significativa rifondazione di Sibari con il nome di Thurii nel 443 a. C., delle città cioè che apparivano come le principali intermediarie tra Ionia e Italia, e fino al contributo ateniese, attraverso la figura di Ermodoro, alla compilazione delle leggi delle XII tavole a Roma; ma soprattutto significativo è l'evidente interesse attico per i mercati etruschi del Nord con l'*empórion* di Spina, così che non meraviglia trovare un'iscrizione dipinta in lingua etrusca da parte del ceramografo (evidentemente etrusco, dal nome servile *Metru*, ossia greco *Metron*) su di un vaso della cerchia del Pittore di Pentesilea, dell'*atelier* cioè responsabile della maggior parte dell'esportazione attica in Etruria attorno alla metà del V secolo a. C. e poco dopo. Non è difficile immaginare perciò cointeressenze così strette fra Etruria e il ceramico di Atene, con l'immissione di pittori etruschi nelle officine ateniesi (meno facile, anche se non impossibile, pensare a trapianti di officine attiche in Etruria), secondo una logica già collaudata fin dal primo grande impulso soloniano all'artigianato attico: quella stessa logica, per intenderci, che nel VI secolo a. C. aveva fatto produrre ad Atene vasi speciali per il commercio con l'Etruria, dalle anfore tirreniche alle anfore nicosteniche (eredi lontane della tradizionale anforetta a spirale etrusca d'età orientalizzante), ai *kýathoi* e ai *kántharoi*, o aveva indirizzato i prodotti di alcuni *ateliers* quasi esclusivamente sul mercato etrusco.

Se la sconfitta di Cuma dovette influenzare profondamente i destini delle città marittime meridionali, il travaglio dei rapporti interni alla penisola nel V secolo a. C. non è senza conseguenze in tutta l'Etruria. La tradizione locale della « Cronaca cumana », conservata da Dionigi di Alicarnasso (VII, 2-12), registra nel 524 a. C. una grandiosa invasione in Campania di Etruschi provenienti dalla val Padana, con contingenti Umbri e Daunii, in seguito a pressioni derivanti da orde celtiche. Come ricorda Livio con la saga celtica di Belloveso e Segoveso (V, 33-35), le pressioni galliche erano assai antiche, datando a partire almeno dal 600 a. C.: la presenza, agli inizi del VI secolo a. C., di un celta di nome *Catacus*, etruschizzato in *Katacinas*, a Volsinii e quivi perfettamente integrato, ne è la conferma archeologica. Dalle valli alpine della Padania queste incursioni dovevano essere ricorrenti e spiegano il successivo spostamento di gruppi etruschi dall'area emiliana; l'aggregazione di Umbri e Daunii va vista nel quadro dei rapporti con le popolazioni montane rispettivamente degli Etruschi padani e campani. L'assalto a Cuma del 524 a. C. è la dimostrazione a un tempo dei torbidi decenni anteriori alla « seconda colonizzazione » etrusca della val Padana e dei legami antichissimi che univano l'Etruria propria interna alla Padania e alla Campania: trovare un celta etruschizzato a Volsinii in quegli anni non è dunque un caso, così come non è un caso che la principale interlocutrice umbra di Volsinii, Todi, restituisca in tempi diversi personaggi di origine celtica, come sono probabilmente l'*Ahal Trutitis* dedicante del Marte di Todi o sicuramente i dedicanti della bilingue gallo-latina pure di Todi. Ciò spiega anche come, pochi anni più tardi, si abbia notizia di un'altra spedizione, quella di Lars Porsenna, che, oltrepassata e forse sottomessa Roma, muove verso la Campania: puntualmente viene fermata ad Ariccia da una coalizione di Latini e Cumani (504 a. C.: Dion. Hal. VII, 5-6). Porsenna, ricordiamo, veniva da Chiusi.

Sempre in questi anni si collocano trasformazioni politiche importanti. Il processo di consolidamento delle strutture urbane nel Lazio, parallelo a quello dell'Etruria, porta di certo a Roma, probabilmente nelle altre *poleis* latine, alla nascita della repubblica. Sovente questo fenomeno è stato interpretato come la « fine del dominio etrusco » sul Lazio. Questo pregiudizio, che vede la presenza di una dinastia di origini etrusche nel VI secolo a. C. come un

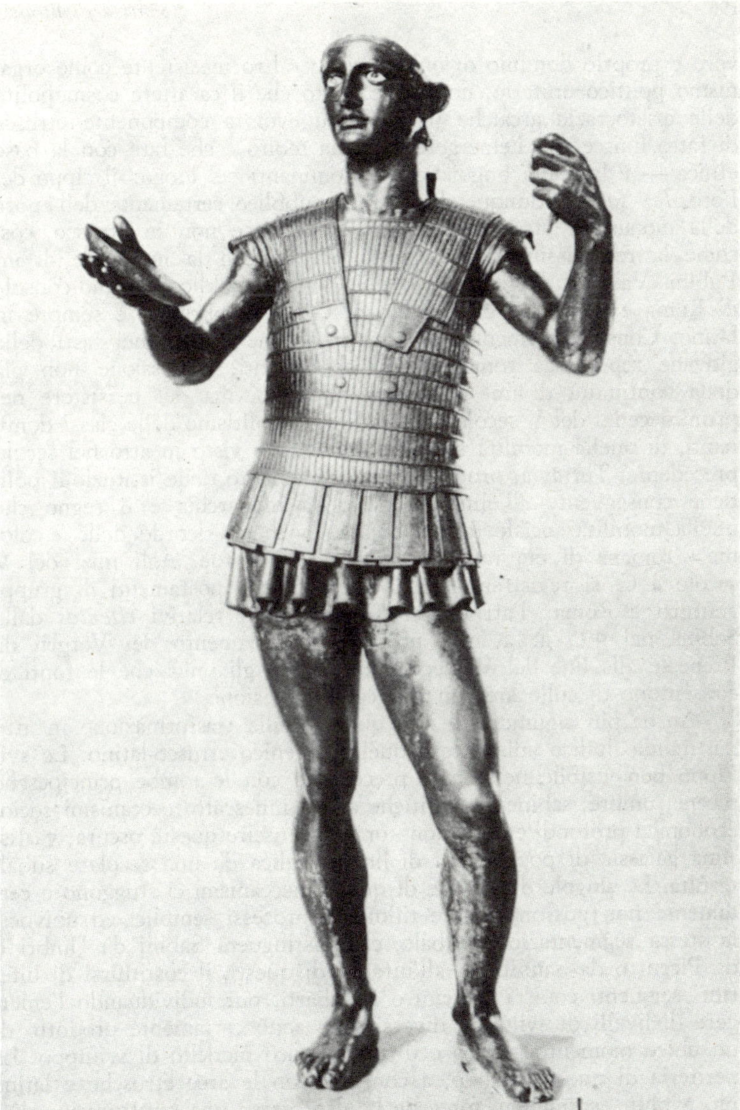

Fig. 84. Il « Marte » di Todi, capolavoro della bronzistica di Volsinii, attribuito allo stesso *atelier* autore della decorazione fittile del tempio del Belvedere, e dedicato nel santuario di Monte Santo presso Todi. Fine del V sec. a. C. (Vaticano, Museo Gregoriano Etrusco).

vero e proprio dominio di un'Etruria peraltro inesistente come organismo politico unitario, non tiene conto che il carattere cosmopolita delle aristocrazie arcaiche (ove la più evoluta componente etrusca di fatto finisce con l'emergere) non ha molto a che fare con la base etnica — e la realtà linguistica — dominanti nel luogo: il cippo del Foro, *lex sacra* e dunque documento pubblico certamente dell'epoca della monarchia etrusca, è scritto in latino e non in etrusco, così come la recentissima iscrizione di Satrico con la menzione di un Publius Valerius, forse identico al P. Valerio Publicola primo console di Roma e dedicante del tempio di Giove Capitolino, è sempre in latino. Conseguentemente, i nomi di origine etrusca nei fasti della giovane repubblica romana sono abbondanti, espressione non già della continuità di un « dominio » etrusco, ma del persistere nei primi decenni del V secolo a. C. del cosmopolitismo delle classi dominanti, di quella mobilità sociale che abbiamo visto in atto nel secolo precedente. Tuttavia, proprio il consolidamento delle istituzioni politiche conseguente all'eliminazione della monarchia è il segno che quella mobilità sociale (cui dobbiamo anche il ricordo delle « colonie » romane di età regia) era ormai alle corde. Agli inizi del V secolo a. C. si registrano alcuni degli ultimi spostamenti di gruppi gentilizi a Roma: l'arrivo dei Claudii con i relativi *clientes* dalla Sabina nel 495 a. C., e il probabile stanziamento dei Veturii da Preneste alla fine del VI secolo a. C. sono gli unici che le fonti ci consentono di collocare con una certa precisione.

Ancor più significativo è il quadro della trasformazione in atto nel mondo italico adiacente a quello tirrenico etrusco-latino. Lo sviluppo ben visibile nel secolo precedente con le tombe principesche picene, umbre, sabine e sannitiche aveva innescato meccanismi socioeconomici profondi che tendono ora a far uscire questa oscura, vastissima galassia di popolazioni di lingua italica da una secolare subalternità. Le singole dinamiche di questi meccanismi ci sfuggono e certamente non possono essere ridotte a processi semplici ed univoci: la stessa segmentazione tribale, che distinguerà Sabini da Umbri o da Piceni o da Sanniti, o, all'interno di questi, il costituirsi di ulteriori segmenti come i Sidicini o i Naharti, pur individuando l'emergere di livelli di sviluppo diversi, non sono certamente prodotto di un unico momento storico o di un identico modello di sviluppo. La periferia di questo mondo, a contatto con le aree etrusche e latine più evolute, certamente precede le altre verso una strutturazione interna di classe ben definita, a sua volta sollecitando gruppi vicini verso il raggiungimento di più elevati sviluppi di forze produttive.

Alla fine del VI secolo a. C., come ci insegna la spedizione etrusca del 524 a. C., tutto questo mondo è in movimento. Ai confini meridionali del Lazio — forse provenienti dall'Umbria — appaiono i Volsci, che nel 502 a. C. strappano a Roma Pometia e Cora, quindi sciamano verso il mare conquistando Anzio, Circei e Terracina, ancora latine nel trattato romano-cartaginese del 509 a. C., e si insediano sulle pendici meridionali del massiccio albano a Velletri. Questa turbolenza in area latina, che riduce l'antico Lazio all'area albana, a Preneste, Tivoli e Roma e poco più, è la sola sulla quale si abbiano notizie e cronologie più precise; ma i conflitti dei primi decenni del V secolo a. C. dei Latini con Equi ed Ernici lascia intravedere un estendersi dello scontro su larghissima scala. Gli effetti interni di questa pressione verso l'esterno non tardano a manifestarsi. Al V secolo a. C. datano le iscrizioni paleo-sabelliche di Penna S. Andrea negli Abruzzi, in area vestina, che rivelano l'esistenza di un'aristocrazia autoproclamantesi di « viri Sabini ». Ancor più chiara la situazione nell'area umbra, a Todi: qui, se ancora nel 450 a. C. si registra una tomba principesca con l'accumulo di centinaia di oggetti preziosi, vasi attici e bronzi e ori etruschi, dal 440 a. C. in poi compaiono decine di tombe aristocratiche di alto livello a segnalare che si è ormai in presenza di un'aristocrazia perfettamente strutturata. Una non dissimile aristocrazia, pur se dedita a consumi meno sontuosi, compare nel pieno V secolo a. C. nelle lontane necropoli di Alfedena e di Pozzilli presso Isernia, nel cuore del Sannio, a testimoniare come i contraccolpi del processo giungessero fin nelle regioni più centrali di queste terre. Anche qui, nelle zone a più stretto contatto con la Campania etrusca, si assiste al dilagare di un prepotente sviluppo, a partire dalla metà del V secolo a. C.: le necropoli di Caudium, ad esempio, pullulano di vasi attici, con un'evidente ellenizzazione del costume funerario. Tutto questo complesso fenomeno è strettamente correlato con gli eventi che nell'ultimo quarto del V secolo a. C. cambieranno il volto della penisola.

4. *La lotta delle classi*

La nascita della repubblica a Roma non comporta a prima vista sensibili mutamenti sociali. La distinzione tra patrizi e plebei non è operante a livello politico, dal momento che i fasti consolari della prima repubblica esibiscono nomi plebei (e nomi etruschi) fino a tutto il primo venticinquennio del V secolo a. C.; parallelamente, le importazioni greche proseguono fino al 470 a. C. e le attività edilizie, se segnano il significativo abbandono del culto « tirannico » e plebeo di Fortuna e Mater Matuta nel *portus Tiberinus*, non si arrestano, con fondazioni plebee sull'Aventino (tempio di Mercurio:

495 a. C.; tempio di Cerere, Libero e Libera: 496-93 a. C.) che si contrappongono a fondazioni forensi con forte connotazione « politica » (tempio di Saturno: 501-493 a. C.; tempio dei Castori: 484 a. C.). La tensione fra le due parti del corpo sociale è evidente. La plebe sottolinea, con la scelta aventinense, certe sue matrici commerciali (Mercurio-Hermes), la sua ideologia e le sue esigenze di garanzia di sopravvivenza e di integrazione matrimoniale (Cerere-Demetra); l'aristocrazia enfatizza invece la centralità del foro, la visione « maschile » e « latina » della riproduzione agraria (Saturno) e il segno aristocratico e spartano della cavalleria (Dioscuri). Crisi economica e crisi politica non si fanno attendere: la « serrata del patriziato » nel 486 a. C., che esclude dalle cariche politiche chi non possiede la qualità di *habere gentem*, di essere membri di una *gens* (i plebei), le drammatiche esigenze di vettovagliamento urbano alla base delle *frumentationes* del 480 a. C., il *bellum privatum* dei Fabii contro Veio nel 477 a. C., ultimo, anacronistico esempio di un modo di intendere la realtà socio-politica e militare in termini rigorosamente gentilizi, sono fatti strettamente concomitanti e segnano l'inizio di un conflitto durato oltre un secolo tra patriziato e plebe. Esclusi dal *commercium* e dal *connubium*, impoveriti dal calo della domanda pubblica e privata, oppressi dalla schiavitù per debiti e pur costretti a servire nell'esercito, i plebei organizzano la loro resistenza attorno al santuario aventinense di fronte alla recessione economica e alla chiusura politica volute dall'oligarchia patrizia, che senza dubbio obbediva a sua volta alle esigenze economico-politiche di un dominio di classe e alle difficoltà insorte nel quadro internazionale con le calate volsche e con la crisi mediterranea della *pax Persica*. Non è qui il caso di ripercorrere le tappe di questo scontro: solo la conquista di Veio, nel 396 a. C. offrirà in abbondanza mezzi di produzione alla domanda plebea di terra e spianerà la via alla serie di aperture politiche ed economiche, con l'accesso dei plebei al consolato (leggi Licinie-Sestie, 367 a. C.) e ai sacerdozi (leggi Licinie-Sestie, 367 a. C.; legge Ogulnia, 300 a. C.) e con l'abolizione della schiavitù per debiti (legge Petelia-Papiria, 326 a. C.); mentre già nel 445 a. C. (legge Canuleia) il più arcaico e conservativo limite sociale, il divieto del *connubium*, era stato rimosso.

Quale è la contemporanea situazione in Etruria? Dalle pagine precedenti si riceve un'immagine assai articolata e complessa della realtà e dello scontro di classe su tutta la « grande Etruria ». L'estremo Sud, nel corso del V secolo a. C., si direbbe sperimenti fenomeni di tipo radicale. A Veio i caratteri del rapporto città-campagna e la presenza di un grande *thesmophórion* nel cuore dell'abitato parlano in favore di una spiccata importanza di ceti urbani e « plebei », di fronte ad un'aristocrazia da lunghissimo tempo in eclisse: non è un

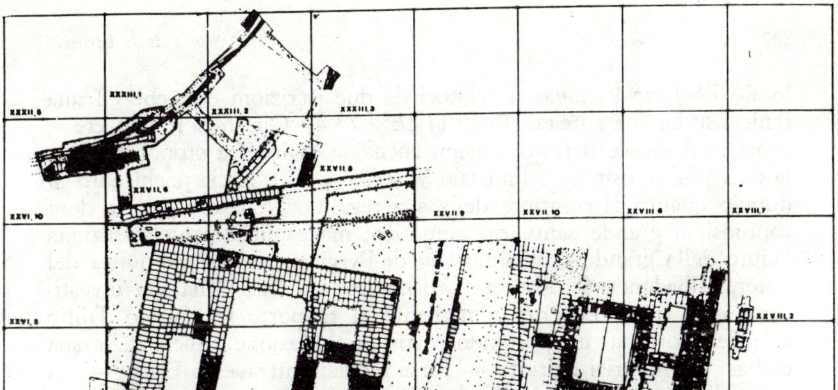

Fig. 85. Pianta del santuario di Pyrgi. A destra il tempio B della fine del VI sec. a. C. con piccola cella e pianta periptera di tipo greco, a sinistra il tempio A del 480 a. C. dalla caratteristica pianta etrusca. Tra i due templi è l'area C, con un altare ctonio e la « vasca » costruita in epoca tarda (III sec. a. C.) per deporre oggetti preziosi del santuario da risparmiare dalle demolizioni; fra questi oggetti erano le lamine auree iscritte. Alle spalle del tempio A è il propileo di accesso con l'arrivo della grande strada Cere-Pyrgi.

caso che in piena crisi determinata dalla pressione romana, a Veio si conosca un « re » (certo un *týrannos*) nel 428 a. C. (Cass. Dio XLIV, 4, 3, e LI, 24, 4; Liv. IV, 17-20) e che nel 403 a. C. si restauri una « monarchia » (Liv. V, 1, 3 sgg.), nella persona di membri della grande famiglia locale dei Tolumnii nota già nel VII-VI secolo a. C. (*TLE*[2] 36, 38). A Cere, si è già messo in risalto il carattere « democratico » degli avvenimenti del tardo VI secolo a. C.; in questo contesto non fa meraviglia che emerga la figura del *týrannos* locale *Thefarie Velianas*, rivelatoci da due iscrizioni etrusche ed una fenicia su lamina aurea di Pyrgi (*TLE*[2] 873-4). Questo « re su Cere », come lo definisce il testo fenicio, anche se di incerta cronologia (ma la data più verosimile è l'iniziale V secolo a. C.), lascia pochi aditi al dubbio quanto al carattere della sua regalità. Non solo egli fa doni sontuosi al grande santuario emporico, ma esplicitamente menziona l'aiuto della grande dea Ishtar-*Uni* di Pyrgi per la sua conquista del potere, ribadendo il carattere carismatico e divino della sua investitura regia (perfettamente somigliante al rapporto tra Servio Tullio e la dea Fortuna) e riportandosi, con la traduzione fenicia della sua dedica, alle matrici cipriote — forse mediate attraverso Erice — del culto di Pyrgi. Il richiamo al trattato romano-cartaginese del 509 a. C., più volte fatto in proposito, non ha molta ragione di sussistere: a Roma, in concomitanza con quel trattato, il culto « fenicio » di S. Omobono viene abbandonato, mentre le clausole prescrivono non già depositi di valore presso il santuario emporico, bensì la sorveglianza dell'araldo o del funzionario pubblico (*kêryx* o *grammateús*), trasferendo cioè il controllo dello scambio all'autorità statale e lasciando alla sfera privata dell'*émporos* gli *hierà*, le cose sacre, assimilate alle « cose necessarie per il viaggio » (Polyb. III, 22, 5-8). *Thefarie Velianas*, con le sue dediche, sottolinea invece l'appoggio delle parti sociali che si riconoscono nel santuario emporico di Pyrgi e nella sua cultura religiosa e politica: questo santuario, vero margine divenuto centro, resterà a lungo sede dei depositi di valore cittadini, al punto che Dionigi di Siracusa vi farà oltre un secolo dopo, nel 384 a. C., una scorreria per saccheggiarlo, traendone grande bottino e lasciando diffusa memoria della cosa nelle nostre fonti, segno evidente delle ricchezze del santuario (Aristot. *Oecon.* II, 1349b; Diod. Sic. XV, 14, 3-4; Polyaen. V, 2, 21; Aelian. *Var. hist.* I, 20; Strab. V, 2, 8; Serv. *Aen.* X, 184). Nessuna meraviglia dunque che attorno al nome di Cere aleggi la figura leggendaria del re-tiranno Mezentio e che ancora a metà del IV secolo a. C., quasi alle soglie dell'incorporazione nello stato romano, Cere, secondo la testimonianza degli *Elogia Tarquiniensia*, sia ancora dominata da un re, un Orgolnius, scacciato dal potere dal *praetor* di Tarquinia Aulo Spurinna. E Cere non a caso diventerà il punto di riferimento della plebe romana in fuga davanti ai Galli, così come Veio rappresenterà per la stessa plebe di Roma il possibile nuovo focolare, dopo l'incendio gallico.

Se queste due città, Veio e Cere, sperimentano democrazia radicale e tirannidi (quelle stesse ripetutamente tentate a Roma tra V e IV secolo a. C. da personaggi come Spurio Cassio, Spurio Melio, Appio Erdonio e Manlio Capitolino), le altre città meridionali offrono invece, con diversa intensità e con sfumature di rilievo, il volto dell'oligarchia. Tarquinia soprattutto sembra avere la guida della tendenza: già si è fatto cenno alle necropoli e al relativo declino delle importazioni; il santuario emporico di Gravisca, dopo un'imponente ristrutturazione che doveva dargli un volto monumentale, databile al 470 a. C. circa, non riceve più mercanti greci ed il suo culto è prestato in forme assai povere e semplici, con rare dediche etrusche di personaggi di condizione evidentemente servile. Quanto resta dello scambio è evidentemente trasferito altrove, secondo regole analoghe a quelle del trattato romano-cartaginese, mentre attorno al santuario muovono solo schiavi apparentemente del tipo classico. Quando, nel 413 a. C., Tarquinia, raccogliendo il messaggio di alleanza con le *poleis* etrusche bandito da Atene contro la comune nemica Siracusa (Thuc. VI, 88, 6), invia un contingente forse raccolto su base federale e comandato dal *praetor* Velthur Spurinna, questo contingente ha la modesta forza di tre penteconteri e dunque di poco più di un centinaio di opliti: è questa la prova, credo, non solo del declino della marineria etrusca, ma anche della limitata base sociale della città e delle sue alleate, capaci di reclutare solo un così basso numero di soldati. Di Vulci e di Volsinii si è detto avanti: non c'è dubbio che a Volsinii spetti a quest'epoca un'importanza capitale nell'area meridionale, rivelata dalla grande vivacità della sua coroplastica e della sua bronzistica, in stretto collegamento con Vulci, ove pure sono fiorenti l'industria del bronzo (i cui prodotti raggiungono Spina in notevole quantità, senza dubbio con l'intermediazione volsiniese) e la ceramografia, unica nel generale declino della produzione vascolare etrusca. La crisi in quest'area si registra agli inizi del IV secolo a. C., quando l'astro di Falerii, concorrente di Volsinii nell'area del medio corso del Tevere e nei rapporti con l'entroterra umbro-sabino, raccoglie gran parte dell'eredità volsiniese sia nella produzione artigianale, con ceramiche prodotte localmente da vasai attici e un'importante coroplastica, sia nello scambio con i confinanti. Le ragioni di questo mutamento sono in gran parte oscure, ma esso avviene senz'altro in sincronia con la crisi di Veio, con la forte ascesa dell'area umbra adiacente, dove a Todi il mercato dal IV secolo a. C. è dominato da

Fig. 86 (*a p. 204*). Lamina aurea da Pyrgi. È questa l'iscrizione di cui la lamina iscritta in fenicio è la « traduzione » (Roma, Museo di Villa Giulia).
Fig. 87 (*a p. 205*). Elmo bronzeo della tomba di S. Raffaele di Todi. Rinvenuto in una tomba principesca del terzo venticinquennio del V sec. con circa sessanta *kýlikes* attiche, è un prodotto corrente di officine vulcenti o volsiniesi della metà del V sec. a. C. (Roma, Museo di Villa Giulia).

Fig. 88. Coppa a figure rosse da Vulci con raffigurazione di ratto mitico. La coppa ricopia vasi attici del 480-70 a. C. ed è considerata un prodotto dell'iniziale IV sec. a. C. Ma questa, come altre isolate opere vulcenti che ripetono (talora fedelmente) originali attici, è più probabilmente un pezzo della metà del V sec. a. C. (Vaticano, Museo Gregoriano Etrusco).

Fig. 89. Chimera di Arezzo. Celeberrimo grande bronzo dedicato a Zeus-*Tinia*, è la prima opera di rilievo delle officine di Arezzo. Fine V - inizi IV sec. a. C. (Firenze, Museo Archeologico).
Fig. 90 (*a p. 208*). Testa fittile da Falerii raffigurante Zeus, derivato dal tipo dello Zeus fidiaco di Olimpia; è il capolavoro della rinata coroplastica falisca del tardo V sec. a. C. (Roma, Museo di Villa Giulia).
Fig. 91 (*a p. 209*). Statuetta votiva raffigurante Marte, di provenienza sconosciuta. È un pezzo tipico, anche se impegnato, della bronzistica « media » settentrionale, dalla quale derivano i prodotti votivi di area umbra correnti dal V sec. a. C. in poi. Seconda metà V sec. a. C. (Roma, Museo di Villa Giulia).

prodotti falisci, e con il primato di Tarquinia sulla lega. Né è da escludere che si sia in presenza di una pressione combinata di Umbri e Celti, attivi in quest'area, attorno a Chiusi, allo scadere del V secolo a. C. (Liv. V, 35, 3). Le conseguenze sono drastiche: a Vulci l'industria del bronzo declina paurosamente, le tombe si rarefanno, mentre a Volsinii l'aristocrazia abbandona la città per insediarsi nella campagna, dove a Porano e a Settecamini erige le sue sontuose tombe dipinte secondo il modello tarquiniese. Il momento oligarchico sembra qui differito di quasi un secolo rispetto a Tarquinia.

Le *poleis* settentrionali vivono ora questa fase di apparente « equilibrio » tra città e campagna. Come è stato già ipotizzato, questo « equilibrio » può essere motivato non solo in virtù del loro più tardivo sviluppo, ma anche e soprattutto grazie alle valvole di sfogo delle pressioni demografiche rappresentate dalla « seconda colo-

nizzazione » della valle Padana, le cui matrici si possono collocare con relativa certezza nell'area etrusco-settentrionale. Le tensioni sociali vengono così sopite e differite, lasciando ampio spazio per un lento e sicuro assetto oligarchico, senza traumi, lungo tutto il V secolo a. C., assetto che emergerà brutalmente nel corso del IV secolo a. C.

Nell'Etruria padana, lo scontro di classe prende i connotati del conflitto etnico. Circondati fin da epoca antica da stirpi barbare, gli Etruschi della Padania hanno trovato certamente degli alleati nelle genti venetiche, con le quali sono da tempo in stretto contatto: la situla venetica dalla necropoli etrusca della Certosa è forse la testimonianza archeologica più evidente di rapporti strettissimi, con spostamenti di persone nei due sensi, in accordo con il grado relativamente elevato dello sviluppo di queste genti, profondamente etruschizzate. Altro è il rapporto con i Celti. L'*imagerie* delle stele felsinee è piena di combattimenti contro Galli, i cui spostamenti nella Transpadana, secondo gli autori antichi (Pol. II, 17-18; Liv. V, 34-35), sono molteplici e non sempre chiari, con un accavallarsi di tribù diverse, tra l'inizio del VI e la fine del V secolo a. C.; gli episodi di scontri nella tradizione si susseguono l'uno con l'altro, dalla battaglia sul Ticino fissata all'epoca di Belloveso e dunque agli inizi del VI secolo a. C. (Liv. V, 34, 9), alla pressione esercitata nel 524 a. C. di cui si è detto sopra, alla saga di Arrunte di Chiusi, che tra la fine del V e gli inizi del IV secolo a. C. avrebbe chiamato i Galli nel territorio chiusino (Liv. V, 33). Polibio è esplicito, il motivo dello scontro è chiaro: l'« invidia per la fertilità della terra » (Pol. II, 17, 3), la stessa che li muove alla conquista della val Padana tutta e quindi li spingerà più a Sud, verso Chiusi e verso Roma. Molto della dialettica di questo scontro ci sfugge. I dati archeologici dell'età etrusca, di cui si è detto avanti, danno l'immagine di una vasta regione che « funziona » unitariamente, con la città di Bologna al centro, sede di una potente aristocrazia, Spina *empórion* della regione ed una serie di città (Marzabotto, Casalecchio sul Reno) fulcro di attività produttive, agricole e artigianali. Agli inizi del IV secolo a. C., mentre i centri minori praticamente scompaiono, Bologna e Spina appaiono ancora abitate, con tombe meno sontuose e, soprattutto a Bologna, con caratteristiche celtiche. I Galli, come afferma Plutarco (*Cam.* 16), si sarebbero impadroniti nella Padana di ben diciotto città etrusche. Tuttavia, il basso livello di sviluppo delle tribù celtiche (Pol. II, 17, 10) non sarebbe riuscito a far « funzionare » perfettamente il meccanismo urbano su scala regionale: l'incerta urbanizzazione dell'area precedentemente da loro posseduta, ben leggibile ancora un secolo e mezzo dopo durante

Fig. 92. Statuetta votiva raffigurante un'offerente. Come la precedente, è un esempio caratteristico delle produzioni « medie » dell'Etruria del Nord. Prima metà del V sec. a. C. (Roma, commercio antiquario).

le guerre di conquista romane, conferma questa « incapacità », in realtà un assetto dei rapporti sociali di produzione conflittuale con la forma urbana.

Più chiara nell'insieme la parallela fine del dominio etrusco in Campania. Racconta Livio (IV, 37, 1-2) che nel 424 a. C. gli Etruschi di Capua, « stanchi per le guerre », avrebbero ammesso alla *societas urbis agrorumque* le genti sannitiche, le quali, approfittando del sonno degli Etruschi conseguente ad una festa, avrebbero quindi eliminato gli antichi dominatori. Questo *consortium* etrusco-sannitico deve risalire abbastanza indietro nel tempo: non solo testimonianze epigrafiche numerose attestano onomastica italica nelle città etrusche della Campania fin dal tardo VI secolo a. C., ma l'iscrizione osca in lettere etrusche (Vetter 101) su di uno *stamnos* di bronzo dell'iniziale V secolo a. C., che ricorda il dono dello *stamnos* fatto da un padre al figlio, un *Vinuchs* figlio di *Venel Peracis* a *Venel* figlio di *Vinuchs*, ci presenta due italici dalla singolare mistura onomastica (*Venel* è prenome etrusco, *Vinuchs* osco), ma anche di una levatura aristocratica notevolissima. Fin dall'inizio del V secolo a. C. i Sanniti sono perciò ammessi nella cittadinanza capuana, dopo essere stati forza-lavoro nelle campagne, a rinforzare l'esile compagine dominante etrusca: si ha quasi il sospetto che la data catoniana della « fondazione » di Capua al 471 a. C. sia nient'altro che la sanzione della *societas urbis* di Livio (che riferisce il nome di Capua al ceppo sannitico, e quello di Volturnum al ceppo etrusco), così come la data del 438 a. C., offerta da Diodoro (XII, 21, 2) per la « formazione della nazione dei Campani », potrebbe essere un'altra tappa della « presa di coscienza » di questi gruppi italici già subalterni, prima della definitiva presa del potere nel 424 a. C. Il movimento rivoluzionario sannitico in Campania va tuttavia ben oltre la zona di dominio etrusco e nel 421 a. C. i Sanniti conquistano Cuma (Diod. XII, 76) ed obbligano Neapolis ad accettarli come *sýnoikoi* (Strab. V, 4, 7). Sembra resti indenne l'area meridionale intorno a Pontecagnano, che restituisce iscrizioni etrusche ancora nell'iniziale IV secolo a. C., malgrado la caduta della non lontana Paestum in mano lucana. È forse indizio di un'altra realtà produttiva, non basata, come l'area capuana, su lavoro servile italico nelle campagne? È difficile per il momento affermarlo, anche se il ricordo di una barbarizzazione di Posidonia ad opera di « Tirreni », oltre che di Romani (Aristoxenos, *ap.* Athen. XIV, 632a), lascia intravedere sviluppi particolari di questo cantone etrusco, definitivamente cancellato dalla conquista romana e dal trapianto forzoso nella zona di Piceni, voluto dai Romani stessi nel 268 a. C.

Le tensioni sociali e gli scontri di classe occupano dunque gran parte del V secolo a. C., ma non hanno né tempi né modi unitari. Nelle aree di più elevato sviluppo in età arcaica, il conflitto è interno alla società civile e fa prevalere ora soluzioni « democratiche » radicali, con ricorso a *týrannoi*, come a Veio e a Cere, ora assetti di tipo rigorosamente oligarchico, come a Tarquinia prima e a Volsinii poi; il calo della domanda pubblica e privata è ad un tempo sintomo e causa della recessione che colpisce i ceti meno protetti, innescando un movimento involutivo delle attività urbane e sollecitandone gli addetti a sempre più pressanti richieste di terra. Di qui la forte espansione dei centri maggiori verso la campagna e l'altissima conflittualità implicita, le guerre, a loro volta fonte di ulteriore disagio economico e di crisi.

Nei due estremi della « grande Etruria », la Padania e la Campania, lo scontro da interno si fa apparentemente esterno, Etruschi contro Celti ed Etruschi contro Sanniti. Tuttavia nel caso campano le tensioni erano in realtà tutte interne, poiché gli Etruschi si erano dovuti servire di manodopera servile indigena se non per la loro prima espansione, certo per raggiungere l'indiscussa egemonia del VI secolo a. C. centrata sul primato capuano dalle basi produttive e dalla cultura estremamente composite. Il rovesciamento degli Etruschi campani del 424 a. C. è virtualmente la sostituzione di una vecchia classe dirigente con una nuova, che si era avvezzata per circa un secolo, grazie alla *societas urbis agrorumque*, alle forme dell'esercizio del dominio: Capua, conseguentemente, continuerà ad essere una città tra le più ricche e potenti d'Italia. Il caso padano si configura invece come uno scontro tra la compagine regionale etrusca e le tribù celtiche circostanti. Il rovesciamento del dominio etrusco procede questa volta veramente dall'esterno: anche se è possibile che gli Etruschi si siano serviti in varia forma dei Celti (soprattutto come forze mercenarie), è evidente che lo scontro è avvenuto in maniera frontale e distruttiva, dopo secoli di logoramento contro il quale anche la probabile « seconda colonizzazione » nulla ha potuto. L'occupazione gallica ha tendenzialmente riproposto, come ha osservato G. A. Mansuelli, il modello « diecistico », non urbano, espressione della loro realtà produttiva. Sembrano comunque significative la continuità, sia pur in tono minore, dell'emporio spinetico e la ripresa di quello di Adria, che ripropongono nel mutato quadro socio-economico un sistema di scambio in origine diretto prevalentemente in direzione dell'area celtica. L'importanza di questi *empória* per il mondo greco e per quello celtico, venetico ed umbro, anche dopo la fine del dominio etrusco, ci è documentata dall'interesse siracusano nella zona, concretatosi nella creazione di colonie e *phroúria* inviati da Dionigi di Siracusa tra il 390 e il 380 a. C. lungo la costa alto-adriatica, da Adria ad Ancona, parallelo alla spedizione contro Pyrgi nel 384 a. C. ed ai ripetuti accordi tra il tiranno di Siracusa e i Celti in funzione anti-etrusca.

La destrutturazione operata dai Galli è andata così in profondo: la debolezza delle strutture etrusche padane, centrate sulla egemonia aristocratica felsinea, non ha retto al colpo e la scomparsa delle classi dirigenti si è accompagnata ad una diaspora di consistenti settori della popolazione etrusca, come è il caso del gruppo retico, frazione imbarbarita di quelle popolazioni, sopravvissuto nell'accantonamento delle valli della Rezia. A questa diaspora infine si deve la conservazione di tradizioni etrusche nella val Padana, di cui si hanno occasionali documenti archeologici, come il fegato di Piacenza, strumento della disciplina di un aruspice etrusco di III-II secolo a. C., e soprattutto memorie storiche sopravvissute presso città e famiglie, quale quella del grande poeta latino Virgilio.

Fig. 93 (*a fronte*). Dettaglio del sarcofago di Torre S. Severo. Questo sarcofago costituisce, con le tombe dipinte di Porano e di Settecamini, uno dei rari esempi di sepoltura aristocratica della Volsinii del IV sec. a. C., significativamente collocate lontano dalla città. Metà del IV sec. a. C. (Orvieto, Museo Civico).

Fig. 94. Veduta di una parte della necropoli rupestre di Castel d'Asso, esempio caratteristico delle necropoli rupestri di area tarquiniese del IV sec. a. C.

VIII

LA TRASFORMAZIONE

1. *La nuova « polis » del IV secolo a. C.*

Il IV secolo a. C. si apre su di un'Etruria ridotta ormai alle sue sedi storiche classiche, privata com'è dei domini padani e campani e finanche occupata all'estremità sua meridionale da un'altra popolazione « barbara », i Latini di Roma, saldamente in possesso di Veio e del relativo territorio. Le orde celtiche, distrutta l'Etruria padana, muovono alla volta di Chiusi, chiamati, secondo la leggenda, da Arrunte, un aristocratico chiusino esule fra i Celti per motivi privati, che avrebbe attratto i Galli nel cuore dell'Etruria con la seduzione del vino. Senza tenere ovviamente conto di questi dettagli romanzeschi, resta il fatto che l'invasione celtica dell'Etruria propria chiama a raccolta solidarietà gentilizie, e sui campi di Chiusi troviamo schierati, a fianco degli Etruschi, un gruppo aristocratico romano, i Fabii, da secoli in stretto rapporto con le *élites* etrusche. Di qui i Galli scendono su Roma, che, colta dal panico, lascia le porte aperte agli invasori, mentre il grosso della popolazione trova rifugio proprio in Etruria, nella città di recente conquistata, Veio, e nell'altra vicina, Cere, dove un plebeo, L. Albinio, riesce a porre al riparo i *sacra* cittadini. L'invasione gallica, a parte i colori leggendari dell'incendio e della riscossa del *dux fatalis* Camillo (figura sconosciuta ad esempio a Polibio), mette drammaticamente a nudo le conseguenze della ormai quasi secolare lotta tra patrizi e plebei: un esercito, che all'Allia si liquefa come neve al sole, una popolazione in gran parte plebea, che riconosce le solidarietà di classe e non solo trova asilo nelle città socialmente e culturalmente più vicine, ma sviluppa asperrima polemica per l'abbandono di Roma in favore di Veio, dove la distribuzione delle terre e l'amalgama sociale con i « disertori » veienti e falisci promettevano un futuro migliore. Le statuette di Enea e Anchise dedicate a Veio dai coloni romani sono un documento tangibile del recupero della leggenda troiana in funzione della polemica sul trasferimento della città.

Anche in Etruria i contraccolpi di questa situazione si fanno sentire. Abbiamo visto come nel corso del IV secolo a. C., Volsinii, un tempo centro del nuovo assetto « tiberino » del paese, sembri avere sussulti oligarchici, mentre Vulci viene privata della sua posizione privilegiata goduta per tutto il secolo precedente in virtù del suo collegamento con l'area tiberina. Falerii viene ora ad occupare in gran parte la posizione economica di Volsinii, mentre emerge, ancor più rilevante di un tempo, il ruolo di Tarquinia, già protagonista della sfortunata spedizione contro Siracusa nel 413 a. C. Per queste due città la trasformazione deve essere stata rilevante. A Falerii si stabiliscono fabbriche di ceramiche figurate fondate da ceramisti attici, che saranno attivissime per tutto il IV e una parte del III secolo a. C.: l'apertura all'artigianato, così chiara ed esplicita, il ruolo dominante nello scambio, soprattutto verso l'area umbro-sabina, e la vasta rioccupazione del territorio, da Narce a Corchiano e a Carbognano, non possono essere passate senza conseguenze sulla struttura sociale, fino a quel momento caratterizzata da una marcata continuità fra fase arcaica e fase classica rivelataci dalle tombe. Ma la trasformazione è ancora più sensibile a Tarquinia. Agli inizi del IV secolo a. C., il vasto territorio conquistato più di cento anni prima da Tarquinia si popola di grandi e fiorenti abitati, vere e proprie colonie della città, che esprimono lungo tutto il IV secolo a. C. una complessa stratificazione sociale, simile a quella della madrepatria, tombe gentilizie di vario livello, aristocratico e « medio »: Ferento (presso l'antica Acquarossa) e Tuscania riprendono se non il sito, almeno la funzione di abitati arcaici, al pari di Norchia, Castel d'Asso, San Giuliano, e San Giovenale, forse da identificare rispettivamente con le antiche Orcla (?), Axia, Cortuosa e Contenebra. L'occupazione stabile e decentrata di queste terre, spesso con la partecipazione di membri di *gentes*, come gli *Spurinas* e i *Curunas*, di dichiarata origine tarquiniese, rivela che la città dominante ha con essa risolto il proprio problema sociale, eliminando ad un tempo i residui dell'organizzazione di classe semi-servile, e quegli eventuali motivi di conflitto con quanto delle frange di *dêmos* urbano fosse emerso nella fase tardo-arcaica. La colonizzazione del vastissimo territorio tarquiniese rappresenta un fenomeno corrispondente a quello della colonizzazione romana dell'agro veiente, forse una risposta a questo. Parallela a questa ristrutturazione del territorio è la ricostruzione del santuario emporico di Gravisca: ma, non a caso, tale rifacimento non avviene secondo i modelli dell'architettura « alta », bensì adoperando prototipi architettonici domestici, e i frequentanti, come una

Fig. 95. Tomba della Sirena di Sovana. Sovana, nella sfera di Vulci, possiede anche necropoli rupestri, con tombe tuttavia assai più ricche ed elaborate di quelle del territorio tarquiniese. Fine IV - inizi III sec. a. C.

Ramtha serva di un *Veratres*, appaiono essere di rango servile ed esprimono con i loro ex-voto una cultura religiosa tutta subalterna. Non si mancherà infine di notare il ruolo tarquiniese all'interno della singolare colonia di Aleria in Corsica e lo sviluppo di fabbriche ceramiche tarquiniesi nella seconda metà del IV secolo a. C.

Il modello tarquiniese si direbbe in qualche modo riprodotto nell'area vulcente, con una grande città al centro di un vasto territorio popolato di abitati minori, da Regisvilla a Ghiaccio Forte, a Magliano, a Sovana: ma qui i dislivelli culturali e sociali tra i vari abitati, da quelli aristocratici di Savona a quelli « poveri » e rurali di Ghiaccio Forte, sono indizio di un controllo assai meno efficace sul territorio così come modesti appaiono i livelli della produzione artigianale vulcente, sia nel bronzo che nella ceramica. Le città più a Nord presentano un quadro assai meno definito, anche per la più volte lamentata carenza di documentazione. Si intravedono abbastanza chiaramente alcune solidarietà ed alcune specializzazioni: Arezzo diviene gradualmente grande produttrice di bronzo; fabbriche importanti di ceramica di Chiusi, della prima metà del IV secolo a. C., a quanto sembra, si spostano successivamente a Volterra, acquistando una vasta popolarità nell'area etrusca settentrionale, da Perugia sino a Spina; Populonia resta il centro tradizionale della siderurgia tirrenica. Dominano indubbiamente su tutto i centri di Chiusi e di Volterra, il primo saldamente insediato sulla valle del Chiana, con un vasto e fertile territorio, il secondo, pure con vastissimo territorio, ma con una sfera di influenza che giunge fino a toccare il mare, con il porto di Vada Volaterrana, il Trasimeno e la valle del Tevere con Perugia e Cortona. È qui rimasto intatto il potere delle antiche oligarchie, il cui volto ci è espresso dai più tardi sarcofagi-cinerari in pietra del territorio chiusino.

Quello di Cere infine si configura come un caso a parte nel panorama dell'Etruria meridionale. La città si mostra disinteressata all'opera di colonizzazione etrusca e romana che le si svolge attorno. Il suo territorio, poco esteso rispetto a quello delle altre città etrusche coeve, non restituisce presenze apprezzabili, con la sola eccezione del porto di Pyrgi e di qualche raro centro minore, come la Castellina presso S. Marinella. Cere sembra continuare il modello stabilito nel corso del V secolo a. C., basato sull'assoluta preminenza della città sulla campagna, in ciò coerente con la tradizione di forte presenza di ceti urbani e della importanza delle attività emporiche per l'economia della città. La solidarietà mostrata a Roma durante la calata gallica, al pari dell'indifferenza per la poco anteriore caduta di Veio, è il segno di un'antica rivalità con Veio e dell'implicita alleanza con la città latina, sanzionata dall'*hospitium publicum* stipulato fra Roma e Cere nel 386 a. C. (Liv. V, 50, 3) e confermato nel 353 a. C. (Liv. VII, 20; Gell. XVI, B, 7) con la prestigiosa *isopoliteía* della *civitas sine suffragio*, la cittadinanza senza diritto di voto, le cui liste erano chiamate appunto *Tabulae Caeritum* dal nome della città alla testa della lista (Fest. p. 262 L; Fest. Paul. p. 155 L). L'accordo con Roma assicurava a Cere un vasto retroterra cui Cere fungeva da tramite per lo scambio e che doveva rifornire con il suo ancora fiorente artigianato. Roma intanto si affacciava per la prima volta sul mare (è di questi anni la costitu-

Fig. 96 (*a fronte*). Testa fittile di dea dal santuario di Pyrgi. Nel IV sec. a. C., forse in seguito ai saccheggi di Dionigi di Siracusa del 384 a. C., i templi di Pyrgi vennero ridecorati. A questa ridecorazione appartiene questa bellissima testa femminile di altorilievo (Roma, Museo di Villa Giulia).

zione del *castrum* di Ostia), ricevendo a sua volta assistenza in questo settore; proprio in questi anni, nel 378/7 a. C., secondo Diodoro (XV, 27, 4), e in epoca « passata » secondo Teofrasto (*Hist. Plant.* V, 8, 2), Roma infatti veniva sperimentando per la prima volta l'invio di colonie — a quanto sappiamo poco fortunate — in Corsica e in Sardegna, evidentemente a contrastare il probabile primato tarquiniese su Aleria.

A Cere compare addirittura una tomba di IV secolo a. C. di livello « medio », ove sono sepolti dei membri della *gens Claudia*, etruschizzati in *Clavties*, e sposati con donne latine, una *Luvcili-Lucilia*, ma anche con un'etrusca *Ursui* di Cere: *connubium* e *commercium* sanciti dalla *isopoliteía* non potevano trovare documento più eloquente.

Matura in questo clima l'alleanza falisco-tarquiniese che trova concreta attuazione nella guerra contro Roma del 358-51 a. C. Tarquinia ha consolidato il suo controllo sulla lega, già in atto all'epoca delia guerra del Peloponneso e, oltre a ricercare un'egemonia sul Mar Tirreno, contrastata da Cere, mira a ristabilire un ordine turbato dalla singolare situazione dell'estremo Sud, ove a Cere vige un ordine del tutto eccezionale per l'Etruria e a Veio sono insediati coloni romani; Falerii, persa l'antica alleanza con Veio, tende a riacquistare Sutri e Nepi toltele da Roma nel 383 a. C. e al tempo stesso un controllo sulla bassa valle del Tevere minacciato da Roma in prepotente ascesa. I fatti, a noi noti dalla narrazione liviana (VII, 12-22) e da scarni accenni di Diodoro (XVI, 31, 7; 36, 4; 45, 8), acquistano nuova luce dalla versione etrusca dei fatti riferita dagli *Elogia Tarquiniensia.* Questa genealogia, con scarne biografie dei protagonisti, incisa in latino su marmo da un lontanissimo discendente dei titolari, ricorda *Velthur Spurinna Lartis filius*, protagonista della spedizione in Sicilia del 413 a. C., *Velthur Spurinna Velthuris filius*, figlio del precedente e autore di alcune gesta purtroppo non conservateci nel testo, e *Aulus Spurinna Velthuris filius*, figlio (piuttosto che fratello minore) del precedente e *dux Tarquiniensis* della guerra del 358-51 a. C. Nell'elogio, Aulo Spurinna spodesta il *rex* di Cere Orgolnius, libera Arezzo da un *bellum servile* e toglie ai Latini nove *oppida*, agendo, sembra, insieme ai Falisci. Nelle fonti romane, i Tarquiniesi, che iniziano la guerra con una *coniuratio* dei « dodici popoli », e cioè come capi riconosciuti della lega, e in alleanza con i Falisci, sconfiggono i Romani guidati da un membro della onnipresente *gens Fabia* e uccidono 307 prigionieri romani nel foro di Tarquinia; quindi trascinano nella guerra la già filoromana Cere e, dopo la rapida defezione di questa, concludono il conflitto con Roma con un regime quarantennale di tregua.

Il tentativo di Spurinna — la cui tomba gentilizia, fra le più belle ed antiche tombe dipinte di IV secolo a. C. è giunta fino a noi con il nome di tomba « dell'Orco I » — sarà l'ultimo compiuto da genti etrusche, di condurre una politica di egemonia su scala peninsulare. Poliziotto di un ordine aristocratico rinnovato, che trovava in Tarquinia il suo punto di forza e nella *praetura Etruriae* la legittimazione politica, Spurinna rimette « ordine nel disordine », quello del Nord provocato dai *servi* ribelli di Arezzo, quello del Sud dalle esperienze tiranniche di Cere e dalla colonizzazione romana. Pochi anni più tardi, nel 311 a. C. sarà Roma a muovere guerra nel cuore dell'Etruria, nella sua ormai irresistibile ascesa come potenza peninsulare e mediterranea.

Da quanto si è detto finora, emerge chiaramente il quadro di un'Etruria in parte identica a se stessa, in parte rinnovata. L'assetto politico vede sanzionate le grandi *poleis* del passato con proprii territorii definiti e guarniti di *castella* ed *oppida* (tutte le *poleis* ne contano un certo numero) e un evidente primato consolidato della città sulla campagna; diverso è ora l'affiorare esplicito dell'organizzazione politica, con la magistratura suprema ed eponima dei *praetores* (etr. *zilath*) con collegi di magistrature minori (*camthi*, forse lat. *aedilis*; *sarvenas*, *zelarvenas*, forse lat. *decemviri*, *vigintiviri*) e con sacerdozi (*cepen*, sabino *cupencus*; *netsvis*, *haruspex*; *maru*, umbro-lat. *maro*). Ancora una volta è Tarquinia che con le sue colonie ha il primato delle attestazioni magistratuali: vi si distingue un'articolazione complessa, con *zilath* di tipo diverso (*zilath eterau*, *zilath parchis*, *zilath cechaneri*; cfr. *camthi eterau*), e con la *nobilitas* delle colonie che partecipa delle cariche della città-madre (*zilath tarchnalthi amce* = *praetor Tarquiniis fuit*: *TLE*² 174). Al confronto, le altre città sono assai parche di attestazioni. Cere offre un silenzio impressionante, forse in rapporto con la situazione politica particolare della città; Vulci, oltre al misterioso titolo femminile di *hatrencu* (*TLE*² 305, 906, 912; cfr. *atrencu*: *TLE*² 314, 316) restituisce tre soli *zilath* (*TLE*² 324, 325, 907), quanti sono noti a Volsinii (*TLE*² 233, 255, 280), contro uno a Volterra (*CII* 360) e due a Chiusi (*TLE*² 467, 552) e ben ventisei attestazioni di Tarquinia e del suo territorio. Questo indubbio primato di Tarquinia si riflette nelle due attestazioni locali della carica di *zilath mechl rasnal* (*TLE*² 87, 137), riconosciuto quale corrispondente alla carica di *praetor Etruriae* (letteralmente *praetor populorum Etruriae*), e noto nella tomba degli *Spurinas*; il titolo altrove si conosce soltanto nella bellissima tomba dipinta di Volsinii appartenente ai nobili *Leinie* (*TLE*² 233).

Il primato tarquiniese è schiacciante, e solo Volsinii sembra poter, sia pure da lontano, reggere il confronto. A questo primato,

Fig. 97. Ciotola a vernice nera con iscrizione sovradipinta dal tempio extra-urbano di Mercurio presso Falerii. È la dedica al dio (*Titoi Mercui*) da parte di edili (*efiles*), della fine del IV - inizi del III sec. a. C. La dedica è molto importante perché attesta l'esistenza della carica di edile a Falerii e la connessione di questa con il santuario extra-urbano dedicato al dio principe dell'*emporia* (Roma, Museo di Villa Giulia).

con i suoi riflessi federali, corrisponde anche una spinta economica che traspare nella coniazione prelibrale e di una serie completa di monete fuse su base librale, senz'altro antesignana di quella delle altre città, che conieranno serie simili all'indomani dell'ingresso sui mercati peninsulari della moneta romana. Anche se sulla monetazione etrusca le cose che ignoriamo, dalla cronologia delle serie di V secolo a. C. di Populonia (unico vero punto di contatto fra circolante mediterraneo ed Etruria) al significato della coniazione argentea siciliana con scritta *tyrrē-* (difficilmente monete per pagamento di mercenari), sono ben più numerose di quelle che conosciamo, purtuttavia la relativa antichità delle prime serie tarquiniesi autorizza a ritenere Tarquinia come città più dinamica, politicamente ed economicamente, di tutta l'Etruria del IV secolo a. C.

Dagli anni tormentati del tardo V secolo a. C. affiora sempre più chiaramente un nuovo tipo di *polis* etrusca, di cui Tarquinia è senz'altro centro propulsore, fino alla guerra con Roma in grado di controllare la lega, ed al quale le altre città gradualmente, ma in forme senz'altro diverse, sembrano adattarsi, dove trasformando quanto restava dell'antico ordine sociale (nel Sud), dove modernizzandolo e adattandolo alle nuove esigenze (nel Nord). Un riflesso di questa trasformazione si legge soprattutto nel ritrovato impegno in opere pubbliche, ben documentato in tutto il Mezzogiorno: a partire dalla metà del IV secolo a. C., Tarquinia, Falerii, Volsinii, Cere, Vulci — come Roma e le grandi città latine, d'altronde — riprendono una febbrile attività edilizia, sia pubblica, con restauri o completamenti delle mura, sia soprattutto sacra, con la costruzione o la ricostruzione e la ridecorazione di edifici templari spesso di colossali dimensioni. Questo fervore costruttivo ben si accorda con un analogo impegno nel settore dell'edilizia funeraria delle nuove aristocrazie meridionali, dalla quale si ricava il volto di una classe dominante rinnovata nelle forme economiche e nell'ideologia.

2. *Caratteri della stratificazione sociale e della produzione*

Il rinnovamento della *polis* si attua in larghissima misura nel Sud, dove è percepibile in forma chiara ed evidente, mentre il Settentrione, Chiusi, Roselle, Populonia, Volterra, Arezzo e Perugia, riprende solo alcuni dei caratteri economico-sociali emersi nelle città meridionali, adattandoli ad una struttura oligarchica rimasta fondamentalmente indenne dal travaglio sociale del tardo V secolo a. C. Si è già fatto cenno alla ripresa delle attività artigianali, soprattutto ceramiche. Le nuove fabbriche sono però centrate prevalentemente nella produzione per il consumo interno (soprattutto funerario), di cui solo alcuni esemplari di qualità eccezionale sono destinati alla esportazione in aree contermini per un consumo di lusso: è questo il caso della fabbrica volsiniese del « Gruppo della Vanth », noto solo dalle necropoli di Orvieto, o delle fabbriche di ceramiche vulcenti del « Gruppo di Alcsti » e del « Gruppo di Turmuca » smerciate solo all'interno della città. La produzione di Chiusi-Volterra trova qualche accoglienza nei prodotti migliori, nell'area di Cortona e Perugia, con occasionali esportazioni a Tarquinia, a Orvieto, a Todi, a Populonia e a Spina. Caratteristica di tutta questa serie di officine è la limitatezza della produzione e conseguentemente dello

Fig. 98 (*a p. 226*). *Kántharos* configurato con testa di Eracle e di amazzone (?), di provenienza sconosciuta; uno dei pezzi più cospicui di una produzione di Chiusi, largamente diffusa nell'Etruria settentrionale e a Spina nel IV sec. a. C. e destinata al consumo di lusso. Metà del IV sec. a. C. (Roma, Museo di Villa Giulia).
Fig. 99 (*a p. 227*). Cratere a volute del pittore falisco dell'Aurora da Falerii, riconosciuto capolavoro della ceramografia falisca più antica. Secondo quarto del IV sec. a. C. (Roma, Museo di Villa Giulia).

2491

smercio: la produzione delle *kelebai* di Volterra, un tipico vaso funerario ancora una volta, pilastro della serie ceramica della città, conta nella classificazione di Beazley solo quattro pittori, per di più non tra loro contemporanei. Le officine medie di questa produzione non devono contare più di tre o quattro addetti e ogni singola città, quando ne possiede, non annovera in genere più di una o due officine. Fanno eccezione per motivi diversi Tarquinia, Cere e Falerii. Tarquinia ha una produzione figurata anch'essa per l'autoconsumo, almeno tre officine (« Gruppo di Ginevra MF 142 », « Gruppo del Pittore di Tarquinia ' delle spalline ' » e « Gruppo degli *skyphoi* di Tarquinia »), al solito dalla produzione limitata, con forti influenze ceretane e falische. Tuttavia, Tarquinia non è solo un mercato privilegiato di Cere e di Falerii, ma elabora ben presto, nella seconda metà del IV secolo a. C., produzioni sovradipinte o a sola decorazione vegetale dai caratteri di un artigianato volto in direzione della manifattura: tanto per fare un esempio, i vasi a sola decorazione vegetale provenienti, con rare eccezioni (Vulci), esclusivamente dalla città e dal suo vasto territorio, raggiungono il centinaio di esemplari, indizio di procedimenti di standardizzazione che presuppongono cooperazione di manodopera semi-specializzata. A Falerii nella prima metà del secolo e a Cere nella seconda metà siamo invece in presenza di un numero lievemente superiore di officine, dove si leggono su scala ancor più vasta gli stessi caratteri di standardizzazione della produzione e soprattutto un mercato amplissimo, di dimensioni mediterranee: i noti piattelli « di Genucilia », vero fossile-guida del tardo IV secolo a. C., rappresentano un emblema di questo tipo di produzione e di smercio. Ma è significativo come Roma si inserisca in maniera determinante in questo sviluppo: per restare ai soli piatti di Genucilia, la scoperta di un eccezionale piattello in un pozzo della Regia con la stessa prora di nave dell'*aes grave* di Roma e di un altro con alfabeto latino dipinto e lo stesso raro nome dipinto — certamente latino — sul vaso eponimo, che ritorna in una coeva dedica da Lucus Feroniae di tre liberti di un Genucilius *sen(ator)*, lasciano intravedere un controllo, se non la gestione di parte della produzione, nelle mani della classe dominante romana. L'intensificarsi della manifattura (con significativi trapianti di officine da Falerii a Cere, dopo la guerra del 358-51 a. C.), con procedimenti che scoprono l'affiorare del modo di produzione schiavistico, va di pari passo con l'egemonia diretta romana, come dimostra con chiara evidenza la fase immediatamente successiva dominata dalle ceramiche a vernice nera del romano « atelier des petites estampilles ».

Purtroppo non siamo altrettanto bene informati, per il mediocre livello degli studi, su altre produzioni, soprattutto di quella del

Fig. 100. *Stamnos* a figure rosse da Falerii. Il vaso, benché di buona esecuzione, rappresenta la produzione « media » falisca della seconda metà del IV sec. a. C. (Roma, Museo di Villa Giulia).
Fig. 101 (*a p. 230*). Piatto con figura di elefante da guerra sopradipinto, da Capena. Il vaso, noto da altre due repliche (una da Aleria in Corsica e una da Norchia in territorio tarquiniese), appartiene alla classe dei *pocola*, una delle più importanti prodotte a Roma agli inizi del III sec. a. C. La diffusione di questi vasi è fortemente indicativa del predominio assunto dalla ceramica di Roma tra IV e III sec. a. C.
Fig. 102 (*a p. 231*). Specchio graffito con Adone su cigno ed erote volante di provenienza ignota, prodotto raffinato di officine bronzistiche meridionali, forse vulcenti. Fine del IV sec. a. C. (Roma, Museo di Villa Giulia).

bronzo. I pochi elementi in nostro possesso sugli specchi figurati sembrano indicare l'esistenza di fabbriche quasi esclusivamente al Sud, a giudicare dall'alfabeto delle iscrizioni: purtroppo l'enorme dispersione del materiale e gli scavi di rapina di epoca antica e recente non danno molti elementi circa le provenienze. In ogni caso si tratta di produzioni dal carattere non dissimile da quelle della ceramica, anche se il contenuto metallico della suppellettile bronzea

Fig. 103. Testina bronzea da Tarquinia. È un pezzo di notevole livello della bronzistica meridionale, forse di Vulci, degli inizi del IV sec. a. C. (Tarquinia, Museo).

ci obbliga a ritenere che il significato economico e sociale delle due produzioni non sia equivalente. Un caso interessante è costituito dagli elmi bronzei di IV secolo a. C.: l'invenzione del c.d. « elmo gallico » di quest'epoca spetta quasi certamente a Cere, come illustrano sia l'iscrizione latina con gentilizio ceretano (*Patolcios*) su un esemplare di tipo piuttosto antico che l'esempio della tomba « dei Rilievi » di Cere, ma la produzione di massa è fatta certamente per le legioni romane di III secolo a. C. A quest'epoca più tarda, occorre ricordare ancora una volta, il primato nell'industria bellica in metallo in Etruria sembra spetti senz'altro ad Arezzo (Liv. XXVIII, 45, 13-20).

La ripresa dell'artigianato locale è un indizio importante dei processi economici in atto in Etruria centro-meridionale. Non c'è dubbio che nelle *poleis* meridionali, a Tarquinia, a Vulci, a Falerii (più che a Volsinii o a Cere, per opposti motivi), la rioccupazione della campagna si sia accompagnata anche ad una rinascita della piccola e media proprietà; ad onta dei dubbi sulla sua attendibilità, la testimonianza liviana del 390 a. C. (Liv. IV, 36, 3) relativa ai

Fig. 104. Cista ovale decorata a sbalzo e presa fusa, da Vulci. Pezzo eccezionale e dono nuziale tipico per le donne (di qui il soggetto raffigurato nella presa, tratto dal mondo di Afrodite), è un prodotto che può attestare il livello ancora elevato della bronzistica di Vulci nella seconda metà del IV sec. a. C.

Chiusini, che « posseggono più terra di quanta ne coltivino », può essere invece considerata emblematica della diversa situazione settentrionale di V e IV secolo a. C., ove sembra ancora prevalere un diverso e più arcaico modello di conduzione della terra. D'altro canto, la rivolta servile di Arezzo domata da Aulo Spurinna, che si ripete nel 302 a. C. (Liv. X, 4, 5) provocando, tutt'altro che casualmente, l'intervento romano, è indizio di una stessa organizzazione basata sull'arcaica *servitus*, diffusa in tutto il Nord.

Nelle *poleis* del Sud, la nuova aristocrazia ha un volto suo peculiare che affiora già nel tardo V secolo a. C. I profondi, grandiosi ipogei di Cere, di Tarquinia, di Vulci ce lo restituiscono con tutta evidenza. Le tombe di tardo V-iniziale IV secolo a. C. di Cere con banchine semplici e loculi, come quelle dei *Maclae*, dei Sarcofagi e delle Iscrizioni (camera superiore), nel corso del IV si arricchiscono di grandi articolazioni interne, pilastri, *heroa*, spesso unificando vecchio e nuovo ipogeo a sottolineare la continuità gentilizia, ribadita anche dal grandissimo numero di letti e loculi scavati nel tufo; le necropoli di Cere non contano più di una decina di queste tombe.

A Tarquinia grazie alle pitture che proseguono la grande tradizione arcaica, siamo in grado di seguire abbastanza bene lo sviluppo di questa nuova aristocrazia; dalle pochissime tombe della prima metà del IV secolo a. C., non più di due o tre, si passa alla decina della seconda metà del IV secolo a. C. e alla ulteriore trentina (tra tombe dipinte e tombe con soli sarcofagi) del periodo tra il III e la metà del II secolo a. C. Ma ancor più impressionante è la porzione di necropoli scavata integralmente (il cosiddetto fondo « Scataglini »), dove la grande piazza, in fondo alla quale si colloca la tomba gentilizia degli *Aninas*, è letteralmente assediata da decine di tombe di dimensioni piccole e medie di assai varia ricchezza, una immagine vivissima della stratificazione sociale tardo-classica ed ellenistica, quasi abbarbicata attorno all'emergenza sociale gentilizia e dai favori di questa di certo dipendente. La relativa debolezza della nuova aristocrazia vulcente traspare invece dal numero assai limitato di grandi ipogei gentilizi, non più di una decina, e tutti di epoca abbastanza antica; tutto il quadro sociale di Vulci, con la limitata sua produzione artigianale e con la trasformazione del tipo di sepoltura prevalente nel IV secolo a. C. in quella di tardo III e II secolo a. C. (da ipogei aristocratici, imitanti la struttura della casa, in sepolcri a corridoio con serie di cellette per sepolture individuali o di coppie), è caratterizzato da un generale « abbassamento di tono », da connettere con una trasformazione sociale imperfetta e con una indubbia dipendenza dalla vicina Tarquinia. D'altro canto, la più grande tomba aristocratica del tardo IV secolo a. C., la tomba François, pur nell'esaltazione di eroi locali della saga di *Macstrna*, per più di un verso è collegata a Tarquinia. Non soltanto l'eccezionalità della decorazione pittorica avvicina questa tomba a quelle tarquiniesi, ma la tematica degli affreschi della tomba, di poco posteriore alla guerra romano-tarquiniese (circa 340 a. C.) mostra un notevole spirito di *revanche* nei confronti di Roma. Infatti il fondatore *Vel Saties*, vestito di toga trionfale e in atto di prendere l'auspicio, è raffigurato presso la scena della saga con l'uccisione del romano Cneo Tarquinio da parte dell'eroe etrusco *Marce Camitlnas* e guarda sia

Fig. 105 (*a fronte in alto*). Particolare della tomba dell'Orco I di Tarquinia, appartenente alla famiglia *Spurinas*. Vi vediamo *Velia Spurinai*, forse nipote del capostipite, a banchetto insieme col consorte, appartenente alla famiglia *Velcha*. Tra il primo e il secondo venticinquennio del IV sec. a. C.

Fig. 106 (*a fronte in basso*). Dettaglio della tomba dell'Orco II di Tarquinia. La tomba è l'ampliamento di un sepolcro più piccolo (Orco I) appartenente agli *Spurinas*. Grande importanza, per le credenze orfico-pitagoriche dell'alta aristocrazia etrusca, ha la scena di *nékyia*, degli Inferi greci di cui si vede qui il dettaglio di Ades, Persefone e Gerione. 330-20 a. C.

Fig. 107. Disegno della tomba Torlonia di Cere. È la più complessa e imponente delle non numerose tombe di altissimo livello della città: è notevole il piccolo *naískos* sovrastante il *drómos*, visibile nel disegno al centro. Seconda metà del IV sec. a. C.

Fig. 108. Interno della tomba dell'Alcova di Cere. È ben visibile l'« alcova » centrale, vero e proprio tempietto preceduto da pilastri, con il letto funebre della coppia maritale capostipite, centro del culto eroico della *gens*. A sinistra in alto, sezione longitudinale (al centro i pilastri, a sinistra l'alcova); in basso, pianta (al centro, fra le banchine minori, il *naískos*); a destra in alto, sezioni trasversali verso l'ingresso (a sinistra) e verso il *naískos* (a destra); sotto, sezione dell'alcova con il letto funebre. Seconda metà del IV sec. a. C.

questa scena sia i due affreschi polemicamente contrapposti della saga di *Macstrna* da una parte e dell'uccisione dei prigionieri troiani (palese allusione ai Romani) da parte di Achille, un episodio questo che, traendo origine dall'antichissimo costume gentilizio (si ricordi l'episodio di Alalia), vuole forse riecheggiare l'uccisione dei prigionieri romani nel foro di Tarquinia del 357 a. C. Questi legami sono ribaditi dal matrimonio di un *Saties* della stessa famiglia vulcente con una *Seitithi* di Tarquinia (*TLE*² 303), *gens* questa imparentata con i nobili tarquiniesi *Velcha*, proprietari della coeva tomba « degli Scudi » (*TLE*² 90 sg.) e a loro volta collegati per matrimonio con gli *Spurinas* (*CIE* 5354). Uno studio prosopografico accurato, purtroppo tutto da fare, rivelerebbe una rete di parentele fra tutta questa aristocrazia di IV secolo a. C. Per rimanere alle sole grandi famiglie emergenti di Tarquinia (*Spurinas*, *Ceisinie*, *Velcha*, *Pinie*) nella fase iniziale si segnalano rapporti matrimoniali non solo locali, ma anche con *gentes* di Volsinii (*Aprthnas*: *CIE* 5187) e Chiusi (*Thefrinas*: *CIE* 520), con una tendenza all'endogamia che rivela la matrice oligarchica di questa classe e che si conserverà fino all'epoca romana imperiale.

Le classi « medie », dove si formano, imitano costumi e atteggiamenti della *nobilitas* più elevata, con ipogei spaziosi, talora dipinti, sepolture in sarcofagi, suppellettile più o meno abbondante: un semplice calcolo statistico fa ascendere a qualche centinaio le tombe di questo ceto nella necropoli tarquiniese, cui vanno aggiunte le numerosissime delle città dipendenti, cifre che ritornano su scala lievemente ridotta, anche per Cere, per Falerii e per Vulci, laddove assai più contenuto è il loro numero nei sepolcreti volsiniesi. Anche tale settore della stratificazione sociale contribuisce a restituire l'immagine di queste *poleis* complesse che si costituiscono dopo i conflitti sociali del V secolo a. C.

3. *Le forme ideali*

Un'analisi delle forme ideali dell'aristocrazia del IV secolo a. C. è in larga misura tutta da scrivere. Nell'*imagerie* funeraria la trasformazione è evidente. L'antico mondo dell'*oîkos*, costituito da giuochi, danze, cacce e banchetti, che da « pubblico » si era fatto « privato » già con l'urbanizzazione arcaica, gradualmente scompare dal repertorio funerario a partire dalla metà del V secolo a. C.: ultime ad esibire l'arcaica tradizione del banchetto, elemento superstite di tutta quella *imagerie*, sono le tombe tarquiniesi degli *Spurinas* (o « dell'Orco I »: 380 a. C. circa; « dell'Orco II »: 330 a. C.)

Fig. 110. Particolare della tomba « Giglioli » di Tarquinia, appartenente alla famiglia *Pinie.* Alle pareti sono immaginate appese vesti militari e armi; tra questi, gli scudi con i simboli monetali della città. 330 a. C.

Fig. 109 (*a fronte*). Particolare della tomba degli Scudi di Tarquinia, appartenente alla famiglia *Velcha*, con l'apoteosi del capostipite in vesti e atteggiamenti eroici, che la consorte seduta sullo stesso sgabello addita alla venerazione dei nipoti. 350-40 a. C.

e dei *Velcha* (o « degli Scudi »: 340 a. C. circa), dopo le quali anche questo retaggio estremo della cerimonialità collettiva arcaica si perde per restare appena espressa dalle figure individuali dei recumbenti sui sarcofagi e sulle urne. Ma queste due tombe, con il declino dei segni di una mentalità ormai superata, mostrano anche l'emergere dei motivi conduttori dell'ideologia nuova. Nella tomba degli *Spurinas*, i banchettanti, tutti designati con il loro nome, sono inquadrati da figure mostruose infere, Caronti dalle carni verdastre, che torneranno a più riprese nelle tombe dipinte, sui sarcofagi e sulle urne dei tre secoli successivi, incarnazione di un aldilà pauroso e pieno di tormenti. Nella tomba dei *Velcha*, il banchetto occupa solo un quarto delle pareti; il resto è per metà occupato dal corteo magistratuale del fondatore della tomba con littori, musici, inservienti, e con l'accompagnamento dei familiari, e per un quarto dall'apoteosi del padre del fondatore della tomba additato dalla moglie ai nipoti nel suo atteggiamento eroico. Anche questi ultimi due tratti, il corteo del magistrato e l'eroizzazione del capostipite, diverranno, assieme alle presenze infere, protagonisti l'uno delle rappresentazioni funerarie e l'altro degli apprestamenti interni della tomba (edicole funerarie, alcove, sarcofagi decorati collocati in maniera particolare) fino all'età romana.

In siffatto mutamento delle forme mentali, tanto graduale quanto radicale, si racchiude il senso della grande trasformazione sociale di questo secolo. La definitiva affermazione del politico comporta il tramonto del privato, anche se in Etruria, a differenza della Grecia e a somiglianza di Roma, il livello politico non è mai simboleggiato da miti o personificazioni divine, ma nasce e muore nella sfera gentilizia: la più elevata astrazione nei rapporti sociali di produzione si esprime adesso attraverso i simboli del potere, i fasci, la veste purpurea, il corteo, i musici, che tendono essi stessi a rendersi astratti e simbolici fino a comparire isolati e fortemente allusivi, come negli emblemi degli scudi della tomba tarquiniese dei *Pinies* (tomba « Giglioli ») del 300 a. C., raffiguranti i simboli monetali della città, e come sarà poi nella *imagerie* funeraria romana, erede di gran parte di queste tradizioni etrusche nella rappresentazione dello *status*. Come il referente ideale del prestigio è costituito dai simboli e dagli attributi del potere conferito dalla *polis*, così nasce ora (con la significativa ripresa delle tradizioni scrittorie) l'*elogium* dell'individuo-magistrato, un « genere letterario » squisitamente connesso con questa ideologia, che accumula in sequenze paratattiche cariche e gesta, rese esse stesse elementi astratti e staccati, coacervo di simboli capaci di rievocare metastoricamente la biografia del personaggio. Ma l'astrazione del prestigio e l'isolamento dell'individuo hanno un prezzo, la drammaticità del

Fig. 111. « Ara Guglielmi » da Vulci. Documento importante, della prima metà del III sec. a. C., delle tendenze all'eroizzazione del defunto anche in ambiente « medio ». È un cippo a forma di *naískos* nel quale è l'immagine del morto eroizzato (Roma, Museo di Villa Giulia).

distacco della morte, l'angoscia dell'aldilà, che nell'ideologia arcaica dell'*oîkos* erano rimosse grazie all'eternizzazione della cerimonialità terrena della festa e del banchetto; mentre l'aristocratico dell'età arcaica cancella il trapasso circondandosi dei suoi *keimélia* ed esaltando sulle pareti della tomba, sulle facce del cinerario, il *dies festus* che sancisce il proprio ruolo sociale e si perpetua nell'altra vita in un *continuum* senza soluzioni, l'aristocratico di età ellenistica vive quel trapasso avvertendo la dualità e l'opposizione tra le « due vite », e invano facendo incontrare i mondi infero e supero, prima, come nella tomba « dell'Orco » I e II, con l'accostamento tra banchetto ed Ade, poi, come in innumerevoli esempi di III e II secolo a. C., con la mescolanza di cortei di demoni e cortei di magistrati.

Si sviluppa in questo clima la ben nota tendenza irrazionale del mondo religioso etrusco che trova l'espressione più consueta e « scientifica » nella ritualizzazione ossessiva, nella ripetizione della cerimonia, nell'osservazione scrupolosa dei « segni divini ». La tradizione dell'aruspicina è certamente antichissima, non meno della ripetiti-

Fig. 112. Sarcofago di Tarquinia del tipo più antico, con il defunto interamente disteso sul coperchio e cassa decorata con animali. Prima metà del IV sec. a. C. (Tarquinia, Museo).

vità del linguaggio, del gesto e del rito sacro, fenomeni la cui arcaicità è assicurata da testimonianze iconografiche e aspetti linguistici peculiari, da confronti con le realtà religiose della penisola. Quel che è nuovo, in questa fase, è l'esibizione dei segni della tradizione religiosa patria, dalla rappresentazione dei *libri lintei*, libri scritti su lino, e dei testi sacri su rotolo ripiegati su sarcofagi o esibiti aperti — come nel noto sarcofago tarquiniese di *Laris Pulenas* — dal personaggio investito di rango sacerdotale: ciò naturalmente è in linea con l'esibizione dei segni del potere, civile come religioso, che qui come a Roma fa parte di un unico sistema di dominio gentilizio. La specializzazione delle tradizioni religiose familiari è centrale per l'egemonia interna dei *principes* come per il loro prestigio internazionale; la formalizzazione minuziosa delle procedure rituali a sua volta tradisce non solo i metodi della riproduzione della classe dominante, ma anche, elemento proprio della riproposizione — su di una base sociale nuova — di strutture dell'antica oligarchia, il forte distacco dei *principes* dal resto della società, sancito dalla ritualizzazione burocratica di un patrimonio di cultura religiosa largamente diffuso fino agli strati più profondi del paese. Naturalmente questa cultura religiosa non è incapace di rinnovamento. Nella seconda tomba tarqui-

Fig. 113. Sarcofago da Tuscania, del tipo più recente con defunto recumbente sul coperchio e cassa recante lungo elogio e scena di corteo di magistrato. IV sec. a. C. (Vaticano, Museo Gregoriano Etrusco).

niese degli *Spurinas* (tomba « dell'Orco II »), ad esempio, la rappresentazione degli inferi popolati di eroi greci viene animata dalla presenza delle *animulae*, delle anime pronte alla reincarnazione descritte anche da Virgilio (*Aen.* VI, 706 sgg.), di assai probabile origine neopitagorica. Né meno importanti sono i continui apporti della speculazione teosofico-divinatoria ellenistica, trasparenti dai frammenti di *disciplina Etrusca*, del *corpus* dottrinario dell'aruspicina, o dalle brevi biografie dei *summi haruspices*, rivelateci dai fasti tarquiniesi dell'*ordo LX haruspicum*, il collegio nazionale degli aruspici d'Etruria.

Nella religione colta si coglie comunque un altro interessante fenomeno. In epoca arcaica e tardo-arcaica il mito greco è accolto soltanto per le grandi opere decorative di edifici pubblici, in forme sì allusive (tanto per fare qualche esempio, il mito tebano a Pyrgi per rievocare l'origine tebana di Ino-Leukothea venerata nel tempio, o il mito di Eracle ad Acquarossa e S. Omobono per le sue connotazioni « tiranniche »), ma anche in maniera estremamente colta: assai rare e in fondo marginali sono le figurazioni che possono essere ricondotte ad un patrimonio mitico o rituale locale (ad esempio il demone della morte su di un vaso etrusco a figure nere del Vati-

Fig. 114. Sarcofago da Tarquinia. È il tipo normale del III-II sec. a. C., con defunto recumbente sul coperchio e cassa ornata da scene simboliche. Prima metà del III sec. a. C. (Tarquinia, Museo).

cano con l'agguato a Troilo) e anche queste soggiacciono in qualche modo a quella stessa *interpretatio Graeca* che aveva identificato Zeus con *Tinia*, Hera con *Uni,* Athena con *Menerva* e così via. Nel IV secolo a. C. vediamo invece prorompere numerose e complesse figurazioni mitiche con elementi locali. Alcune, come il già ricordato specchio di Tuscania con il mito di Tagete, si riferiscono alla saga delle origini etrusche (un parallelo preciso alla comparsa della saga di *Macstrna* nella tomba François di Vulci); altre, molto rare, sono genuine scene di miti etruschi, come la lotta tra *Laran* e il figlio di *Cel* in uno specchio di Populonia (*TLE*^{2} 368). La maggior parte è invece costituita da figure minori che inzeppano scene tratte dal mito greco: ancora una volta queste figure o sono sinceramente demoniache ed infere, come *Vanth* e *Tuchulcha*, o invece partecipano di una duplice natura, celeste o ctonia, come *Lasa*, che con i suoi innumerevoli appellativi può apparire nella qualità ora di « ancella » di tolette femminili umane e divine (la Moira della donna) ora di inesorabile genio del fato ultimo degli uomini (la Moira di tutti), o come *Thalna*, immagine del *Genius* e della capacità di fioritura e riproduzione degli individui e finanche degli dei. Queste ultime personalità, difficilmente definibili, sono da un lato espressione di mentalità molto arcaiche saldamente insediate in Etruria, le stesse che nella Grecia di VII secolo a. C. facevano di Afrodite una dea

Fig. 115. Figura femminile fittile da altorilievo frontonale del tempio di Celle di Falerii. È una delle opere più insigni della coroplastica falisca. Terzo venticinquennio del IV sec. a. C. (Roma, Museo di Villa Giulia).

celeste ed infera, referente della bellezza e del fascino e anche la « più vecchia delle Moire » (Paus. I, 19, 2), ma dall'altro, sia vero o non vero il rapporto tra l'etrusca *Lasa* e il latino *Lar*, si rifanno alla capacità generativa, all'ideologia della riproduzione, pilastro della cultura religiosa familiare. Non si può non riconoscere in questo il segno impresso in profondità dalla struttura gentilizia al patrimonio religioso collettivo d'Etruria: il suo affiorare prepotente in questa fase va ricondotto alle matrici socio-economiche e ideologiche del nuovo ordine del IV secolo a. C.

La religiosità popolare, nella quale pure sono vivi i medesimi atteggiamenti di superstizione, di fatalità e di aspettative nella sfera della riproduzione proprie della religione della classe dominante,

Fig. 116. Testa di dea dalla decorazione fittile del tempio dello Scasato di Falerii. Come la precedente illustra il livello altissimo delle scuole coroplastiche falische tardo-classiche e primo-ellenistiche, nonché l'impegno posto dalla classe dirigente di Falerii nelle grandi opere pubbliche e nell'architettura sacra. Fine del IV - inizi del III sec. a. C. (Roma, Museo di Villa Giulia).

trova invece libero sfogo nei culti di fertilità e di guarigione, archeologicamente documentati dagli immensi depositi votivi con ex-voto fittili anatomici — allusivi alle parti di cui si chiede o si è ottenuta la guarigione — e con bambini in fasce, che, assieme alle rappresentazioni di genitali maschili e femminili, esprimono la speranza di prole, sola ricchezza della vecchiaia contadina. La storia di quest'uso religioso, che soltanto in questi anni si sta scrivendo, è di enorme interesse per la ricostruzione della cultura delle classi subalterne. La pratica di deporre ex-voto anatomici nasce nel corso del V secolo a. C., non a caso, nell'area veiente e falisca, la zona dove questa cultura « plebea » ha radici più antiche e più profonde, non senza un preciso influsso ellenico, connesso con le matrici di questa classe e con il crescente prestigio del culto medico di Asclepio. Di qui, l'uso si propaga a tutta l'Etruria meridionale, a Cere e a Tarquinia

Fig. 117. Testa fittile votiva da Falerii. È una delle teste più antiche conosciute, della prima metà del IV sec. a. C., e prelude alla intensissima pratica « plebea » etrusco-latina di deporre ex-voto fittili anatomici nei santuari (Roma, Museo di Villa Giulia).

soprattutto, ma ha particolare fortuna nell'ambiente latino, in stretta connessione con la colonizzazione romano-latina di IV e III secolo a. C. fin quasi a diventarne un distintivo e un segnale. Una volta ancora la diffusione segna i limiti di questa trasformazione sociale dell'Etruria del Sud (la pratica si dirada a Vulci ed è debolmente attestata a Volsinii, fino a scomparire del tutto o quasi a settentrione di queste due città) e, con il suo puntuale ritrovarsi, all'interno di aree di diversa cultura, solo in rapporto con colonie romane, come ad Atri e a Lucera, mette al tempo stesso in risalto base sociale e processo formativo della *koiné,* dell'unità culturale etrusco-latina, consolidatasi all'insegna di esigenze agrarie e « plebee ». A settentrione, il conservativismo sociale è ben riflesso dalla continuità degli usi religiosi votivi, che privilegiano l'antica tradizione, già nota nel VI secolo a. C., di deporre nei santuari bronzetti di offerenti e di divinità, dono ben più costoso dell'ex-voto fittile e imitazione pedissequa dalla consuetudine aristocratica del dono votivo in metallo prezioso; significativo dell'egemonia dell'Etruria interna sull'area umbro-sabellica è l'estendersi della stessa tradizione sul versante orientale dell'Appennino nel corso del V secolo a. C., contemporaneo all'emergere fra quelle popolazioni di un livello « politico » derivante dalla strutturazione aristocratica e dai processi di urbanizzazione.

Ancora un altro possibile indizio della trasformazione culturale di questo secolo è il notevole mutamento linguistico dall'etrusco antico di VII-VI secolo a. C. al neo-etrusco di IV-III secolo a. C., caratterizzato da un forte accento di intensità sulla prima sillaba, responsabile di un notevole indebolimento delle sillabe successive (etr. arc. *Vestiricina*, neo-etr. *Vestrcnie*): il fenomeno è conosciuto in altre lingue della penisola ed è non meno intenso in latino; poco sviluppato in osco-umbro, è stato attribuito ad influsso celtico. Questa ipotesi, ancorché seducente, non spiega tutti i fenomeni della consistente trasformazione linguistica avvenuta tra V e IV secolo a. C.; tuttavia non è improbabile che tale trasformazione sia più in generale da mettere in relazione con la travagliata fase di mutamenti sociali di V secolo a. C., periodo sul quale siamo, per via del già rilevato declino della scrittura, scarsamente informati.

Di grande interesse sono infine i caratteri della produzione artistica. La generale ripresa, nel Sud dell'Etruria, delle attività artigianali, attraversa due momenti ben precisi in connessione con le diverse fasi dello sviluppo che corrispondono alla prima e alla seconda metà del IV secolo a. C. Non occorre notare che la « riapertura » politica e sociale, con i cospicui ampliamenti del corpo civico (un fenomeno questo, ricordiamolo, conosciuto in larghe zone dell'Italia antica nel IV secolo a. C., a partire dal nuovo blocco storico patrizio-plebeo di Roma), richiama artisti dall'area greca in quantità notevoli. Si è detto dei ceramografi attici stabiliti a Falerii all'inizio del IV secolo a. C.; a Cere riappaiono Greci, attestati da dediche in greco a Hera, di tardo IV-III secolo a. C., questa volta — e *pour cause* — nel santuario urbano del Manganello e non più in quello emporico di Pyrgi, reso progressivamente inutile dalla trasformazione delle funzioni della città integrata nel sistema romano. Anche se questa presenza greca è ora solo in parte determinante per lo sviluppo di forme artistiche, i due momenti della cultura figurativa sono strettamente collegati con l'ambiente attico prima e con quello italiota e siceliota poi. Ma l'artigianato, a differenza di quanto avviene in epoca arcaica, non è più ampiamente delegato a gruppi in posizine di metecia, così che la recezione delle diverse forme elleniche non si manifesta come fenomeno di breve respiro, rinnovato solo dalla continuità degli arrivi di altri artigiani con patrimoni figurativi affini, tipico del periodo fino al V secolo a. C., ma ha un proprio

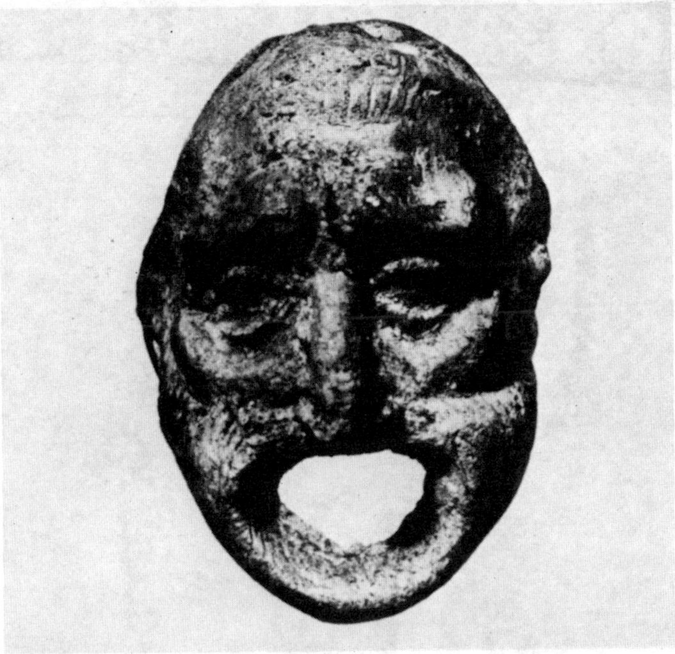

Fig. 118. Piccola maschera fittile di provenienza sconosciuta. Nella seconda metà del IV sec. a. C. si diffonde a Tarquinia (e poi a Vulci) l'uso di deporre queste piccole maschere teatrali, evidentemente sostitutive delle cerimonie funebri, comprendenti spettacoli di teatro. Quel che è notevole è la completa ellenizzazione dello spettacolo — si tratta di maschere di tipo schiettamente greco — che dimostra come in Etruria, prima ancora che a Roma, sia stato introdotto il tipo di teatro, tragico e comico, greco. Fine del IV sec. a. C.

sviluppo autonomo in posto, contribuendo a creare quel gusto di *koiné* etrusco-latina destinato ad avere tanta importanza nell'arte figurativa romana. Questo gusto di *koiné* si forma in maniera robusta nella seconda metà del IV secolo a. C., all'insegna di un singolare eclettismo, in parte imputabile all'eclettismo greco-coloniale, in parte alla stessa situazione periferica dell'Etruria: dei modi ellenistici esso assorbe tutto quanto di eclettico era in quei modi insito, rifiutandone altri. Occorrerà attendere la *luxuria asiatica*, frutto dell'imperialismo romano, perché si abbiano consistenti rinnovamenti di questa tradizione, minacciata soltanto dal progressivo inserirsi di manodopera schiavile nella produzione artigianale e nel conseguente banalizzarsi e isterilirsi dei prodotti, eseguiti in embrionali forme di manifattura.

IX

LA ROMANIZZAZIONE

1. *Le guerre contro Roma e l'assetto del III secolo a. C.*

Nel 358 a. C. l'Etruria, guidata da Tarquinia, aveva tentato con l'aggressione a Roma di riportarsi ai livelli di egemonia del passato, forte del nuovo blocco storico che in alcune città meridionali si era andato formando. La guerra era finita con un nulla di fatto, se si eccettua forse la parziale e temporanea vittoria ottenuta da Tarquinia sulla presenza al consolato di plebei e patrizi dai legami etruschi come Fabii e Manlii: dieci anni dopo la tregua, la situazione interna romana è pienamente ristabilita.

I quarant'anni fra la guerra romano-tarquiniese e la seconda guerra contro gli Etruschi sono densissimi di eventi per la grande città latina. Quando nel 311 a. C. si incrociano nuovamente armi romane ed armi etrusche, Roma ha dissolto la lega latina ed ha avviato una grandiosa espansione verso il feracissimo e ricchissimo Sud, la Campania e l'Apulia, ed ha stipulato un nuovo importante trattato commerciale con Cartagine. La guerra (Liv. IX, 29-41; Diod. Sic. XX, 35, 1-5; 44, 8-9) inizia con una *coniuratio* di tutti gli Etruschi « tranne gli Aretini », che pongono l'assedio a Sutri, « porta d'Etruria », come nel precedente conflitto. Protagoniste, questa volta, della guerra non sono le città del Sud — Tarquinia, anzi, allo scadere dei quarant'anni della tregua, nel 308 a. C. la rinnova per un ugual periodo — ma quelle del Nord, e soprattutto Perugia, obiettivo di una spedizione romana: il baricentro del potere etrusco si andava inesorabilmente spostando verso l'interno su Volsinii (dove troviamo nel 320 a. C. circa un *praetor Etruriae* nell'aristocratica tomba dipinta dei *Leinie*, forse anche *praetor* a Chiusi: *TLE*[2] 233)

Fig. 119 (*a fronte*). Dettaglio della tomba del Tifone di Tarquinia. La tomba, una delle non molte dipinte del II sec. a. C., è un documento interessante del patetismo asiano nella pittura. Metà circa del II sec. a. C.

e su Perugia. E che Perugia (strettamente collegata a Volsinii attraverso la filiale di Spello del culto volsiniese di Nortia) fosse il vero obiettivo dei Romani, traspare dal coinvolgimento degli Umbri nella campagna e dall'*amicitia* con Ocriculum, da sempre in stretta relazione con la bassa valle del Tevere e con Falerii. La relativa estraneità alle vicende belliche delle città costiere etrusche, indice di una rinnovata rivalità tra Sud e Nord, appare ulteriormente confermata, oltre che dalla tregua separata di Tarquinia ora ricordata, dall'intervento di navi etrusche a favore di Agatocle contro il blocco cartaginese di Siracusa nel 307 a. C. (Diod. Sic. XX, 61, 6-8), appena bilanciato dal terzo trattato romano-cartaginese del 306 a. C., che tuttavia fissava nella Corsica una sorta di zona neutrale tra le due potenze. Il destino della colonia etrusca di Aleria era segnato: pochi anni dopo, la declinante città viene invasa da prodotti romani, accompagnati da non infrequenti iscrizioni latine.

Questo primo grave scontro con le *poleis* centro-etrusche è seguito da una serie di confusi avvenimenti tra il 302 e la sanguinosa disfatta etrusca di Sentino nel 295 a. C. (Liv. X, 1-30). Anche in questo caso il teatro principale degli scontri è il settentrione, con campagne in Umbria ed Etruria, soprattutto tra Volterra, Chiusi e Perugia, e con il già ricordato intermezzo di « polizia » del dittatore M. Valerio Corvo ad Arezzo per i torbidi sociali interni. La ripresa delle ostilità tra Roma e i Sanniti offre agli Etruschi la possibilità di coalizzare contro la grande potenza latina tutti i popoli d'Italia, Umbri, Sanniti e Galli: nella valle di Sentino si decide il destino del Nord della penisola. La battaglia, avvenuta nel 295 a. C., al di là delle coloriture drammatiche e delle confusioni delle varie redazioni annalistiche, segna per gli Etruschi il principio della fine: la partecipazione etrusca alla battaglia, terminata con una gravissima sconfitta per la quale lo storico greco Duride (*ap.* Diod. Sic. XXI, 6, 1), virtualmente contemporaneo degli eventi, giunse a favoleggiare di 100.000 morti, contro i 25.000 di Livio (X, 32, 1), fu forse meno cospicua di quella sannitica, umbra e gallica (sappiamo che queste componenti furono da sempre a stretto contatto, malgrado le incertezze di Livio, X, 26, 12-13, e il silenzio di Polibio, II, 19, 5-6, sugli Umbri). Anche se gli Etruschi hanno certamente usato Umbri e soprattutto Celti come massa di manovra con il miraggio del bottino nei ricchi territori romani (Pol. II, 19, 1-4), è certo che dal 294 a. C. inizia una serie di campagne contro le singole *poleis* etrusche che metterà in ginocchio la restante potenza dell'Etruria.

Nel 294 a. C. cade infatti in mano romana la prima città etrusca dopo Veio, Roselle, conquistata all'indomani di scorrerie nel territorio di Volsinii con 2800 morti da parte etrusca (Liv. X, 37,

Fig. 120. Carta dell'Italia dopo le guerre di conquista romane del IV-III sec. a. C. (da Pallottino).

Fig. 121. Sarcofago fittile da Tuscania. A partire dalla metà del II sec. a. C., Tuscania si rende autonoma da Tarquinia, non importando più sarcofagi di nenfro ed elaborando questi interessanti prodotti fittili che, dal tardo II sec. a. C. recano ritratti fisionomici. Fine II - inizi I sec. a. C. (Roma, Museo di Villa Giulia).

1-2). La presa di Roselle venne a costare ai Rosellani duemila prigionieri e altrettanti morti. La tregua stipulata con Volsinii, Perugia e Arezzo con la multa di mezzo milione di assi e il trionfo *de Volsonibus* del console L. Postumio Megello (Liv. X, 37, 3; *Fasti Triumph.*) indicano chiaramente i responsabili della battaglia di Sentino; dopo uno scontro con Falerii nel 293 a. C. (Liv. X, 45-46) e un sussulto volsiniese nel 285 a. C. circa (Liv. *Per.* XI), il fronte tiberino e il predominio dell'Etruria interna venivano definitivamente spezzati con la battaglia al lago Vadimone tra Orte e Bomarzo, contro Etruschi e Galli, nel 283 a. C. (Pol. II, 19, 7-20, 6). La coalizione che combatté al lago Vadimone, sempre centrata su Volsinii, vedeva però un'altra serie di *poleis* al fianco della città del *fanum Voltumnae* (Arezzo è alleata romana nella guerra: Pol. II, 19, 7), che Roma inesorabilmente piegherà una dopo l'altra tra il 282 e il 273 a. C. Nel 281 a. C. abbiamo infatti un trionfo di Q. Marcio Filippo *de Etrusceis*, che J. Beloch ha convincentemente riferito a Tarquinia; nel 280 a. C. un trionfo di Ti. Coruncanio *de Vulsiniensibus et Vulcientibus*; nel 273 a. C. (Cass. Dio. fr. 33) veniva piegata Cere. In poco più di vent'anni Roma, la cui egemonia e forza militare erano ormai ad una dimensione peninsulare, aveva cancellato la potenza etrusca dalla geografia politica italiana e dalla storia: lo spostamento dell'asse di predominio interno etrusco da Tarquinia verso l'area centro-settentrionale, successivo al 351 a. C., l'acquiescenza di Tarquinia alle vigorose spinte imperialistiche romane negli anni tra il 311 e il 295 a. C., ed infine il tardivo riconoscimento da parte delle città meridionali della minaccia romana, duramente pagato al lago Vadimone nel 283 a. C. e dalle campagne del successivo decennio, avevano aperto la via al trionfo della città latina.

Il motivo di questa divisione interna dell'Etruria ha certamente radici nella diversità della struttura economico-sociale delle due aree, meridionale e settentrionale, e nel conseguente diverso orientamento politico, che si traduce nel predominio sulla lega, esercitato da Tarquinia fino agli anni successivi alla guerra romano-tarquiniese del 358-51 a. C. e poi all'incirca dal 320 a. C. passato verosimilmente in mano volsiniese o più settentrionale, perugina. E il trattamento usato da Roma nelle due zone è stato nettamente differenziato. Al Nord e nell'area tiberina, la vittoria romana è stata pagata in denaro sonante e, come ha ben messo in luce W. V. Harris, ha contribuito al rafforzamento delle oligarchie dominanti: l'intervento di Roma ad Arezzo nel 302 a. C., per sedare i conflitti sociali che opponevano i locali oligarchi (Livio menziona i Cilnii, antenati di Mecenate) alle classi subalterne, ne è la prova evidente, al pari del comportamento dell'intera area in occasione delle guerre puniche, caratterizzato da assoluta fedeltà, pur se occhiutamente vigilata dal quasi costante stazionamento di legioni romane nel territorio. Nel Sud e nell'area costiera, Roma impone altre clausole nei trattati. La norma è la confisca di metà del territorio, esplicitamente menzionata per Cere e facilmente deducibile per Vulci e Tarquinia. Roselle, unica città etrusca espugnata da Roma, deve avere anch'essa perso una parte cospicua del territorio: significativamente, dopo secoli di silenzio, rinasce Vetulonia, e le sue serie monetali con leggenda *Vatl* potrebbero corrispondere a serie « di fondazione », da datare quindi a poco dopo il 294 a. C. La eventuale perdita del territorio da parte di Roselle deve essere andata in parte a costituire il territorio della risorta Vetulonia e in parte a rimpinguare il già cospicuo *ager publicus* romano, dove in età augustea sarà dedotta la *colonia Iulia Rusellanorum*.

La dura penalizzazione in termini di territorio nelle altre tre città meridionali, per la maggiore vicinanza a Roma, ha avuto come esito invece un intervento diretto della città vincitrice. Nel III secolo a. C. questo intervento è abbastanza contenuto, ma nel II secolo a. C. sarà ben più incisivo, certamente come conseguenza della rovina di quella classe « media », formatasi nel IV secolo a. C. e più duramente colpita dalla crisi conseguente agli effetti congiunti della pressione economica romana e delle guerre annibaliche. Nel 273 a. C., sette anni dopo la sconfitta di Vulci, è dedotta la colonia latina di Cosa, estremo faro settentrionale di latinità sulla costa tirrenica, contemporanea e gemella di Paestum a Sud; nel territorio di Cere vengono invece dedotte ben quattro colonie marittime di diritto romano (evidentemente destinate a riprendere l'antica tradizione marinara di Cere), Fregenae (245 a. C.), Alsium (247 a. C.), Pyrgi (264 a. C.?) e Castrum Novum (264 a. C.?). Nel territorio di Tarquinia le confische di terra non hanno invece come risultato fondazioni coloniarie romane, indizio di un diverso trattamento riservato alla città (o di una diversa situazione sociale) rispetto alle altre due. Altra caratteristica dell'intervento romano è costituita dalla costruzione di strade per innervare il territorio conquistato e consentire un controllo rapido e diretto dalla capitale. Purtroppo la cronologia di molte di queste strade non è accertata, ma in genere si pensa a date nel II secolo a. C., quando intorno alle tre arterie principali dell'Etruria meridionale, Aurelia, Cassia e Clodia, devono essersi formati i relativi *fora* (luoghi di convegno e mercato di abitati sparsi), *Forum Aurelii* nel territorio di Vulci, *Forum Cassii* in quello di Tarquinia, e *Forum Clodii* in quello di Cere.

2. *Destrutturazione e ristrutturazione*

L'alleanza di Roma con i *principes* d'Etruria non sarà comunque senza conseguenze. Nell'estremo Sud i contraccolpi sono quasi immediati. Già alla fine del IV secolo a. C., tra il 310 e il 304 a. C., gli eserciti di Agatocle e dei Cartaginesi pullulano di mercenari etruschi in forti contingenti (Diod. Sic. XIX, 106, 2; XX, 11, 6, e 64, 1; XXI, 3): la loro provenienza, si può congetturare, va ricercata soprattutto dalle *poleis* meridionali, nelle quali, già nel IV secolo a. C., la nuova organizzazione politica ed economica della società metteva in atto più facilmente che altrove processi di pauperizzazione e di espulsione dal corpo sociale di individui e gruppi meno fortunati. Una conferma di questa possibile provenienza meridionale di più cospicui e più antichi contingenti di mercenariato si può forse ritrovare nel purtroppo oscuro testo funerario tarquiniese di una persona di « medio ceto » morta a 106 anni, dove si menzionano Capua e Annibale (*TLE*² 890). Con la conquista romana, in tutto il Sud le forme schiavistiche della produzione, già autonomamente avviate all'epoca dell'indipendenza nel IV secolo a. C., vengono certamente favorite e producono contraccolpi immediati nelle città più vicine.

Volsinii, che nel IV secolo a. C. sembrava aver prescelto un modello di sviluppo conservatore ed oligarchico, è la prima città a subire le conseguenze destrutturanti che derivavano dalla combinazione della vicinanza di forme produttive schiavistiche e della recessione conseguente alla sconfitta. Nel 265 a. C., gli oligarchi — che Zonara chiama significativamente « quelli che dimorano in questa campagna » — estromessi dal potere dai *servi* e da questi perseguitati, chiedono l'intervento di Roma, che, dopo un breve assedio, conquista la città, la distrugge e la ricostruisce a poca distanza, nel luogo dell'attuale Bolsena (Zon. VIII, 7, 4-8; Iohann. Ant. fr. 50 M; Flor. I, 16, 21; Auct. *de vir. ill.* 36; Oros. II, 5, 3-5; Val. Max. IX, 1 *ext.* 2). La vicenda di Volsinii è assai interessante per comprendere il significato di questa rivolta nel quadro del più generale problema della *servitus* etrusca e vale la pena spendere qualche parola sull'intera vicenda. Le fonti latine sono molto corsive e parlano di una sempre maggiore *libertas* dei *servi*; quelle greche, più attente e precise, parlano di un graduale processo di emancipazione della classe degli *oikétai*, dall'affidamento totale del servizio militare e della « amministrazione » (*dioíkesis*) della città (magistrature « plebee »? edilità?) al *connubium* con le donne dei *principes*, alla conquista dello *ius honorum* e dell'ingresso in senato, fino alla definitiva oppressione degli ex-padroni. Tutti questi passaggi non sono avvenuti in breve tempo, come sottolineano concordi le fonti. Il più tardo di tutti è la conquista delle magistrature: possiamo forse azzardare i tempi (che Zonara collega senz'altro alla conquista romana), collocando il servizio militare e l'« amministrazione » nel periodo tra il 295 a. C. e il 280 a. C., e la definitiva scalata al potere negli anni immediatamente anteriori e posteriori al 280 a. C., con la crisi finale (l'oppressione dei *principes*) al 265 a. C. L'intervento di Roma, vera e propria operazione di polizia, si conclude tragicamente non solo per Volsinii, per punizione distrutta e ricostruita presso l'odierna Bolsena, e per i *servi* ribelli, uccisi o restituiti ai padroni, ma per l'Etruria tutta, dal momento che la vittoria, guidata dal console M. Fulvio Flacco, culmina con un grande saccheggio, che frutta un bottino immenso, 2000 statue di bronzo secondo l'acceso antiromano Metrodoro di Scepsi (*ap.* Plin. *N.H.* XXXIV, 34). Il console, che ottiene nel 264 a. C. un trionfo *de Vulsiniensibus*, sappiamo si sarebbe fatto rappresentare in abito di trionfatore nel tempio di Vortumno sull'Aventino (Fest., p. 288 L): questa testimonianza ed i resti di un doppio donario con il suo nome e le impronte di statue di bronzo nel santuario romano di Fortuna e Mater Matuta dimostrano che il console avrebbe evocato, ossia « chiamato a Roma », il grande dio di Volsinii *Voltumna-Vortumnus*, costruendogli un tempio a Roma ed evidentemente saccheggiando il grande *fanum* di Volsinii, il solo luogo donde avrebbe potuto trarre tanta copia di statue bronzee. Il santuario federale etrusco era così distrutto e la lega di fatto (se già non prima, dopo il Vadimone) veniva ad essere disciolta. Il *foyer* religioso d'Etruria, dopo secoli di gloriosa storia, non era più e l'antica Volsinii veniva cancellata d'un colpo, lasciando di sé solo il nome di *Urbs Vetus*, Orvieto.

L'« omogeneizzazione » politico-economica del Sud si compirà un quarto di secolo dopo, all'indomani della conclusione della prima guerra punica. I Falisci, dopo oltre cinquant'anni di tregua, rialzano nel 241 a. C. le armi contro Roma, ma ancora una volta invano. La città, dopo un breve assedio, viene conquistata, distrutta e « più tardi » (Zon. VIII, 18: 220 a. C., con la costruzione della via Flaminia ?) ricostruita in pianura: la sorte delle due città, Falerii e Volsinii, è molto simile, distruzione, evocazione della divinità principale (nel caso di Falerii, Minerva, nel tempio di Minerva « capta », « prigioniera », nell'area del Celio) e ricostruzione in altro luogo, ma Falerii venne per di più penalizzata con la confisca di metà del territorio, con tutta probabilità quello dove passerà la via Flaminia, strategicamente ed economicamente più importante.

L'introduzione di più decisi meccanismi produttivi di tipo schia-

Fig. 122. Testa di Atena in nenfro da Bolsena. Seconda metà del III sec. a. C. (Vaticano, Museo Gregoriano Etrusco).

Fig. 123. Nike volante fittile da Falerii. È una delle ultime opere dell'artigianato falisco prima della distruzione del 241 a. C. Metà del III sec. a. C.

vistico nel Sud si accompagna qui e altrove con non meno decisi processi di trasformazione monetaria. È, credo, significativo che, nei punti ove cruciale è il contatto fra Etruria e mondo esterno, vengano emesse serie monetali fuse in stretta relazione con il sistema romano. Le « porte economiche d'Etruria », Tarquinia sul mare, Volterra verso la val Padana ancora in mano ai Celti, e Todi, frontiera tra Volsinii e l'Umbria, si danno sistemi monetali complessi: in questo contesto vanno forse inserite serie meno chiare come quelle con la leggenda *Thezle* (Vulci?) e contrassegnate dalla ruota, tutte monete come le precedenti su piede semilibrale o leggermente superiore. La cronologia di tutte queste emissioni resta incerta, ma deve comunque collocarsi nel corso del III secolo a. C.: ciò che conta è il solido collegamento tra i piedi ponderali etruschi e quelli romani, indizio di uno stabile inserimento della circolazione etrusca nel sistema controllato da Roma.

Le guerre annibaliche segnano il culmine del dissesto della penisola. Le città del Sud, pur se meno toccate direttamente dagli eventi bellici, sono coinvolte nella generale rovina di larghi strati delle popolazioni italiane; soprattutto sembra rilevante il dissesto delle classi « medie » della città e della campagna, rilevabile dal vertiginoso crollo delle attività artigianali con livelli qualitativi assai bassi e sovente quasi « barbarici », dalla altrettanto rapida diminuzione di tombe e di corredi attribuibili a questo ceto, dallo spopolamento delle campagne. Nell'antico, vastissimo territorio dipendente da Tarquinia, tutti gli abitati minori si spopolano e le terre in larga misura finiscono con il tornare nelle mani dell'antica oligarchia tarquiniese: tipico è il caso delle terre nel territorio di Axia che nel 69 a. C. sono in proprietà di una Caesennia, ossia di un'appartenente ad una delle più antiche ed aristocratiche famiglie di Tarquinia, i *Ceisinie*, come documenta la *pro Caecina* di Cicerone. Emergono, in questo antico dominio tarquiniese, pochissimi centri autonomi, Blera, Ferento e Tuscania, ove le locali aristocrazie riescono a porre un controllo più saldo sulle terre, elaborando una cultura provinciale, in qualche misura autonoma da quella di Tarquinia, dalla quale erano stati dipendenti per oltre due secoli. In questo contesto si formano verosimilmente anche i tre *fora* dell'Etruria meridionale, mentre si costituiscono altre strade minori, come l'Amerina, o si prolungano le maggiori, come la via Aurelia con la via Aemilia Scauri (109 a. C.) fino a Tortona attraverso la costa tirrenica e la Liguria. Ma ancor più importante è il popolamento del territorio, già di Vulci, di Tarquinia e di Cere, con colonie e prefetture. Nell'antica area vulcente si costituiscono le colonie di Saturnia (183 a. C.) e di Heba (150 a. C. circa) e la prefettura di Statonia, di data sconosciuta, ma certo ancora di

II secolo a. C.: l'antico, vasto territorio vulcente è ridotto a meno di un decimo. Nel territorio confiscato a Tarquinia, accanto a Forum Cassii nell'interno, sorge la colonia marittima di Gravisca (181 a. C.), sull'antico porto ormai inutile alla città. Nel modesto retroterra ceretano si insedia Forum Cassii, mentre la fascia costiera, già occupata nel III secolo a. C. da ben quattro colonie marittime, comincia a diventare sede per ville d'ozio: già nel 124 a. C. M. Emilio Porcina vi possedeva una villa, oggetto di pubblica accusa da parte del censore L. Cassio per la sua altezza. Sempre sulla costa, ma più a settentrione, gli scavi di M. Martelli Cristofani a Populonia hanno messo in luce evidenti segni della radicale trasformazione in senso schiavistico dei processi di lavorazione del minerale elbano, trasformazione che data già dal pieno III secolo a. C. Volgiamoci ora all'Etruria settentrionale. Anche qui, la fase post-bellica mette a nudo notevoli squilibri. Nel 196 a. C., una grave sollevazione di schiavi mette a ferro e fuoco l'Etruria ed il pretore Acilio Glabrione al comando di una legione riesce ad aver ragione degli insorti (Liv. XXXIII, 36, 1-3); poco dopo, nel 186 a. C. parte dall'Etruria un forte movimento di rivolta mascherato sotto le sembianze di particolari riti domestici dionisiaci, a carattere interclassista, movimento che si propaga a Roma e si salda alla protesta dei pastori in Apulia. Gli scavi francesi a Bolsena hanno messo in luce almeno due piccoli santuari dionisiaci di tipo domestico, distrutti appunto agli inizi del II secolo a. C. in conseguenza della repressione del moto dei Baccanali. Questo fermento deve aver indotto le oligarchie settentrionali ad una almeno parziale trasformazione delle arcaiche strutture della *servitus* rimaste indenni su quasi tutto il territorio. Le vastissime distese controllate da Volterra, Perugia e Chiusi si popolano ora di piccoli insediamenti, in qualche caso vere e proprie città e di antichissima origine (come Siena nel territorio di Volterra), in altri, piccole fattorie a carattere familiare, che innervano capillarmente tutta la superficie coltivabile. Soprattutto nei territori, immensi, di Chiusi e di Perugia (con le adiacenti città della valle umbra, Assisi, Spello, Foligno, Bettona, economicamente dipendenti da Perugia) questo macroscopico fenomeno, che archeologicamente assume i connotati di un emergente ceto « medio » agrario con tombe gentilizie ed urne decorate, anche se non costose, ha anche un volto di tipo politico e giuridico: la stragrande maggioranza di questi contadini benestanti reca un gentilizio che ne rivela un'origine servile, derivato com'è da prenomi correnti all'epoca o da nomi individuali di varia origine, come *Cae-Caius* o *Tiphile-Diphilos*. Le oligarchie di queste due città sembra abbiano concesso i sospirati diritti politici alla classe dei *servi* o meglio ad una parte di essa, lasciando nel

Fig. 124. Urna volterrana di alabastro da Volterra. Tra la fine del III e gli inizi del II sec. a. C. Volterra comincia a produrre, con maestranze ellenistiche asiane, una diffusa classe di urne cinerarie con il defunto a banchetto sul coperchio e cassa decorata da scene mitiche allusive al dramma della morte. Secondo quarto del II sec. a. C. (Volterra, Museo).

Fig. 125. Testa di urna volterrana da Siena. Nei casi di prodotti più impegnati, come nei sarcofagi tuscaniesi, sotto l'influsso di Roma, i defunti raffigurati sui coperchi delle urne volterrane sono ritratti con fattezze fisionomiche, ispirate alla grande ritrattistica tardo-ellenistica (Siena, Museo Archeologico).

contempo a costoro una quantità del prodotto della terra — difficilmente tutto — tale da consentir loro di costruire ipogei sepolcrali dignitosi e di dotarli di un certo corredo funebre. Ma, come ha rilevato acutamente H. Rix, mentre a Chiusi questa classe non intreccia rapporti con i ceti dominanti, a Perugia l'integrazione è invece assai rapida; a Volterra e a Cortona il processo di « liberazione » dei *servi-penéstai* sembra non sia stato addirittura avviato. Ancora diverso potrebbe essere il modello di integrazione sociale seguito da Arezzo, se il grandioso complesso teatro-tempio di S. Cornelio, a poca distanza dalla città, è attribuibile al corrispettivo etrusco di Iuppiter Libertas, *Tin Lut.* I provvedimenti presi nell'Etruria del Nord venivano a sanare, certo in ritardo, gravi tensioni sociali emerse negli anni tra il 196 e il 186 a. C. e a dare un volto « moderno » al paese: i patrimoni dei *principes* non ne devono aver particolarmente sofferto, a giudicare dalla continuità della ricchezza dei loro sepolcri. Ma a questo avranno certamente contribuito anche migliori tecniche di sfruttamento agricolo e soprattutto l'effetto riflesso della redistribuzione della grande rapina perpetrata dall'imperialismo romano, a giudicare dalla « ripresa » che si registra da metà del II secolo a. C. in poi in tutta l'Italia e anche in buona parte dell'Etruria.

3. *Integrazione economica e integrazione politica*

A metà del II secolo a. C. l'Etruria offre un quadro particolare in seno alla penisola. Senza aver subito la distruzione totale inferta da Roma alle popolazioni lucane, brettie e apule, ma anche senza partecipare al febbrile arricchimento di cui fanno sfoggio *socii Latini* e città indipendenti della Campania, come Pompei o Teano, gli Etruschi godono di una discreta prosperità nei pochi centri superstiti del Sud o nelle campagne e nelle città del Nord. È una prosperità abbastanza provinciale: il confronto con la colonia latina di Cosa, dalle imponenti opere pubbliche a imitazione di Roma ed eseguite con una tecnica edilizia virtualmente sconosciuta nel resto dell'Etruria, l'opera incerta, è schiacciante. Ciò non toglie che Volterra, ad esempio, richiami artisti di formazione greco-asiatica per produrre le proprie urne cinerarie d'alabastro o che quasi ogni città si dia un aspetto più moderno ed attraente, a cominciare dalle decorazioni figurate dei frontoni e dei tetti dei templi. Tuttavia, l'intraprendente ceto di affaristi dedito alla spoliazione dell'Asia, incarnato dai frequentatori italiani del porto franco di Delos non conta persone originarie dall'Etruria. Molte delle ricchezze etrusche provengono dalla terra e da una sapiente amministrazione delle imprese agrarie; ma segni di un'« omogeneizzazione » economica con le aree più evolute d'Italia, come schiavi dai nomi orientali e macedoni (ad es. *Zerapius-Serapion*, *CIE* 4514; *Antipater-Antipater*, *CIE* 2004) e *lautni-liberti*, non mancano. Si tratta tuttavia di segni deboli, che contrastano con la parziale conservazione degli istituti della *servitus* (*servi* e *domini* sono ben attestati dalla profezia di Vegoia, di ambiente verosimilmente perugino e databile tra l'età dei Gracchi e la guerra sociale) e con l'estraneità dell'Etruria ai processi intensissimi di esportazione di prodotti vitivinicoli locali su scala mediterranea, eccezion fatta per la colonia latina di Cosa.

L'integrazione economica è comunque solo parziale: se Tiberio Gracco (Plut. *Tib. Gr.* 8, 9) di ritorno dalla Spagna vedrà i campi etruschi « popolati di servi e di barbari » e da questo trarrà spunto per le sue proposte di riforma, va osservato che la zona che egli aveva attraversato era quella costiera, dove proprio in questi anni si andavano formando grandi concentrazioni produttive schiavili, da Populonia al litorale ceretano, prodromo della nascita del paesaggio della Maremma. Si è molto discusso se la colonizzazione graccana abbia interessato una o più città etrusche. I testi (*Lib. Col.* 215, 3 L, e 219, 1 L) registrano colonie graccane ad Arezzo e Tarquinia e nel caso di quest'ultima, la documentata, impressionante presenza di gentilizi latini tra I secolo a. C. e I secolo d. C. (su 101 gentilizi solo 14 sono di origine etrusca, di cui appena 7 di antica origine sicuramente tarquiniese) può legittimare l'affermazione delle fonti. La « ripresa » a Tarquinia era stata infatti contraddistinta dall'improvviso apparire di un nuovo gruppo di ipogei dipinti e con sarcofagi: le famiglie, una decina, sono di origine anche non locale (ad es. i *Pumpu*, proprietari della tomba « del Tifone »). Comunque anche quest'episodio deve essere avvenuto con il beneplacito dei ceti dominanti, all'interno dei quali quattro o cinque famiglie presentano una continuità impressionante fin nella piena età romana: mi sembra interessante ricordare che molte delle famiglie emergenti dell'epoca erano destinate ad acquisire la cittadinanza romana e il rango equestre prima della guerra sociale, come dimostrano sia la tomba Bruschi della famiglia *Apuna*, ove il corteo raffigurato negli affreschi è condotto da un personaggio a cavallo, sia le biografie dei *summi haruspices* presillani, tutti cittadini romani e cavalieri.

Questo indirizzo provinciale e appartato dell'economia e della struttura sociale etrusca spiega la singolare « marcia su Roma » di Umbri ed Etruschi per protestare contro le proposte di concessione di cittadinanza romana (che mettevano a repentaglio il potere locale dei nobili) e di riforma agraria (che minacciavano l'*ager publicus*

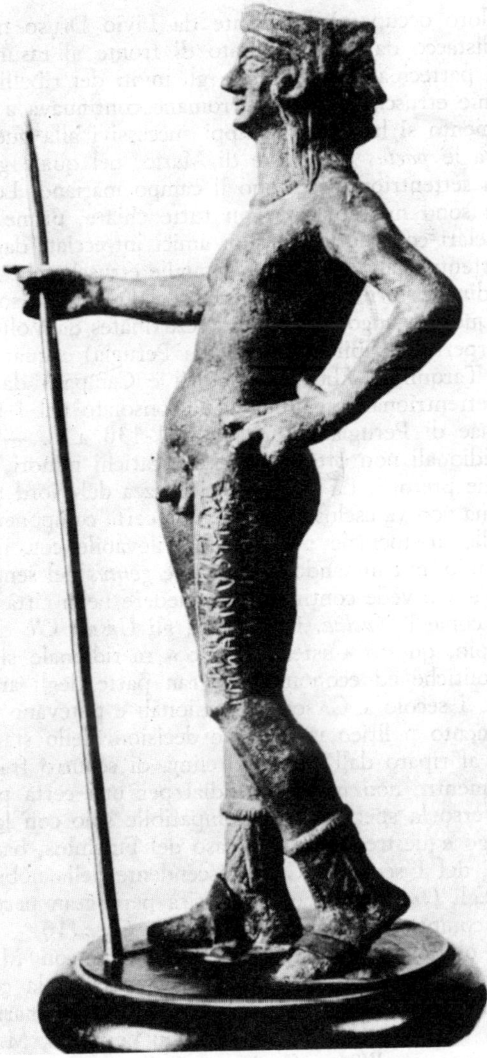

Fig. 128. Statuetta votiva raffigurante il dio bifronte *Culsans*, da Cortona. III sec. a. C. (Cortona, Museo).

romano da loro occupato) formulate da Livio Druso nel 91 a. C. e anche il distacco da loro ostentato di fronte all'insurrezione italica, cui non parteciparono malgrado gli inviti dei ribelli. L'alleanza delle oligarchie etrusche con l'*élite* romana continuava a funzionare. Un rovesciamento si ha negli sviluppi successivi alla guerra sociale, lo scontro tra le *partes* di Silla e di Mario, nel quale gli Etruschi, soprattutto a settentrione, scelgono il campo mariano. Le ragioni di questa scelta sono molteplici e non tutte chiare, prime fra tutte i legami clientelari con Mario e i suoi amici intrecciati dagli Etruschi delle città settentrionali: sulle nove famiglie etrusche che hanno ottenuto la cittadinanza prima della guerra sociale e percorso le carriere senatorie cinque provengono dal Nord (Carrinates da Volterra; Saenii da Siena; Perpernae, Vibii e Volcacii da Perugia) e quattro dal Sud (Numisii da Tarquinia, Aburii, Tarquitii e Campatii da Cere), ma solo quelle settentrionali raggiungono il consolato nel I secolo a. C. — i Perpernae di Perugia addirittura nel 130 a. C. — mentre le famiglie meridionali non ottengono che incarichi minori, addirittura spesso neanche pretorii. La maggiore ricchezza del Nord ha giuocato certamente; ma non va esclusa neanche una certa componente « astensionista » delle aristocrazie meridionali, rilevabile con il fatto che Cere, ad esempio, pur inviando ben tre sue *gentes* nel senato romano del II secolo a. C., vede continuare a risiedere nella città le famiglie più in vista, come i *Maclae*, i *Matunas*, gli *Ursus*. C'è da chiedersi se, per esempio, questo « astensionismo » meridionale sia motivato da ragioni politiche ed economiche: gran parte degli aruspici noti tra tardo II e I secolo a. C. sono meridionali e potevano con questo potente strumento politico influenzare decisioni dello stato romano, pur restando al riparo dall'infuocato clima di scontro fra fazioni di quegli anni, mentre non mancano indizi per una certa propensione meridionale verso la speculazione, compatibile solo con la conservazione del rango equestre, come è il caso del Fulcinius, banchiere dei primi decenni del I secolo a. C., e discendente della nobile famiglia tarquiniese degli *Hulchnie*, che reinvestirà però gran parte dei profitti di banca comprando altre terre (Cic. *pro Caec.* 10).

Tuttavia, oltre a questi rapporti clientelari con Mario, nelle vicende tragiche degli anni 80 a. C. non va esclusa la componente della solidarietà interna gentilizia etrusca: tra i capi mariani più in vista sono un volterrano, C. Carrinate e un perugino, M. Perperna, il cui padre, censore nell'86 a. C., è verosimilmente tra i responsabili dell'inserimento degli Etruschi nelle tribù rustiche romane all'indomani della concessione della cittadinanza, inserimento particolarmente favorevole per gli Etruschi e che teneva conto anche di antiche estensioni territoriali e dunque di interessi agrari costituiti

Fig. 129. Testa fittile appartenente a decorazione frontonale, da Arezzo. È uno degli esempi più belli e significativi del patetismo ellenistico in ambiente etrusco, ripreso dai coroplasti aretini, ovviamente legati alla produzione del bronzo. Terzo quarto del II sec. a. C. (Arezzo, Museo).

Fig. 130. L'« Arringatore ». Questo grande bronzo, scoperto nel '500 in un probabile santuario della campagna cortonese, raffigura un *princeps* di Cortona, *Avle Metelis*, in atteggiamento di chiedere il silenzio per arringare la folla. L'opera è fortemente influenzata dai prototipi romani, sia per quanto riguarda il gesto che per il tipo di ritratto fisionomico. Fine II - inizi I sec. a. C. (Firenze, Museo Archeologico).

dalle antiche *poleis* (ad esempio la tribù Stellatina, attribuita a Tarquinia, ma anche a Gravisca, Tuscania e Ferento; la tribù Sabatina di Vulci, la stessa di Heba, di Saturnia e di Bisenzio).

Oltre a questi fattori, possono aver giuocato anche altre considerazioni nel decidere l'atteggiamento filomariano etrusco, ragioni più propriamente economiche, come il disagio avvertito dai produttori italici non inseriti direttamente nel meccanismo di sfruttamento coloniale, e minacciati dalla concorrenza della produzione schiavistica; non è un caso che Mario, sbarcando a Telamone nell'87 a. C. sarebbe riuscito a reclutare ben 6000 Etruschi, in gran parte piccoli proprietari (App. *B.C.*, 306; Plut. *Mar.* 41).

Tutti questi elementi finirono per attrarre l'Etruria nel fatale giuoco dello scontro civile tra Mario e Silla e le conseguenze della guerra, tra l'83 e l'82 a. C. combattuta su tutta l'Etruria settentrionale, a Chiusi, a Saturnia, a Volterra, a Populonia, a Telamone, a Vetulonia, con assedii e stragi, furono sanguinose. Le vendette di Silla, confische, uccisioni e penalità nel diritto di cittadinanza, si completarono con una serie di deduzioni coloniali, cosicché molti dei suoi 120.000 veterani trovarono sede nelle terre devastate d'Etruria, a Fiesole, ad Arezzo, a Volterra, a Chiusi, sconvolgendo antichi assetti e cambiando il volto delle città. Parte delle terre dell'aristocrazia — e talune città come Perugia — riuscirono a salvarsi dal saccheggio, dal momento che alcune delle famiglie più in vista, come i Caecinae di Volterra o i Cilnii di Arezzo, non furono coinvolte né nelle stragi né nelle confische; ma il vuoto nell'albo senatorio di città come Chiusi va certo imputato ai violenti sovvertimenti messi in atto da Silla.

4. *Dall'integrazione alla nostalgia*

Il quadro economico, sociale e politico dell'Etruria instaurato da Silla sarà cagione di continui sussulti fino alla conclusione delle guerre civili. Già nel 78 a. C. l'« Etruria tutta » (Sall. *Hist.* I, 67, 69), con l'ex mariano Perperna, è al fianco di Lepido in una sfortunata rivolta; molti profughi etruschi avevano intanto trovato asilo presso Sertorio (l'assassino del quale è un ceretano Tarquitius), mentre altri, guidati da un *M. Unata Zutas* forse di Chiusi, sull'esempio di Sittius in Numidia, fondano una colonia in Tunisia nella valle dell'Uadi Milian dal nome *Dardanium* (« Troiani »?), attestata da cippi confinarii scritti in un etrusco approssimativo, verosimilmente frutto di scrupolo di aruspici. Pochi anni dopo, l'estremo Nord dell'Etruria è la ridotta di Catilina; ancora nel 61 a. C. il pretore Ottavio obbliga i *possessores Sullani* a restituire le terre prese con la violenza (Cic. *ad Q. fr.* I, 1, 21). La guerra civile tra Cesare e Pompeo lascia indenne tutta l'Italia, e dunque anche l'Etruria, ma quella tra Ottaviano e Antonio trova uno dei luoghi di scontro più alto a Perugia. L'assedio e la caduta di Perugia sono tra i momenti più sanguinosi di tutta la guerra. Ottaviano, in perfetto stile di aristocratico etrusco *ancien régime*, sacrificherà sull'altare di Cesare divinizzato i capi ribelli e stabilirà una colonia di suoi veterani in una città dal territorio ridotto a sole tre miglia intorno alle mura, aggiungendola al novero delle altre colonie già dedotte in età cesariana e triumvirale e più tardi da lui stesso tra il 29 e il 13 a. C. su terre confiscate nelle proscrizioni, deserte per le guerre o abbandonate dai coloni di Silla. La geografia politica dell'Etruria ne riesce definitivamente sovvertita: le maggiori città etrusche, Arezzo, Volterra, Perugia, Pisa, Roselle, Siena, e molte delle minori, Lucus Feroniae, Castrum Novum, Gravisca, Lucca, Sutri, sono colonie dove troviamo veterani delle guerre civili fianco a fianco con quanto restava della colonizzazione sillana.

La linea politica seguita in questi anni dai resti delle aristocrazie etrusche è in linea di massima chiara, anche se ovviamente non univoca. Il conservatorismo oligarchico in questo tormentato e incerto clima, è evidentissimo dai pochi frammenti della apocalittica *disciplina* degli aruspici di quest'epoca: il secolo « finale » dell'Etruria è annunciato in anni cruciali, nell'88 a. C. e nel 44 a. C.; qualsiasi presagio nefasto si conclude con avvertimenti a non turbare l'ordine costituito, a non mutare lo stato della repubblica. I pochi personaggi sicuramente etruschi conosciuti di quest'epoca ostentano posizioni conservatrici, dal volterrano Caecina, acceso filopompeiano, a Tanusio Gemino forse di Chiusi, autore di un libello con l'accusa a Cesare di partecipazione alla congiura « monarchica » del 66-65 a. C., a Silicius Corona di Tuscania, solo giurato a votare per l'assoluzione dei cesaricidi: unico etrusco al fianco di Cesare è il tarquiniese Cesennio Lentone, come pure tarquiniese è l'aruspice del dittatore, erede dei grandi *principes* di V e IV secolo a. C., Spurinna.

La « pace augustea » è invece il grande momento per i residui campioni dell'oligarchia etrusca. Il senato di Roma tra Augusto e Nerone riceve questo pugno di famiglie, premiate via via con il consolato. Volterra, Perugia, Tuscania, Ferento e Tarquinia forniscono solo senatori di famiglie di origine etrusca: di moltissimi di costoro conosciamo le tombe avite, che risalgono ora al IV, ora al III, ora al II secolo a. C. In altre città, come Arezzo e Volsinii, abbiamo in quasi uguale misura senatori di origine etrusca e di origine latina, discendenti di coloni sillani o augustei, o provenienti — come a

Fig. 131. Coppa aretina di provenienza ignota. La ceramica di Arezzo, presto imitata in tutta Italia, è la più caratteristica e popolare ceramica fine romana tra la metà del I sec. a. C. e la metà del I sec. d. C. (Roma, Museo di Villa Giulia).

Volsinii — da zone limitrofe umbro-sabine. Da altre città, come Roselle e Chiusi, provengono infine solo senatori di origine coloniale latina, a testimonianza dello spopolamento operato dai tragici eventi del I secolo a. C. Tuttavia, proprio in quegli anni si era compiuto un amalgama economico e sociale perfetto: le fabbriche ceramiche di Arezzo, che forniscono vasellame fine da mensa a tutto l'Impero, sono saldamente organizzate su basi schiavistiche e i *Tusca ergastula* diventano sinonimo dell'« efficienza » del modo di produzione schiavistico in Etruria, di cui la villa dei Volusii presso Lucus Feroniae è un esempio archeologico straordinario.

L'amalgama economico e sociale si completa con un altrettanto efficace amalgama ideologico, cementato all'insegna della restaurazione antiquaria favorita da Augusto, nella quale le tradizioni locali italiche, e quelle etrusche in particolare, trovano una collocazione privilegiata. Augusto rifonda un simulacro di città a Veio e rico-

Fig. 132. Elogio di Aulus Spurinna da Tarquinia. Il testo è stato fatto incidere da un lontanissimo discendente vissuto tra l'età di Tiberio e quella di Traiano (Tarquinia, Museo).

struisce l'antica lega etrusca al *Fanum Voltumnae*, con la celebrazione di giuochi e feste e la nomina di *praetores* ed *aediles Etruriae*, cariche onorifiche che vanno a fregiare le carriere di gentiluomini di rango senatoriale ed equestre, provenienti dall'Etruria, ma indifferentemente di origini etrusche e latine: *praetor Etruriae* è un Metellius di Cortona (*CIL* XI, 1905) discendente del titolare della statua dell'« Arringatore », ma lo è anche un latinissimo Sex. Valerius Proculus dell'umbra Bettona (*CIL* XI, 7979). L'Etruria di età augustea e giulio-claudia si popola di strani monumenti che celebrano le glorie passate. A Tarquinia si dedica una statua a Tarconte, fondatore del popolo etrusco, e, per iniziativa del lontano discendente dei gloriosi *praetores* del V e IV secolo a. C. T. Vestricius Spurinna, destinato ad essere due volte console, si erigono statue di quegli antichi *praetores* con l'elogio delle loro gesta, mentre i Caesennii fanno incidere la lista dei *summi haruspices*; a Cere si fa scolpire il c.d. « trono di Claudio », singolare monumento con le immagini degli eroi e degli dei simboleggianti le singole città dell'antica lega; in una sconosciuta città etrusca si crea la c.d. sedia Corsini, curiosa riproduzione marmorea di un trono di bronzo arcaico a spalliera ricurva. L'Etruria annega nella nostalgia delle antiche glorie nazionali: qua e là affiorano polemiche affermazioni di origine dei coloni romani, ad Arezzo la riproduzione del foro di Augusto con tanto di altare con le origini di Roma, a Fiesole la copia della lupa capitolina. Ma su tutto aleggia l'omaggio alla casa imperiale. Tutte queste pie riesumazioni sono fatte accanto a monumenti che esaltano la dinastia; il fondatore, Augusto, non dimentichiamolo, affiderà l'educazione dei diletti figli adottivi Gaio e Lucio Cesare al migliore antiquario ed etruscologo dei suoi tempi, Verrio Flacco; la dinastia annovererà addirittura l'ultimo grande etruscologo dell'antichità nella persona dell'imperatore Claudio. La nostalgia, con l'esplicito messaggio di conservazione, giovava alla casa giulio-claudia non meno che ai superstiti *principes* d'Etruria.

Quando nel 68-69 d. C. crollerà il velo degli *arcana imperii*, dell'arcano del potere, detenuto di fatto dalle punte delle spade, l'Etruria, per l'arco di pochi infuocati mesi, porterà al trono imperiale un suo figlio, Salvio Othone, originario di Ferento, dove è stata scoperta la tomba dei suoi avi, agiati possidenti di questo oscuro municipio di fondazione tarquiniese. È una rivincita breve dell'orgogliosa prosapia dei *principes Etruriae.* Nel senato flavio siederanno quindici famiglie aristocratiche provenienti dall'Etruria, di cui solo cinque di autentica origine locale, che tra l'epoca di Traiano e di Adriano lentamente si estingueranno. Veio è tornata deserta; Cere è ormai un villaggio, al cui consiglio municipale presenziano solo nove consiglieri, tutti di origine libertina; Tarquinia, Vulci e Roselle sono cittadine provinciali sempre più modeste; Populonia e Vetulonia sono semideserte; all'interno, le antiche città etrusche vivono un'esistenza oscura, che a tratti restituisce qualche personaggio o famiglia di rango, come i Rufii Festi di Volsinii, sopravvissuti fin nel cuore del V secolo d. C., o i Vibii Galli di Perugia, che a metà del III secolo d. C. daranno a Roma un altro effimero imperatore nella persona di Treboniano Gallo. Ma il ricordo dell'antica grandezza sopravvive tenacemente: i giuochi del *fanum Voltumnae* vengono celebrati ancora nel IV secolo d. C. e la *disciplina* degli aruspici, che troviamo attivi addirittura alla vigilia del sacco di Roma dei Goti di Alarico, viene tramandata ancora nel VI secolo d. C., quando a Costantinopoli dei testi aruspicini sono epitomati da Giovanni Lido o forniscono glosse per il dotto lessico di Esichio. Un ultimo sguardo sul già nato paesaggio della Maremma ci viene dai versi del nostalgico Rutilio Namaziano, che nel 416 d. C. bordeggia le coste tirreniche in un suo viaggio per mare (la via di terra, saccheggiata dai Goti, è ormai insicura) alla volta della natia Gallia. Tra città spopolate, ville fortificate e villaggi abbandonati, vero e proprio paesaggio romantico di rovine, egli registra la villa dei Caecinae a Vada Volaterrana, dove trascorre la notte del 6 novembre (vv. 465-466), e a Faleria, nel golfo di Follonica, una festa campestre di pagani — qui già parola ambigua tra « abitanti del villaggio » e « pagani » — in onore della resurrezione di Osiride (vv. 371-98).

In queste due notazioni è contenuta l'immagine dell'Etruria alle soglie del Medioevo, dove vengono quasi a riproporsi intatte le vicende delle origini, delle grandi residenze nobiliari e della realtà contadina dei *pagi*. Ma, mentre anche le ville dei *possessores* tardo-antichi verranno cancellate dalle vicende dell'alto Medioevo, quella cultura contadina, di feste campestri e di superstizioni, ma anche di un antico sapere fatto di strumenti e di tecniche agricole, passerà il buio del Medioevo per consegnarsi quasi intatta ai nostri tempi.

EPILOGO

Il filo rosso, ora spesso, ora sottile, che ci ha condotto per oltre un millennio di storia d'Etruria, ha registrato la nascita, le trasformazioni e la morte di un'aristocrazia, che nella feracità della terra, nella dolcezza del clima, nella ricchezza delle miniere dell'Etruria, ma anche nella violenza dei sinecismi, nella ferocia della pirateria, nell'assoggettamento forzoso di masse di contadini etruschi e barbari ha scritto le sue gesta e le sue fortune. Ma sarebbe un errore credere che la storia dell'Etruria, come ogni storia d'altronde, si identifichi con quella delle sue classi dirigenti, che con la loro cultura, la loro ideologia, hanno voluto lasciare quella immagine di se stessi e soltanto quella: né le *élites* dominanti etrusche sono state sempre uguali a se stesse, come abbiamo visto, ma hanno profondamente mutato nei secoli, per composizione, per potere, per ideologia.

Ciò che piuttosto emerge è la storia di diversi modi di produrre. Ma molte cose in questa storia sono ancora da chiarire e spetta alla futura ricerca storica, archeologica e linguistica cercare di illuminare le vaste zone d'ombra che ancora permangono e soprattutto di enucleare le caratteristiche di un altro filo, strettamente intrecciato a quello rosso di cui tanto sappiamo (o crediamo di sapere), il filo costituito dalla storia delle classi subalterne. Di queste, alcuni tratti, e cospicui a volte, emergono, il volto delle formicolanti turbe degli *empória* o le aspettative di benessere e di fertilità trasparenti nelle migliaia di ex-voto fittili deposti nei santuari di città e di campagna. Ancora altro tuttavia si desidera sapere, dalla casa-tipo del *penéstes*, che con tanta curiosità descrive Posidonio, alla sua strumentazione agricola, la « storia di lungo periodo » che tutte queste testimonianze, una volta individuate, classificate e comprese, racchiudono.

Senza di loro, la storia d'Etruria è dimidiata, monca e non può essere ricostruita se non come gli stessi *principes* hanno voluto, estrema prova della loro arroganza e rete di ingannevoli veli tesi allo storico futuro, spesso, troppo spesso vittima del tranello e delle lusinghe di quella ideologia.

Ad onta di tanta arroganza, è facile squarciare alcuni di questi veli e riconoscere le linee generali delle basi economiche delle raffinate aristocrazie tirreniche. La società arcaica, formatasi lentamente nella « grande Etruria » sulla distruzione dell'economia di villaggio avviata all'indomani dell'appropriazione privata della terra tra X e IX secolo a. C., ha trovato già nell'VIII secolo a. C. nella *servitus* di larghi strati contadini lo strumento economico e il rapporto sociale di produzione ideale. In questo l'Etruria del VII e VI secolo a. C. non differisce da molti altri mondi arcaici dell'area greca ed italica, dove l'elemento dominante della produzione era rappresentato dal lavoro involontario non schiavile: ciò che ha reso peculiare — e interessante agli occhi della speculazione greca — l'area etrusca (quella settentrionale, beninteso) è stata la capacità di riproduzione del sistema fino alla piena età ellenistica, laddove nel resto del Mediterraneo più civilizzato, e nella stessa Etruria del Sud, era da tempo, certo già dal IV secolo a. C., scomparso.

La struttura urbana, nata ben presto dalle esigenze di cooperazione implicite nello sviluppo, pur entrando in conflitto con quel modo di produrre centrato sulla campagna, non lo elimina, ma lo volge verso le forme oligarchiche tipiche dell'Etruria del V secolo a. C. Ma nelle città più sviluppate del Sud tale « degenerazione oligarchica » veniva a saldare la protesta dei ceti urbani, artigianali e mercantili, colpiti dal calo della domanda imposto dalla ideologia e dalla recessione, a quella, probabilmente eterna, dei piccoli proprietari spossessati e dei *servi*, cui l'ideologia e le strutture di asilo collegate con l'*emporía* arcaica fornivano una naturale protezione. Il conflitto sociale implicito in tale situazione provoca, sempre nel Sud, una trasformazione delle forme economiche e ideali che traspare dalla folgorante ripresa delle antiche *poleis* nel IV secolo a. C., mentre il Nord resta ancorato alla struttura oligarchica e ai rapporti di produzione semi-servili della *servitus* arcaica. Questa trasformazione economica, in Etruria meridionale come a Roma, nasce dall'alleanza patrizio-plebea e dalla soluzione del problema della domanda di terra posta dalle classi subalterne, centrata sulla rinascita della piccola proprietà nei vasti territori conquistati dalle città a partire dagli inizi del V secolo a. C. a danno degli insediamenti minori. Queste forme « democratiche » moderate, come ha visto M. Finley, hanno in sé il germe dello sviluppo della schiavitù classica, che a Roma troviamo saldamente insediata proprio a partire dal pieno IV secolo a. C. in perfetta sincronia con l'accordo patrizio-plebeo; e non a caso, giacché questa forma economica veniva definitivamente a risolvere le insorgenti esigenze di manodopera dell'aristocrazia.

L'ingresso di Roma in Etruria con la conquista di Veio agli inizi del IV secolo a. C. è l'aspetto culminante di questa nuova situazione. Roma agisce come « nuova Veio » e come tale è sentita dalle altre *poleis* etrusche. L'alleanza con Cere provoca lo scontro con la città egemone, Tarquinia: l'importanza di questa guerra è capitale — resterà nel linguaggio politico romano il *tumultus Etruscus* per eccellenza — e il risultato sancisce la sicura presenza romana sulla riva destra, « etrusca », del Tevere, donde Roma avvierà una politica che riproduce nelle linee fondamentali, pur nella diversa situazione economico-sociale, le direttrici secolari di Veio, espansione verso la Campania da una parte e verso la valle del Tevere dall'altra. Nella nuova realtà produttiva erano tuttavia impliciti gli sviluppi egemonici di Roma, che tra il 295 e il 280 a. C. sottomette l'Etruria intera, mettendo in opera un'alleanza di ferro con i ceti oligarchici etruschi, destinata a resistere per ben due secoli.

Nel Nord e nell'interno, fino all'età sillana, i territori restano indenni, ma i sistemi economici soffrono degli effetti destrutturanti delle guerre: le distruzioni di Volsinii e di Falerii sono emblematiche e i contraccolpi della guerra annibalica indurranno i *principes* del Nord ad attuare una cauta politica di integrazione dei *penéstai*. Nel Sud, invece, le guerre contro Roma portano la rovina dei piccoli proprietari e la confisca di metà delle terre la sancisce, ma lascia pur sempre intatto il potere economico di una buona parte dei *principes*: è alla politica romana che dobbiamo la rinascita delle oligarchie meridionali. Tuttavia la pressione economica dello sviluppatissimo modo di produzione schiavistico elaborato nell'area laziale e campana e le scelte di campo nelle guerre civili distruggono anche quanto restava dell'arcaico assetto del Settentrione: la colonizzazione sillana segna il trionfo dell'omogeneizzazione politico-economica dell'Etruria al resto dell'Italia romana.

La storia successiva non deve indurci in inganno. La « nostalgia » etrusca è un prodotto dell'ideologia *rétro* di tutto un mondo e bene insediata nella stessa capitale, come illustra la figura di Varrone: di essa sappiamo solo perché funzionale a tutta la classe dirigente, di Roma come dell'Etruria, per dare veste ideologica a quella omogeneizzazione economico-sociale faticosamente realizzata nel corso del I secolo a. C. L'etruscologia di Varrone, di Verrio Flacco, dello stesso Virgilio, è un passaggio obbligato, attraverso la dottrina aruspicina della *terra Etruriae* e della *terra Italiae*, dell'ideologia augustea e conservatrice della *tota Italia*. Che « quasi tutta l'Italia era stata dominio degli Etruschi », come scrive Livio, è soltanto prefigurazione del dominio di Roma. E, beninteso, del modo di produzione schiavistico.

NOTE BIBLIOGRAFICHE

Le note bibliografiche che seguono non pretendono di avere alcun carattere esaustivo o di completezza, ma rimandano per lo più all'ultimo lavoro più importante su ciascun argomento, nel quale il lettore troverà estese indicazioni per una bibliografia pertinente.

Prologo

Di particolare importanza, nell'una o nell'altra prospettiva storiografica, e da consultare costantemente con la bibliografia citata a proposito dei vari capitoli; K. O. Müller - W. Deecke, *Die Etrusker*, Stoccarda 1877 (ancora fondamentale, e *summa* del sapere ottocentesco); P. Pallottino, *Etruscologia*, Milano 1968[6] (contributo organico e innovatore, edito per la prima volta nel 1940; da consultare con la vasta miscellanea dello stesso autore, ora riprodotta in *Scritti Vari*, Roma 1979); J. Heurgon, *La vie quotidienne chez les Étrusques*, Parigi 1961, trad. it. Milano 1967[2] (acuta e vivace ricostruzione storico-antiquaria); A. Alföldi, *Early Rome and the Latins*, Ann Arbor 1965 (storia arcaica etrusca in rapporto con quella romano-latina); H. H. Scullard, *The Etruscan Cities and Rome*, Londra 1967, trad. it. Milano 1969 (storia delle città etrusche in rapporto con Roma); J. Heurgon, *Rome et la Méditerranée occidentale jusqu'aux guerres puniques*, Parigi 1969, trad. it. Bari 1972 (prospettiva storica mediterranea con l'inserzione delle vicende etrusche); AA.VV., *Popoli e civiltà dell'Italia antica*, Roma 1974-78 (sette volumi finora pubblicati con sintesi assai diseguali sui vari aspetti delle civiltà italiche, compresa quella etrusca).

Accanto a queste si possono consultare le seguenti opere generali: G. A. Mansuelli, *Etruria*, Milano 1963; L. Banti, *Il mondo degli Etruschi*, Roma 1969[2]; F. Coarelli (a cura di), *Le città etrusche*, Milano 1974[2]; R. M. Ogilvie, *Early Rome and the Etruscans*, Hassock 1976; K. W. Weeber, *Geschichte der Etrusker*, Stoccarda 1979; M. Torelli, *Etruria* (« Guide archeologiche Laterza », 3), Roma-Bari 1980. Per la storia dell'arte: P. Ducati, *Storia dell'arte etrusca*, Firenze 1927; G. Q. Giglioli, *L'arte etrusca*, Milano 1935; M. Pallottino,

Civiltà artistica etrusco-italica, Firenze 1971; R. Bianchi Bandinelli - A. Giuliano, *Etruschi e Italici prima del dominio di Roma*, Milano 1973; R. Bianchi Bandinelli - M. Torelli, *L'arte dell'antichità classica*, II: *Etruria e Roma*, Torino 1976; M. Cristofani, *L'arte degli Etruschi*, Torino 1978. Per la religione: A. Pfiffig, *Religio Etrusca*, Graz 1975. Per le monete: A. Sambon, *Les monnaies antiques de l'Italie*, Parigi 1903-6; AA.VV., *Contributi introduttivi allo studio della monetazione etrusca* (« Atti V Conv. Centro Int. St. Num. - Napoli 1975 »), Roma 1976. Per l'epigrafia: G. Buonamici, *Epigrafia etrusca*, Firenze 1932; i testi epigrafici sono citati dalle raccolte del *Corpus Inscriptionum Etruscarum* (abbr. *CIE*), del *Corpus Inscriptionum Italicarum* (*CII*), dei *Testimonia linguae Etruscae* (*TLE*²), del *Corpus Inscriptionum Latinarum* (*CIL*), di E. Vetter, *Handbuch der italischen Dialekte*, Heidelberg 1953 (Vetter); le citazioni dagli autori antichi sono fatte secondo il sistema più usuale; le abbreviazioni adottate sono quelle del grande dizionario greco Liddell-Scott per gli autori greci e del Lewis-Short per gli autori latini. Per la lingua: AA.VV., *Le ricerche epigrafiche e linguistiche sull'etrusco*, Firenze 1973; AA.VV., *L'etrusco arcaico*, Firenze 1976.

Capitolo I

Non esiste uno studio complessivo moderno sul paesaggio agrario e le risorse del paese nell'antichità. Sull'industria metallifera: F. W. von Hase, in « Röm. Mitt. », LXXIX, 1972, pp. 155 sgg.

Capitolo II

1. In generale: M. Pallottino, *L'origine degli Etruschi*, Roma 1946; F. Altheim, *Der Ursprung der Etrusker*, Baden-Baden 1950; H. Hencken, *Tarquinia, Villanovans and Early Etruscans*, Cambridge (Mass.) 1968; L. Aigner Foresti, *Tesi, ipotesi e considerazioni sull'origine degli Etruschi* (Diss. Graz 1972), Vienna 1974; N. K. Sandars, *The Sea Peoples*, Londra 1978. Atteggiamento autoctonista di Dionigi: D. Musti, *Tendenze nella storiografia romana e greca su Roma arcaica* (« Quad. Urb. Cult. Cl. », 10), Roma 1970.

2. In generale: S. Puglisi, *La civiltà appenninica*, Firenze 1959; C. E. Oestenberg, *Luni sul Mignone e problemi della protostoria d'Italia*, Stoccolma 1967; R. Peroni, in « Par. Pass. », 1969, pp. 134 sgg.; T. W. Potter, *The Changing Landscape of South Etruria*, Londra 1979. Importazioni micenee: W. Taylour, *Mycenaean Pottery in Italy*, Cambridge 1958; M. L. Ferrarese Ceruti, in « Riv. Sc. Pr. », XXXIV, 1979, pp. 243 sgg.; L. Vagnetti, in *Temesa e il suo territorio* (« Atti del Colloquio di Perugia-Trevi 1981 »), Perugia 1982, pp. 167 sgg.

3. In generale: H. Müller-Karpe, *Beiträge zur Chronologie der Urnefelderzeit nördlich und südlich der Alpen*, Berlino 1959; A. M. Bietti Sestieri, in « Proc. Prehist. Soc. », XXXIX, 1973, pp. 383 sgg.; AA.VV., in « Atti XXI Riun. Sc. Ist. Preist. Protost. », 1977, Firenze 1979; R. Peroni (a cura di), *Il Bronzo Finale in Italia* (« AMP », 1), Bari 1980.

4. Oltre alla bibl. dei parr. 1 e 3: B. d'Agostino, in *Enc. Arte Ant.*, VII, 1966, pp. 1173 sgg., e in *Enc. Arte Ant. Suppl. 1970*, 1973, pp. 922 sgg., s. v. *Villanoviana, civiltà*; M. Pallottino, *Genti e culture dell'Italia preromana*, Roma 1981. Sepolcreto dell'Osteria dell'Osa: A. M. Bietti Sestieri, *Ricerca su una comunità del Lazio protostorico*, Roma 1979. Villanoviano di Pontecagnano: B. d'Agostino, in *Seconda Mostra della Preistoria e della Protostoria nel Salernitano*, Salerno 1974, pp. 87 sgg. « Villanoviano » di Capua: W. Johannowski, in « Dial. Arch. » I, 1967, pp. 159 sgg.

5. V. bibl. parr. 1 e 4: cfr. anche G. Colonna, in « St. Etr. », XLI, 1981, pp. 67 sgg.

Capitolo III

1-4. In generale: M. Torelli, in « Dial. Arch. », VIII, 1974-75, pp. 3 sgg.; G. Colonna, in *Contributi introduttivi allo studio della monetazione etrusca* cit., pp. 3 sgg. Necropoli dei Quattro Fontanili di Veio: AA.VV., in « Not. Sc. », 1963, pp. 77 sgg.; 1965, pp. 87 sgg.; 1970, pp. 178 sgg.; 1972, pp. 195 sgg.; 1975, pp. 63 sgg.; con l'analisi tipologica e cronologica di J. Close-Brooks, in « Not. Sc. », 1965, pp. 53 sgg., e in « St. Etr. », XXXV, 1968, pp. 323 sgg.

5. Manca un'analisi completa della tipologia dello scambio in area villanoviana: i migliori e più recenti contributi si sono appuntati sulle importazioni greco-geometriche in Etruria (D. Ridgway, in « St. Etr. », XXXV, 1968, pp. 311 sgg.) e sugli oggetti villanoviani rinvenuti in Oriente (F. W. von Hase, in *Die Aufnahme fremder Kultureinflüsse in Etrurien*, Mannheim 1980, pp. 9 sgg.). Tomba dei bronzetti nuragici di Vulci: M. T. Falconi Amorelli, in « Arch. Cl. », XVIII, 1966, pp. 1 sgg. Ripostiglio di Populonia: A. Minto, in « Not. Ss. », 1926, pp. 372 sgg. Fibule etrusche in Sardegna: F. Lo Schiavo, in « St. Etr. », XLVI, 1978, pp. 25 sgg. Rapporti tra Sardegna e Vetulonia: G. Camporeale, *I commerci di Vetulonia in età orientalizzante*, Firenze 1969, pp. 94 sgg. Sulla Sardegna nuragica, in generale: AA.VV., *Kunst Sardiniens*, Karlsruhe 1980. Fenici in area italiana: G. Garbini, in « St. Etr. », XXXIV, 1966, pp. 111 sgg.; B. d'Agostino, in « Mon. Ant. Linc. s. misc. », II, 1977, pp. 44 sgg. Imitazioni di prodotti fenici in Italia: G. Buchner, in *Contributions à l'étude de la société et de la colonisation eubéennes* (« Cah. Centre J. Bérard », II), Napoli 1975, pp. 59 sgg. Frequentazioni precoloniali e colonizzazione greche: AA.VV., in « Dial. Arch. », III, 1969, pp. 3 sgg.; D. Ridgway, in *Greeks, Celts and Romans*, Londra 1973, pp. 5 sgg.; N. Coldstream, *Geometric Greece*, Londra 1977, pp. 92 sgg., 223 sgg. Contributo greco alla tecnologia villanoviana ed etrusca: M. Torelli, in *Il commercio greco nel Tirreno in età arcaica* (« Atti del seminario in memoria di M. Napoli - Salerno 1977 »), Salerno 1981, pp. 67 sgg.; v. anche A. Mele, Il commercio greco arcaico (« Cah. Centre J. Bérard », IV), Napoli 1979.

Capitolo IV

1. In generale: M. Cristofani, in « Par. Pass. «, 1975, pp. 132 sgg.; B. d'Agostino, in « Mon. Ant. Linc. » cit.

2-3. In generale: H. Rix, in *Aufstieg und Niedergang der römischen Welt*, I, 2, Berlino-New York 1972, pp. 700 sgg.; G. Colonna, in « Mél. Ec. Fr. Rome », LXXVII, 1970, pp. 637 sgg.; Id., in « St. Etr. », XLV, 1977, pp. 175 sgg. Onomastica arcaica di Cere: M. Cristofani, in *Aspetti e problemi dell'Etruria interna* (« Atti VIII Conv. Naz. St. Etr. It. »), Firenze 1974, pp. 308 sgg. Onomastica arcaica di Orvieto: C. de Simone, in « Ann. Fond. Mus. C. Faina », I, 1980, pp. 26 sgg. Struttura gentilizia arcaica: L. R. Ménanger, in « St. Doc. Hist. Iur. », XLVI, 1980, pp. 14 sgg.

4. In generale: T. Frankfort, in « Latomus », XVIII, 1959, pp. 3 sgg.; J. Heurgon, *ibid.*, pp. 713 sgg.; D. Lotze, *Metaxù Eleuthéron kaì doùlon*, Berlino 1959. Su Locri: D. Musti, in « Atti XVI Conv. St. Magna Grecia », Napoli 1977, pp. 23 sgg.

5. In generale, da ultimo: M. Torelli, in *Architecture et société* (« Atti Conv. Int. Roma 1980 »), in corso di stampa.

6. Manca uno studio complessivo sull'ideologia funeraria etrusca. Sulla tipologia delle tombe: F. Prayon, *Frühetruskische Grab- und Hausarchitektur*, Heidelberg 1975.

Capitolo V

1. In generale: C. Ampolo, *La città antica*, Roma-Bari 1980.

2-3. In generale: M. Torelli, in « Dial. Arch. », VIII, cit.; AA.VV., in « Dial. Arch. », n. s., II, 1980, pp. 3 sgg. (per il solo Lazio); M. Torelli, in *Miscellanea Archaeologica Tobias Dohrn dedicata*, Roma 1982, pp. 117 sgg.

4. In generale: C. de Simone, *Die Griechischen Entlehnungen im Etruskischen*, Wiesbaden 1968-70; G. Colonna, in « Arch. Cl. », XXV-I, 1973-4, pp. 132 sgg.; Id., in *Scritti in onore di A. Neppi Modona*, Firenze 1975, pp. 165 sgg.; Id., in « Röm. Mitt. », LXXXII, 1975, pp. 181 sgg.; Id., in « St. Etr. », XLVII, 1979, pp. 163 sgg. Introduzione delle coperture fittili: M. Torelli, in *Studi in onore di F. Magi*, Perugia 1979, pp. 305 sgg. Scrittura: M. Cristofani, in *Popoli e civiltà dell'Italia antica*, cit., VI, 1978, pp. 403 sgg. Tattica oplitica: A. Snodgrass, *Early Greek Armour*, Edinburgo 1964; P. F. Stary, in *Aufnahme fremder Kultureinflüsse in Etrurien* cit., pp. 25 sgg. « Talassocrazia » e commercio arcaico etrusco: J. Szilágyi, in « Acta Ant. Acad. Hung. », I, 1953, pp. 419 sgg.; S. Paglieri, in « St. Etr. », XXVIII, 1960, pp. 209 sgg.; M. Gras, in *Mélanges offerts à J. Heurgon*, Roma 1976, pp. 341 sgg.; AA.VV., *Le « bucchero nero » étrusque et sa diffusion en Gaule Méridionale*, Bruxelles 1979; F. W. von Hase, in *Kleine Schriften aus dem Vorgeschichtlichen Seminar Marburg*, V, 1979, pp. 62 sgg.

5. In generale, da ultimo: C. Ampolo, in « Dial. Arch. », IX-X, 1976-7, pp. 333 sgg.

Capitolo VI

1. Roma e Lazio: AA.VV., in « Par. Pass. », 1977. Veio: J. B. Ward Perkins, in « Pap. Br. Sch. Roma », XVI, 1961, pp. 1 sgg.; L. Vagnetti, *Il deposito votivo di Campetti a Veio*, Firenze 1971. Cere: F. Prayon, *Frühetruskische Grab- und Hausarchitektur* cit. Orvieto: M. Bizzarri, in « St. Etr. », XXX, 1962, pp. 1 sgg. Tarquinia: M. Pallottino, in « Mon. Ant. Linc. », XXXVI, 1937, coll. 1 sgg. Vulci: F. Messerschmidt, *Die Nekropolen von Vulci*, Berlino 1930; AA.VV., *La civiltà arcaica di Vulci e la sua espansione* (« Atti X Conv. Naz. St. Etr. It. »), Firenze 1977. Vetulonia: D. Levi, in « St. Etr. », V, 1931, pp. 13 sgg. Roselle: AA.VV., *Roselle - Gli scavi e la mostra*, Pisa 1975. Populonia: A. Minto, *Populonia*, Firenze 1943; A. de Agostino, in « Not. Sc. », 1961, pp. 63 sgg. Volterra: M. Cristofani, in « Not. Sc. Suppl. », 1973. Chiusi: R. Bianchi Bandinelli, in « Mon. Ant. Linc. », XXX, 1925, coll. 210 sgg. Perugia: C. Shaw, *Etruscan Perugia*, Baltimora 1939. Cortona: A. Neppi Modona, *Cortona etrusca e romana*, Firenze 1977². Arezzo: P. Bocci, in « St. Etr. », XLIII, 1975, pp. 47 sgg. Falerii: A. Cozza - A. Pasqui, in *Forma Italiae*, s. II, 2, Firenze 1981. Campania: J. Heurgon, *Recherches sur l'histoire, la religion et la civilisation de Capoue préromaine*, Parigi 1946. Emilia: G. A. Mansuelli, in « St. Etr. », XXV, 1957, pp. 31 sgg.; Id., *Guida alla città etrusca e al museo di Marzabotto*, Bologna 1979²; N. Alfieri, *Spina. Museo archeologico di Ferrara*, Bologna 1979.

2. Gravisca: M. Torelli, in « Par. Pass. », 1977, cit., pp. 398 sgg. Adria: G. Colonna, in « Riv. St. Ant. », V, 1974, pp. 1 sgg. *Asylia* arcaica: D. van Berchem, in « Mus. Helv. », XVII, 1960, pp. 21 sgg. Artisti ionici in Etruria: M. Cristofani, in « Prospettiva », VII, 1976, pp. 2 sgg.

3. Servio Tullio, le riforme e l'archeologia: A. Momigliano, in « Journ. Rom. St. », LIII, 1963, pp. 95 sgg.; M. Pallottino, in « Compt. rend. Acad. Inscr. », 1977, pp. 216 sgg.; J. C. Richard, *Les origines de la plèbe romaine*, Roma 1978.

4. *Laris Velchainas*: M. Cristofani Martelli, in *Scritti in onore di A. Neppi Modona* cit., pp. 205 sgg. *Avile Acvilnas*: C. Ampolo, in « Par. Pass. », 1975, pp. 410 sgg. *Arath Spuriana*: M. Pallottino, in « St. Rom. », XXVII, 1979, pp. 1 sgg. Lavinio: F. Castagnoli, in « Par. Pass. », 1977, cit., pp. 340 sgg. *Comitium* di Roma: F. Coarelli, in « Par. Pass. », 1977, cit., pp. 166 sgg. *Fanum Voltumnae*: G. Camporeale, in « Par. Pass. », 1958, pp. 5 sgg. Lega etrusca e lega ionica: F. Altheim, *Der Ursprung der Etrusker* cit., pp. 61 sgg. Tarquinia: M. Torelli, *Elogia Tarquiniensia*, Firenze 1975. Veio: M. Santangelo, in « Boll. d'Arte », XXXVII, 1952, pp. 147 sgg. *Lucus Feroniae*: M. Torelli, in *Gli Etruschi e Roma* (« Atti incontro in onore di M. Pallottino ») Roma 1981, pp. 71 sgg. *Ara Maxima Herculis*: E. Ferénczy, in « Acta Ant. Acad. Hung. », XV, 1967, pp. 27 sgg.

5. Tomba François: R. T. Ridley, in « Klio », LVII, 1975, pp. 147 sgg.

Templi di S. Omobono: F. Coarelli, in « Dial. Arch. », II, 1968, pp. 55 sgg. Pyrgi: M. Verzàr, in « Mél. Ec. Fr. Rome Ant. », XCII, 1980, pp. 35 sgg.; AA.VV., *Die Göttin von Pyrgi*, Firenze 1981. Montetosto: M. Torelli, in *Le délit religieux*, Roma 1981, pp. 1 sgg. Regia: F. Brown, in « Rend. Pont. Acc. », XLVII, 1974-5, pp. 15 sgg.

Capitolo VII

1. Mancano studi complessivi su questo cruciale momento di storia etrusca. Sull'economia oligarchica: D. Musti, *Economia greca*, Roma-Bari 1981, pp. 47 sgg.

2. Oltre agli studi citati al cap. VI.1, v.: Veio: J. B. Ward Perkins, in « Pap. Br. Sch. Rome », XXIII, 1955, pp. 44 sgg.; AA.VV., in « Pap. Br. Sch. Rome », XXXVI, 1968, pp. 1 sgg.; L. Murray-Threipland - M. Torelli, in « Pap. Br. Sch. Rome », XXXVIII, 1970, pp. 62 sgg. Falerii: M. W. Frederiksen - J. B. Ward Perkins, in « Pap. Br. Sch. Rome », XXV, 1957, pp. 67 sgg. Cere e Tarquinia: G. Colonna, in « St. Etr. », XXXV, 1967, pp. 3 sgg. Volsinii: R. Bloch, *Recherches archéologiques en territoire volsinien*, Parigi 1972. Vetulonia e Roselle: C. Curri, in *Forma Italiae*, VII, 4 - *Vetulonia I*, Firenze 1978. Bologna: J. Stary-Rimpau, in *Aufnahme fremder Kultureinflüsse in Etrurien* cit., pp. 75 sgg. Marzabotto: G. A. Mansuelli, in « Mél. Ec. Fr. Rome Ant. », LXXXIV, 1972, pp. 145 sgg. Casalecchio: B. Bouloumié, in « Mél. Ec. Fr. Rome Ant. », LXXXVII, 1975, pp. 7 sgg. Spina: S. Aurigemma, *La necropoli di Spina*, Roma 1960-5. Adria: G. Colonna, in « St. Etr. », XLII, 1974, pp. 3 sgg. Campania: M. W. Frederiksen, in *Italy before the Romans*, Londra - New York - S. Francisco 1979, pp. 277 sgg.

3-4. Iscrizione di Satrico: AA.VV., *Lapis Satricanus*, Roma 1980. Invasioni celtiche: AA.VV., *I Galli e l'Italia*, Roma 1978. Migrazioni italiche: J. Heurgon, *Trois études sur le ver sacrum*, Bruxelles 1957. Todi: AA.VV., *Todi - Verso il museo della città*, Todi 1982. Sannio: AA.VV., *Sannio - Pentri e Frentani dal VI al I sec. a. C.*, Roma 1980.

Capitolo VIII

1. V. bibl. cap. VI.1 e VII.2 Cere e Roma: M. Humbert, *Municipium et civitas sine suffragio*, Roma 1978. Guerra romano-tarquiniese: M. Torelli, *Elogia Tarquiniensia* cit. Struttura politica delle repubbliche etrusche: M. Cristofani, in *Popoli e civiltà dell'Italia antica* cit., VII, Roma 1978, pp. 53 sgg.

2. Ceramiche di IV-III sec. a. C.: AA.VV., *Roma medio-repubblicana*, Roma 1973. Produzione di Volterra e Chiusi: R. Harari, *Il gruppo Clusium*, Roma 1980. Produzione di Tarquinia: G. Pianu, *Materiali del Museo archeologico nazionale di Tarquinia - Ceramiche etrusche a figure rosse*, Roma 1980. Produzioni di Cere e Falerii: M. Del Chiaro, *Etruscan Red-Figured Vase Painting at Caere*, Berkeley 1974; F. Schippa, *Officine ceramiche falische* (AMP

3), Bari 1980. Atelier des petites estampilles: J. P. Morel, in « Mél. Ec. Fr. Rome », LXXXI, 1969, pp. 59 sgg. Elmi « gallici »: F. Coarelli, in *Mélanges offerts à J. Heurgon* cit., I, pp. 157 sgg. Sepolture gentilizie e di classi « medie »: M. Cristofani, in « Mem. Acc. Linc. », s. VIII, XIV, 4, 1969, pp. 213 sgg.; M. Torelli, in « Dial. Arch. », IV-V, 1970-1, pp. 431 sgg.

3. In generale: M. Torelli, *Typology and Structure of Roman Historical Reliefs*, Ann Arbor, in corso di stampa. *Lasa*: A. Rallo, *Lasa - Iconografia e esegesi*, Firenze 1974. Stipi votive: A. M. Comella, in « Mél. Ec. Fr. Ant. », XCIII, 1981, pp. 717 sgg.

Capitolo IX

1-2. In generale: W. V. Harris, *Rome in Etruria and Umbria*, Oxford 1971. Donario di Fulvio Flacco: M. Torelli, in « Quad. Ist. Top. Ant. Univ. Roma », V, 1968, pp. 71 sgg. Populonia: M. Cristofani Martelli, in *L'Etruria mineraria* (« Atti XII Conv. Naz. St. Etr. It. »), Firenze, in corso di stampa. Trasformazioni sociali: H. Rix, *Das etruskische Cognomen*, Wiesbaden 1963; M. Torelli, in « Dial. Arch. », VIII, cit.; H. Rix, in *Caratteri dell'ellenismo nelle urne etrusche*, Firenze 1977, pp. 64 sgg.; M. Cristofani, ivi, pp. 74 sg.

3-4. In generale: M. Torelli, in « Dial. Arch. », III, 1969, pp. 285 sgg.; Id., n « Riv. Fil. Istr. Cl. », IC, 1971, pp. 489 sgg.; Id., *Elogia Tarquiniensia* cit. Società schiavistica in Etruria: M. Torelli, in *Hellenismus in Mittelitalien*, Göttingen 1976, pp. 87 sgg.; A. Carandini - S. Settis, *Schiavi e padroni nell'Etruria romana*, Bari 1979. Etruschi in Tunisia: J. Heurgon, in « Compt. rend. Acad. Inscr. », 1969, pp. 526 sgg. Sopravvivenze tardo-antiche: M. Torelli, in *Mélanges offerts à J. Heurgon* cit., II, pp. 1001 sgg.

INDICI

INDICE DEI NOMI E DEI LUOGHI NOTEVOLI

* La stesura di questo indice è stata curata da S. Stopponi.

INDICE DEL VOLUME